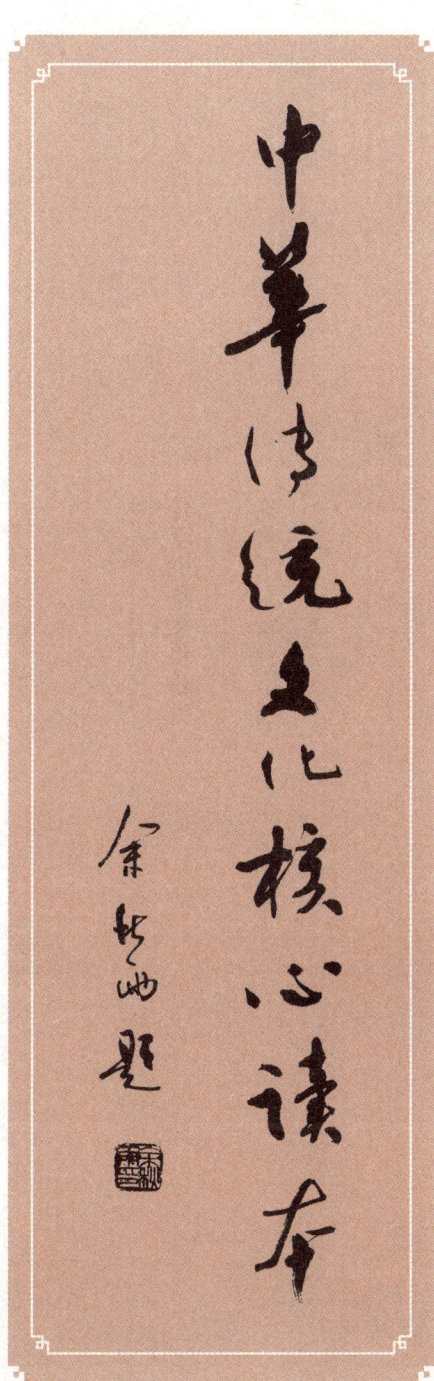

传承中华文化精髓

建构国人精神家园

尚书

全集

注译　周学兵
主编　唐品

图书在版编目（CIP）数据

尚书全集/唐品主编. —成都：天地出版社，2017.4（2019年重印）

（中华传统文化核心读本）

ISBN 978-7-5455-2395-9

Ⅰ.①尚… Ⅱ.①唐… Ⅲ.①中国历史—商周时代 ②《尚书》—通俗读物 Ⅳ.①K221.04-49

中国版本图书馆CIP数据核字（2016）第283084号

尚书全集

出 品 人	杨 政
主　　编	唐 品
责任编辑	陈文龙　孟令爽
封面设计	思想工社
电脑制作	思想工社
责任印制	葛红梅

出版发行	天地出版社
	（成都市槐树街2号　邮政编码：610014）
网　　址	http://www.tiandiph.com
	http://www.天地出版社.com
电子邮箱	tiandicbs@vip.163.com
经　　销	新华文轩出版传媒股份有限公司

印　　刷	河北鹏润印刷有限公司
版　　次	2017年4月第1版
印　　次	2019年3月第3次印刷
成品尺寸	170mm×230mm　1/16
印　　张	19.5
字　　数	329千字
定　　价	29.80元
书　　号	ISBN 978-7-5455-2395-9

版权所有◆违者必究

咨询电话：（028）87734639（总编室）

购书热线：（010）67693207（市场部）

本版图书凡印刷、装订错误，可及时向我社发行部调换

序言

上下五千年悠久而漫长的历史，积淀了中华民族独具魅力且博大精深的文化。中华传统文化是中华民族无数古圣先贤、风流人物、仁人志士对自然、人生、社会的思索、探求与总结，而且一路下来，薪火相传，因时损益。它不仅是中华民族智慧的凝结，更是我们道德规范、价值取向、行为准则的集中再现。千百年来，中华传统文化融入每一个炎黄子孙的血液，铸成了我们民族的品格，书写了辉煌灿烂的历史。

中华传统文化与西方世界的文明并峙鼎立，成为人类文明的一个不可或缺的组成部分。中华民族之所以历经磨难而不衰，其重要一点是，源于由中华传统文化而产生的民族向心力和人文精神。可以说，中华民族之所以是中华民族，主要原因之一乃是因为其有异于其他民族的传统文化！

概而言之，中华传统文化包括经史子集、十家九流。它以先秦经典及诸子之学为根基，涵盖两汉经学、魏晋玄学、隋唐佛学、宋明理学和同时期的汉赋、六朝骈文、唐诗宋词、元曲与明清小说并历代史学等一套特有而完整的文化、学术体系。观其构成，足见中华传统文化之广博与深厚。可以这么说，中华传统文化是华夏文明之根，炎黄儿女之魂。

从大的方面来讲，一个没有自己文化的国家，可能会成为一个大国甚至富国，但绝对不会成为一个强国；也许它会强盛一时，但绝不能永远屹立于世界强国之林！而一个国家若想健康持续地发展，则必然有其凝聚民众的国民精神，且这种国民精神也必然是在自身漫长的历史发展中由本国人民创造形成的。中华民族的伟人复兴，中华巨龙的跃起腾飞，离不开中华传统文化的滋养。从小处而言，继承与发扬中华传统文化对每一个炎黄子孙来说同样举足轻重，迫在眉睫。中华传统文化之用，在于"无用"之"大用"。一个人的成败很大程度上取决于他的思维方式，而一个人的思维能力的成熟亦绝非先天注定，它是在一定的文化氛围中形成的。中华传统文化作为涵盖经史子集的庞大思想知识体系，恰好能为我们提供一种氛围、一个平台。潜心于中华传统文化的学习，人们就会发现其蕴含的无穷尽的智慧，并从中领略到恒久的治世之道与管理之智，也可以体悟到超脱的人生哲学与立身之术。在现今社会，崇尚中华传统文化，学习中华传统文化，更是提高个人道德水准和构建正确价值观念的重要途径。

　　近年来，学习中华传统文化的热潮正在我们身边悄然兴起，令人欣慰。欣喜之余，我们同时也对中国现今的文化断层现象充满了担忧。我们注意到，现今的青少年对好莱坞大片趋之若鹜时却不知道屈原、司马迁为何许人；新世纪的大学生能考出令人咋舌的托福高分，但却看不懂简单的文言文……这些现象一再折射出一个信号：我们现代人的中华传统文化知识十分匮乏。在西方大搞强势文化和学术壁垒的同时，国人偏离自己的民族文化越来越远。弘扬中华传统文化教育，重拾中华传统文化经典，已迫在眉睫。

　　本套"中华传统文化核心读本"的问世，也正是为弘扬中华传统文化而添砖加瓦并略尽绵薄之力。为了完成此丛书，我们从搜集整理到评点注译，历时数载，花费了一定的心血。这套丛书涵盖了读者应知必知的中华传统文化经典，尽量把艰难晦涩的传统文化予以通俗化、现实化的解读和点评，并以大量精彩案例解析深刻的文化内核，力图使中华传统文化的现实意义更易彰显，使读者阅读起来能轻松愉悦并饶有趣味，能古今结合并学以致用。虽然整套书尚存瑕疵，但仍可以负责任地说，我们是怀着对中华传统文化的深情厚谊和治学者应有的严谨态度来完成该丛书的。希望读者能感受到我们的良苦用心。

前言

《尚书》又称《书》或《书经》，是我国现存最早的一部政治文献汇编类史书。《尚书》分为《虞书》《夏书》《商书》和《周书》等子篇目。其中，《虞书》是传说时代五帝之一虞舜在位时的政治文献汇编，《夏书》是传说中夏代的政治文献汇编，《商书》和《周书》则为商代和周代的政治文献汇编。以此类推，《周书》的著作年代大致可以确定为周代，《虞书》《夏书》《商书》的著作年代，或为西周史官、或为春秋史官、或为战国史官对五帝时期以及夏商时期政治事件的追述。

关于《尚书》的书名，有三种说法。第一种说法是，"尚"与"上"互为通假，那么所谓"尚书"，即是指上古皇家档案文件的汇编；第二种说法是，"尚"即"崇尚"之意，那么所谓"尚书"，即指是可为后人崇尚的典籍；第三种说法是，"尚"即把卷着的、包着的、捰着的东西摊开或展平，那么所谓"尚书"，即是解密的王家文档或向社会公开的皇室卷宗。结合该书内容来看，以上三种说法均可成立。

据有关资料显示，流传于世的《尚书》，前后共有三个版本。其一为秦朝博士伏生版，称《今文尚书》；其二为孔子的后人西汉孔安国版，称《古文尚书》；其三为东晋豫章（即今江西南昌）内史（相当于今省财政厅长）梅赜（zé）版，称《伪古文尚书》。一般认为，秦朝博士伏生版《今文尚书》中

05

的《周书》，从《牧誓》到《吕刑》，该十六篇为西周的真实史料，《文侯之命》《费誓》和《秦誓》为春秋史官对西周史料的追述，《虞书》中的《尧典》《皋陶谟》《禹贡》反而是战国史官编写的古史资料。而今本《古文尚书》，总体认为是梅赜伪造的，但也存在争议，在此不赘述。

关于《尚书》的成书、面世、聚散和真伪，有着极其曲折而传奇的故事。相传，最早的《尚书》版本，系春秋末期孔子汇集古代文献编订而成的。孔子晚年因有感于礼崩乐坏，世事浇漓，人心不古，于是集中精力整理古代典籍，以期扶大厦于将倾，挽狂澜于既倒。他将上古时期从尧、舜、禹一直到春秋秦穆公时期的各种重要文献资料汇集在一起，经过认真遴选后，挑出其中100篇编辑成《书》，并用它作为自己私学的教材，教育学生。

据称，孔子编订该书的要旨有二：第一，使帝王明白仁君治民的道理。春秋之世，圣王遁迹，暴君迭出，人民群众苦于虐政，备受煎熬。为拯救危世，感化当世人君，孔子作《书》经，希望人君发扬尧、舜、禹、汤、文、武的光荣传统，对百姓仁慈一些；第二，让臣子明白贤臣辅佐君王的道理。自周室东迁之后，各地方政权中人臣事君心不在焉，乱臣贼子迭出，弑君犯上的事屡见不鲜。为拯救危世，感化当世人臣，孔子作《书》经，记述上古贤臣辅佐君王的事迹，作为臣子学习的榜样。

就这样，该书自春秋一直流传到战国，一向平安无事。秦始皇统一中国后，颁布《挟书令》，令凡是民间收藏的《诗》《书》以及诸子百家的著作，全都要送交官府集中焚毁。这次焚书事件给《诗》《书》的流传带来了毁灭性的打击。西汉立国之后，鼓吹"以儒术治天下"，于是大张旗鼓地收集民间遗漏的《诗》《书》残本，可是收效甚微。事有凑巧，济南郡（治所在今山东章丘南）有个叫伏胜的老头，本系孔门弟子辪（xuě）子贱先生的后裔。秦始皇统一中国后，于朝廷设博士70人"以备顾问"，伏胜即为其中之一。公元前213年，秦始皇颁布焚书令，伏胜已经退休在家了，大约是出于对上古典籍的尊崇，他便冒着生命危险，暗地将《书》经藏在自家墙壁的夹层内。

时间一晃就是几十年过去了，伏胜听说朝廷正大张旗鼓在民间寻找遗漏的《诗》《书》，于是打夹壁搜出藏书，一看只剩《书》经29篇了。这时的伏胜已经是九十多岁的高龄老人，于是朝廷便派后起之秀、年轻学者晁错前往济南郡让伏胜一对一口头传授。完事后，晁错便带着笔记和原典返回首都洛阳，随后将它们整理一番，朝廷准予公布于众。因为晁错的笔记是用当时的大白话写的，所以这个版本的《书》以及其注疏就被后人称作《今文尚书》。

到了西汉景帝三年，即公元前154年。这一年远在山东曲阜的鲁恭王刘余想扩建自己的府邸，因为鲁王的府邸就紧挨着孔府，于是他就和孔府的现主人——孔子的嫡系后代孔安国商量，让他腾出点儿地方。结果一拆不打紧，据称发现了一部《书》经，系用先秦六国文字书写，想必是孔子当年造房子时将《书》藏在里面以备不测的。

朝廷得知这个事后，就命孔安国对该书进行翻译、校对、整理，定名为《古文尚书》。该版本除包括《今文尚书》的29篇以外，其中还多出了16篇。就在孔安国先生将这个《古文尚书》编订完毕，恭恭敬敬地献给朝廷的时候，遇

07

到了两汉后宫里常见的大事件——巫蛊事件，不知怎么地，把孔安国给牵连上了。结果，他老先生以及这本皇皇巨著，都被晾在一边了。这个《古文尚书》始终没能转正，只在民间下里巴人之中流传。

到了西晋时期永嘉年间，五胡乱华开幕。战乱中，甭管是《今文尚书》也好，《古文尚书》也罢，统统散失了，均不知去向。时间一晃又是两百年。到了东晋初年，豫章内史梅赜不知从哪里弄来一部据说比《古文尚书》还要古老的《古文尚书》，献给了朝廷。梅赜先生版的《古文尚书》不仅包括伏胜先生版的《今文尚书》29篇，而且比孔安国先生版的《古文尚书》多出14篇，共58篇。就这样，梅版《古文尚书》就非常吊诡地流传于世，一晃就是一千多年。据称，人们现在看到的《尚书》版本，就是后世学者根据梅先生的版本，再参照其他文献编订而成的。

当然，东晋以后，后世的许多学者都对梅赜版的《尚书》产生过疑问，但是没有一言九鼎的证据，也扳不倒人家。但是，也有一些学者坚信，东晋以来的《古文尚书》大体保留了汉代两版《尚书》的脉络。理由是，梅赜版的《古文尚书》，可能是他根据秦汉以后其他典籍中所传的零星断简增补而成的。

自西汉以来，《尚书》一直被历代帝王将相视为经时济世的哲学经典，它既是帝王们的枕边书，又是贵族子弟及士大夫的必修课。就文学而言，《尚书》的出现标志着我国古代散文已经萌芽。据《左传》等书记载，在《尚书》之前，还有《三坟》《五典》《八索》《九丘》等上古时代的政论性散文典籍存世，但是由于种种原因，这些书都没有传承下来，因此人们但凡谈到先秦散文，《尚书》即为不二之源头。

总观《尚书》诸篇文章，其结构已经较为完整，谋篇布局也有许多可圈可点之处。后来，春秋战国时期散文勃兴，便可以看作是对《尚书》散文技巧的继承和发展。秦汉以后，各个朝代的制诰、诏令、奏章，都明显地受《尚书》文风、文字的影响。例如，南朝梁时学者刘勰先生在其大作《文心雕龙》中，论述诏策、檄移、章表、奏启、议对、书记等文体时，也都溯源到《尚书》，这便是该书的魅力所在。

2008年7月，清华大学入藏了一批战国竹简，据称该批竹简曾经长期流散于境外，后为清华校友于境外购得回捐母校。随后，经过两年多的保护性清理和研究，最终确定该批竹简共为2388枚，其中发现了失传2000多年的战国版《尚书》。

据有关专家介绍，该版"尚书"已整理出六十余篇文献，其中《尹至》《尹诰》《程寤》《保训》《耆夜》《金縢》《皇门》《祭公》和《楚居》9篇，不为传世版《尚书》所载。例如，《保训》讲述了周文王临终前对武王的遗训，其中提到尧、舜和商朝先祖上甲微的传说，这篇文献从秦始皇焚书以后，便告于湮没，其中包含的圣道思想，很有孔子《尚书》的意旨。另外，专家将竹简版《咸有一德》篇与传世《尚书》之《咸有一德》篇进行比对后发现，二者没有任何共同之处。这就说明，传世《尚书》之《咸有一德》篇系梅赜伪造。

相同的例子还见于《说命》篇。传世版《尚书》之《说命》篇由三篇组成，记载了武丁与大臣傅说的相关事迹。竹简版《尚书》也有《说命》篇，题为《傅说之命》，也由三篇组成。其中部分内容与《国语·楚语》的引文完全一致，证明是先秦时期《说命》篇的原貌。这就说明，传世《尚书》之《说命》篇系梅赜伪造。

最后，总而结之，传世《尚书》究竟有多少成分为真，尚需时间给予淘洗，方才能够定论。无论传世《尚书》部分可信，或全无可信，不可否认的是其对后世的影响已经是根深蒂固。假令日后竹简《尚书》全盘推倒传世《尚书》而重新来过，无论其影响力如何，它们共同的信仰源头其实还在周代、商代，甚或是夏代、上古，这正是我们编译该书的最直接原因。限于笔者水平，书中难免有许多疏漏，敬请广大读者批评指正。

目录

虞书

- 尧典第一 …………… 002
- 舜典第二 …………… 009
- 大禹谟第三 ………… 019
- 皋陶谟第四 ………… 026
- 益稷第五 …………… 031

夏书

- 禹贡第一 …………… 040
- 甘誓第二 …………… 056
- 五子之歌第三 ……… 058
- 胤征第四 …………… 061
- 帝告厘沃第五 ……… 063
- 汤征第六 …………… 064
- 汝鸠汝方第七 ……… 065

商书

- 汤誓第一 …………………… 068
- 仲虺之诰第二 ……………… 070
- 汤诰第三 …………………… 075
- 伊训第四 …………………… 078
- 太甲上第五 ………………… 081
- 太甲中第六 ………………… 084
- 太甲下第七 ………………… 087
- 咸有一德第八 ……………… 089
- 盘庚上第九 ………………… 094
- 盘庚中第十 ………………… 100
- 盘庚下第十一 ……………… 104
- 说命上第十二 ……………… 107
- 说命中第十三 ……………… 110
- 说命下第十四 ……………… 113
- 高宗肜日第十五 …………… 116
- 西伯戡黎第十六 …………… 118
- 微子第十七 ………………… 120
- 沃丁第十八 ………………… 123
- 咸义第十九 ………………… 124

01

- 伊陟原命第二十⋯⋯⋯⋯ 125
- 仲丁第二十一⋯⋯⋯⋯ 126
- 河亶甲第二十二⋯⋯⋯⋯ 127
- 祖乙第二十三⋯⋯⋯⋯ 128

周书

- 泰誓上第一⋯⋯⋯⋯ 130
- 泰誓中第二⋯⋯⋯⋯ 133
- 泰誓下第三⋯⋯⋯⋯ 136
- 牧誓第四⋯⋯⋯⋯ 138
- 武成第五⋯⋯⋯⋯ 141
- 洪范第六⋯⋯⋯⋯ 145
- 旅獒第七⋯⋯⋯⋯ 155
- 金縢第八⋯⋯⋯⋯ 158
- 大诰第九⋯⋯⋯⋯ 162
- 微子之命第十⋯⋯⋯⋯ 169
- 康诰第十一⋯⋯⋯⋯ 172
- 酒诰第十二⋯⋯⋯⋯ 181
- 梓材第十三⋯⋯⋯⋯ 188
- 召诰第十四⋯⋯⋯⋯ 193
- 洛诰第十五⋯⋯⋯⋯ 201
- 多士第十六⋯⋯⋯⋯ 208
- 无逸第十七⋯⋯⋯⋯ 214
- 君奭第十八⋯⋯⋯⋯ 219
- 蔡仲之命第十九⋯⋯⋯⋯ 226
- 多方第二十⋯⋯⋯⋯ 229
- 立政第二十一⋯⋯⋯⋯ 236
- 周官第二十二⋯⋯⋯⋯ 242
- 君陈第二十三⋯⋯⋯⋯ 247
- 顾命第二十四⋯⋯⋯⋯ 250
- 康王之诰第二十五⋯⋯⋯⋯ 258
- 毕命第二十六⋯⋯⋯⋯ 261
- 君牙第二十七⋯⋯⋯⋯ 265
- 冏命第二十八⋯⋯⋯⋯ 267
- 吕刑第二十九⋯⋯⋯⋯ 269
- 文侯之命第三十⋯⋯⋯⋯ 278
- 费誓第三十一⋯⋯⋯⋯ 281
- 秦誓第三十二⋯⋯⋯⋯ 285

虞书

《虞书》是传说时代五帝之一虞舜在位时的政治文献汇编,分《尧典》《舜典》《大禹谟》《皋陶谟》《益稷》五篇。

尧典第一

一

【原文】

昔在帝尧，聪明文思，光宅天下。将逊于位，让于虞舜，作《尧典》。曰若①稽古，帝尧曰放勋，钦明文思安安②，允恭克让。光被四表③，格④于上下。克明俊德⑤，以亲九族⑥。九族既睦，平章百姓⑦。百姓昭明，协和万邦，黎民于变时雍⑧。

【注释】

①曰若：文言中的句首发语词，没有实际意义。②钦：恭敬、谨慎、严肃。安安：一作晏晏。③被：覆盖，蒙受，在此可以引申为照耀。四表：四方很远的地方，在古代用以指天下。④格：到达、抵达之义。⑤克：能够。俊德：指才德兼备的人。⑥九族：指同族的人。⑦平：分别，辨别。章：使明显，也可引申为表彰。百姓：百官族姓。⑧黎民：民众。于：随着。使：友善。雍：和睦的样子。

【译文】

从前唐尧称帝的时候，他耳聪目明，治理天下有智谋，他的光辉普照天下。后来，他打算把帝位禅让给虞舜。史官根据这些情况写作了《尧典》。考查古代往事，帝尧的名字叫放勋。他做事谨慎节俭，恩泽遍布天下，又善于治理四方，才德兼备，待人温和宽容，诚实恭谨，并且能推贤让能，因此，他的光辉业绩照耀四海，感动天地。他能够发扬伟大的美德，使家族和睦融洽。家族既已和睦，便又辨明官员的职守；官员职守既已明确，便使天下各部族都协调和顺，民众也随着友善和睦起来了。

二

【原文】

乃命羲和①，钦若昊天②，历象③日月星辰，敬授民时。分命羲仲，宅嵎夷④，曰旸谷⑤。寅宾⑥出日，平秩东作⑦。日中⑧，星鸟⑨，以殷仲春⑩。厥民析，鸟兽孳尾。申命羲叔，宅南交，曰明都。平秩南讹，敬致。日永，星火，以正仲夏⑪。厥民因，鸟兽希革⑫。分命和仲，宅西，曰昧谷。寅饯纳日⑬，平秩西成⑭。宵中⑮，星虚⑯，以殷仲秋。厥民夷⑰，鸟兽毛毨⑱。申命和叔，宅朔方⑲，曰幽都⑳。平在朔易㉑。日短㉒，星昴，以正仲冬。厥民隩㉓，鸟兽氄毛㉔。帝曰："咨，汝羲暨和。期三百有六旬有六日，以闰月定四时，成岁。允厘百工，庶绩咸熙。"

【注释】

①羲和：传说中的羲氏与和氏，根据记载是掌管天地之间四时变化的官重黎氏的继承人。②若：顺从，遵从，遵循。昊：广大、浩瀚的意思。③历：推算，估测。象：用作动词，即观察天象，另外还有解释，说是取法的意思。④宅：居住。嵎（yú）夷：地名，在东海的边上。⑤旸（yáng）谷：传说中太阳升起的地方。⑥寅：恭敬，敬重。宾：迎接，欢迎。⑦平秩：辨别、分辨、测定。东作：太阳从东方升起的时刻。作：开始、起始。⑧日中：指农历二十四节气中的春分。从春分这天开始，白天与黑夜的时间就相等了，因此称为日中。⑨星鸟：星座的名称，黄昏时出现在正南方，就是指南方朱雀七宿。朱雀是鸟名，所以就称为星鸟。⑩殷：正，定，确认。仲：第二的意思，古代经常"伯仲"并称，在这里是指每个季度三个月中的第二个月。⑪厥：其。析：分散开来。孳尾：动物交配繁殖，后多指交尾。交：地名，指交趾，据说是在今天越南的北部。讹：运转，运行，转移。致：归，回归，回来。日永：指农历二十四节气里的夏至。在夏至这天，白天达到一年中的最长，因此叫日永。星火：星宿，指火星，东方青龙七宿之一，夏至这天黄昏，火星出现在天空的南方。⑫希革：鸟兽皮毛稀少、不浓密。希：通假字，通"稀"，稀疏。⑬饯：送行，送别。纳日：日落。⑭西成：指太阳在西边落下的时刻。⑮宵中：指农历二十四节气中的秋分。秋分这天白天和黑夜的时间相等，因此叫宵中。⑯星虚：星座名，指虚星，北方玄武七宿之一。⑰夷：平，平坦。在此作为动词，指住到平地。⑱毛毨（xiǎn）：生长出新的羽毛。⑲朔方：北方。⑳幽都：幽州，指今内蒙古东

北一带。㉑在：察，观察，观看。易：变化，在此特指太阳的运行。㉒日短：指农历二十四节气中的冬至。冬至这天白天最短，所以叫日短。㉓星昴：星名，指昴星，西方白虎七宿之一。隩（yù）：通"奥"，意思是内室，里面的屋子。为躲避严寒而进入室内居住。㉔氄（róng）：鸟兽身上细软的绒毛。

【译文】

于是尧就命令羲氏与和氏，让他们恭谨地遵奉上天意旨行事，根据所观测的日月星辰情况制定历法，谨慎地把时令授予民众。尧命令羲仲居住在嵎夷一带，那地方又叫旸谷。尧让他恭谨地迎接日出，辨别测定太阳东升的时刻。他看到日夜长度相等，星鸟见于南方天空正中，就依据这些来确定仲春时节。这时候，民众就分散在田野劳作，鸟兽就交尾生育。尧又命令羲叔，居住在交趾，让他们观察太阳向南移动的情况，恭敬地迎接太阳向南回来。这时日长夜短，大火星在南方天空出现，羲叔就依据这些来确定仲夏时节。这时候，民众居住在高处，鸟兽毛羽稀疏。尧又命令和仲，居住在西方，那地方叫昧谷，让他们恭谨地送别落日，辨别测定太阳西落的时刻。这时，夜间和白昼长短相等，虚星出现在南方天空，仲和就根据这些来确定仲秋时节。这时候，民众又回到平地上居住，鸟兽长出新毛。尧再命令和叔，居住在北方，那地方叫幽都。尧让他们观察太阳自南往北转移的情况。这时，日短夜长，昴（mǎo）星黄昏时在南方天空出现，和叔就根据这些来确定仲冬时节。这时候，民众都躲在家里取暖，鸟兽的毛特别细软。帝尧说："啊！你们羲氏与和氏，希望你们以三百六十六日为一周年，要用闰月来确定合乎天时的四季而成岁。尧谨慎地制定各种官员的职守，于是各项事业兴盛发达。"

三

【原文】

帝曰："畴，咨，若时登庸①。"放齐②曰："胤子朱，启明③。"帝曰："吁，嚚讼④，可乎。"帝曰："畴咨若予采⑤？"驩兜⑥曰："都⑦，共工方鸠僝功⑧。"帝曰："吁，静言庸违⑨，象恭滔天⑩。"帝曰："咨，四岳⑪，汤汤洪水方割⑫，荡荡怀山襄陵⑬，浩浩滔天⑭。下民共咨，有能俾乂⑮？"佥曰："於，鲧⑯哉。"帝曰："吁，咈⑰哉，方命圮族⑱。"岳曰："异哉，试可乃已⑲。"帝曰，"往，钦⑳哉。"九载，绩用弗成。

【注释】

①畴：谁，哪一位。咨：语气词，没有实在意义。若：善，管理好。时：四时，四季。登庸：升用，提拔。②放齐：人名，是尧的一个臣子。③胤：后嗣，后代。朱：丹朱，是尧的儿子。启：发、开，打开。④吁：表示惊叹的词。嚚（yín）：不忠信的话。讼：争、争论、争辩。⑤若：善，管理好。采：事，政务。⑥驩（huān）兜：尧的大臣，传说中的四凶之一。又作欢兜或驩头，是古代传说中的三苗族首领，传说因为与共工、鲧一起作乱，而被舜流放至崇山。今崇山在湖南张家界市，当地山上有欢兜墓、欢兜屋场、欢兜庙等古遗迹。⑦都：语气词，表称赞。⑧共工：古代神话人物之一。传说他与黄帝族的颛顼发生了战争，没有胜利，一气之下头撞在不周山上，于是天地就倾斜了。方：通"防"。鸠：通假字，通"救"。这句是说共工防救水灾，已经取得了功绩。⑨静言：善言，好听的话语。庸：常常。⑩象恭：表面上看起来很恭敬的样子。滔天：滔，通"慆"，轻慢。⑪咨：嗟。四岳：此处为官名，上古时代的部落首领，主要负责四岳的祭祀。⑫汤汤：形容水极其大的样子。割：害处，灾害。⑬荡荡：广大的样子。怀：围绕。襄：介词，上。⑭浩浩：形容水势很大。滔天：覆盖、弥漫，与天空相接，形容波浪巨大的样子。⑮俾：使、让、令。乂：治理、管理。⑯鲧（gǔn）：尧的大臣，夏禹的父亲，是古代神话中的人物之一，曾奉命治水。⑰咈（fú）：古同"拂"，违误，违法乱纪的意思。⑱方命：谓放弃教命。方：放。圮：毁坏，破坏。族：族类，同族的人。⑲异：不一样。试可乃已：是说让他试一试，如果不行，再免去他的职务。⑳钦：恭敬、谨慎。

【译文】

帝尧说："唉！谁能够顺应天时而成就功业呢？"放齐回答说："你的儿子丹朱，聪明能干，可以让他担任这项职务。"帝尧说："唉！像他那样愚笨而不守忠信的人，可以担任这种职务吗？"帝尧说："唉！谁能够根据我的意见来办理政务呢？"驩兜说："哦！还是共工可以吧！他遍揽事务而且很有成效。"帝尧说："唉！这个人很会说些漂亮话，但阳奉阴违，貌似恭敬，实际上对国君十分轻慢。"帝尧说："唉！四方诸侯之长啊！现在滚滚洪水正造成祸害，滔天的洪水包围了山岭、冲上了高冈，水势大极了，简直要遮蔽天空。在下的臣民都愁苦叹息，有谁能治理洪水，使人民得以安居乐业呢？"大家都说："哦，还是让鲧来担负这项责任吧！"帝尧说："唉！这个人常常违背法纪，不遵守命令，危害同族的人。"四方诸侯之长说道："不如这样吧！试验他一下，如果可用，然后再任命他好了。"帝尧说："去吧，鲧，可要恭敬地对待你的职务啊！"鲧治水九年，毫无功绩。

四

【原文】

帝曰："咨，四岳。朕在位七十载，汝能庸命①巽②朕位。"岳曰："否③德忝④帝位。"曰："明明扬侧陋⑤。"师锡⑥帝曰："有鳏⑦在下，曰虞舜。"帝曰："俞⑧，予闻，如何？"岳曰："瞽⑨子。父顽，母嚚，象傲，克谐。以孝烝烝⑩，乂不格奸⑪。"帝曰："我其试哉。女于是⑫，观厥刑于二女⑬。"厘降二女于妫汭⑭，嫔⑮于虞。帝曰："钦哉。"

【注释】

①庸命：就是顺应天意的意思。庸：动词，顺从、顺应。②巽（xùn）：用作"践"，意思是实践，付诸实际行动，这里指接替首领的位置这件事情。③否：鄙陋。④忝：侮辱，意思是不适合、没有资格。⑤明明：第一个"明"为动词，是观察、考察的意思。扬：推荐，举荐。侧陋：隐伏于下面的，指地位卑贱的人。⑥师：众人，大家。锡：赐，这里指提供参考的意见。⑦鳏（guān）：困苦的人，处境困难的人。⑧俞：对，是这样的，表示对对方观点的赞成。⑨瞽（gǔ）：瞎子，这里指舜的父亲乐官瞽瞍。⑩烝烝：指德行美好。⑪乂：管理、治理。格：至，达到，抵达。奸：奸邪、为人不正。女：嫁出女儿。⑫是：代词，这，指这个人，这里说的是舜。⑬厥：其，代词，指舜。刑：法度，法则，规则。二女：指尧的女儿娥皇和女英。⑭厘：让、命令。妫（guī）：水名。一说在今山西西南部，一说在今北京市延庆县，流入桑干河。汭（ruì）：河流拐弯的地方。⑮嫔：妇人，嫁给别人做妻子。

【译文】

帝尧说："喂！四方诸侯之长。我在位已经七十年了，你们能够顺应天意听从我的命令，允许我把帝位让给你们吧！"四方诸侯之长回答说："我们的德行鄙陋，不配登上天子的大位。"帝尧说："应该考察贵戚中的贤人，或是隐伏在下面，地位虽然低贱，实际上却是贤能的人，还是让贤德之人登上帝位吧。"大家提议说："在民间有一个处境艰难的人，名字叫作虞舜。"帝尧说："嗯！我曾听说过，他到底怎样？"四方诸侯之长说："他是乐官瞽瞍之子，其父心术不正，其母谈吐荒谬，其弟傲慢无礼。然而舜却能够和他们和谐相处，并且以孝行美德感化他们，使他们改恶从善，不去作奸犯科。"帝尧说："让我考察考察他吧！我决定把两个女儿嫁给舜，从两个女儿那里考察他的德行。"帝尧命令在妫河的拐弯处举行婚礼，让两个女儿做了虞舜的妻子。帝尧说："恭敬地处理政务吧！"

【评析】

尧是古代传说中的贤明帝王。为帝王歌功颂德，是作为臣子的史官责无旁贷的责任，因为古代书写历史的人是官员，而不是学者，因此他们必须站在皇权的立场上来书写。史官的价值主要在为统治者树碑立传，供后来的统治者学习借鉴，以便把优良的传统发扬光大。这种做法一直为后世沿袭，几乎无人能脱出这个框框。这样一来，历史就成为成功者的传记。

虽然我们无法得知帝尧的长相如何，习惯、个性、个人生活状况如何，但我们明确地知道他英明伟大，功高德重，受万民拥戴。所以我们禁不住庆幸自己是炎黄子孙。

远在原始部落时代，我们的祖先就已有了划分春夏秋冬四时和周年的历法，通过对天体运行的变化和地上物种、气候变化的仔细观察来确定时令。我们现在可以想象这件事对人类进步文明的巨大价值和意义。这标志着人们有了比较深刻的时间迁移感，同时也初步有了空间方位感。空间意识的产生，有利于对时间流动的划分、确认和记录，对方位变化的辨认。在人们生存的层面上，时间和空间的确立有助于人们迁徙定居，从事农业生产、商业贸易等物质生产活动。在精神的层面上，空间感使人确认人自身在天地万物间的位置，体验人在天地间存在的意义和价值。从尧帝制定历法的情况看，对自然现象的仔细观察和对自然变化规律的准确把握，是第一位的。这个立足点带来的结果是对自然的重视、崇敬和顺从，把人的存在纳入自然的轨道，使人的生产、生活、思维合乎自然法则，也使人们顺应自然的循环，以便更好的生活。

我们的民族崇尚自然的传统，大概就始于尧帝的时代。崇尚自然的意识，集中体现于"敬天"的观念上。"天"是万物的主宰，它既是神灵意志的体现，又是自然法则的体现。人作为自然的一部分，必须敬重上天，服从上天。帝王是上天派到人间的领袖，他以上天赋予的绝对权力来统治人世间，因此被称为"天子"。冒犯天子，就是冒犯天神、自然法则，罪该万死。

把天、自然、神灵、权力、特权和专制结合起来，也算是民族传统之一，即把自然涂上权力意志的色彩，敬重、顺从自然，也就是敬重、顺从权力。个人存在的意义和价值便在敬天、顺应自然、服从权力。这也是儒家要把《书》作为经典的原因之一。古往今来，对于一个国家来说，贤才是最珍贵的财富。在远古时代，我们的祖先就深谙其意，兼听忠臣之言，再加上自己的观察，任用贤能，使其能够为国尽力，使人民安居乐业，政令统一。

对贤明的君王来说，挑选接班人是头等大事，它关系到国家的前途和命运。尧帝作了七十年帝王，功德广布，百姓富足，安居乐业，天下大治，无奈岁月不饶人，帝王也总有老去的一天，需要慎重地把权力交给下一代。值得庆幸的是，在尧帝的时代还没有皇帝江山不外传的世袭制，可以把权力交给家族以外的任何人。这种移交权力的做法，在古代叫作"禅让"。并且，把权力交给谁，可以由各方氏族首领参与讨论，提出建议，推荐人选。这就有点民主色彩了。

移交权力的确不是一件简单的事。且不说众多争权夺利的复杂问题，但就享受够了尊严、顺从、声名、功绩、荣华富贵等等的心态来说，需要有巨大的心理承受能力。可能在尧帝的时代这是不成问题的，即使从最高职位上退下来，依然会受到崇敬，不会失去得太多，更不会人走茶凉，毕竟那时世风还很淳朴。

权力诱惑力实在太大了，这大概是后世的帝王们即使上了黄泉路也不愿交出权力的重要心理原因吧。于是，后来有了世袭制。天下是朕的天下，也是朕的儿子、孙子的天下，接班人早已由制度规定好了，用不着挑选，也不容外人讨论、提意见。正是因为这种世袭制，帝王的子嗣不管才能如何、品行如何，都有可能继承祖业。这也酿成了不少悲剧，帝王的子嗣为争帝位不惜手足相残，更有甚者会弑父夺位。

舜典第二

一

【原文】

虞舜侧微，尧闻之聪明。将使嗣位，历试诸难，作《舜典》。曰若稽古，帝舜曰重华，协于帝。浚哲文明，温恭允塞，玄德升闻，乃命以位。慎徽五典①，五典克从②。纳于百揆③，百揆时叙④。宾于四门⑤，四门穆穆⑥。纳于大麓⑦，烈风雷雨弗迷。帝曰："格⑧，汝舜。询⑨事考⑩言，乃言底⑪可绩，三载。汝陟⑫帝位。"舜让于德弗嗣。

【注释】

①徽：美，善。五典：指五典之教，即父义、母慈、兄友、弟恭、子孝五种伦理道德的教化。②克：能、能够。从：顺从，依从。③纳：入，进，授予官职。百揆：管理一切政务和百官的官。④时叙：承顺，服从命令。⑤宾：迎接宾客，接待宾客。⑥穆穆：形容仪容整齐，态度谨慎、恭敬。⑦大麓：指山野，在古代也指主管山林的官。麓：山脚。⑧格：来，来到。⑨询：谋，考虑，思谋。⑩考：考察，察看。⑪底：取得。⑫陟：登上。

【译文】

当年虞舜身在民间，地位低下，帝尧听说他很贤明，有意培养他做接班人，于是让人把虞舜找来，委以重任。经过多年考验，帝尧决定传位与他。史官根据这件事，写下了《舜典》。考察古代历史，舜帝名叫重华，他的光辉与帝尧相合。智慧明鉴，温柔诚实，德行远播，帝尧也有所听闻，于是让他治理国家。先让舜负责推行德教，舜便谨慎地教导臣民以父义、母慈、兄友、弟恭、子孝五典作为自己行动的准则，臣民都能听从这种教导而不违背。然后又让舜总理政务百官，百官都能服从命令，使百事振兴，无一荒废。尧又让舜到都城的四门去招待宾客，于是四方诸侯前来的宾客都对舜肃然起敬。尧派舜进入山麓中的大森林，舜能够承受烈风雷雨的考验而在大森林中不迷失方向。尧说："来吧！舜啊。你谋事周到，提的意见也十分正确，经过三年考验，你的确取得了不少成绩，你现在可以登上天子的大位了。"舜谦让有德之人，自己不肯继承帝位。

二

【原文】

正月上日①，受终于文祖②。在璇玑玉衡③，以齐七政④。肆类⑤于上帝，禋于六宗⑥，望⑦于山川，遍于群神。辑五瑞⑧，既月乃日⑨，觐四岳群牧，班瑞于群后⑩。岁二月，东巡守，至于岱宗⑪，柴⑫，望秩⑬于山川，肆觐东后⑭，协时月正日⑮，同律度量衡⑯。修五礼五玉三帛二生一死贽⑰。如五器⑱，卒乃复⑲。五月南巡守，至于南岳，如岱礼。八月西巡守，至于西岳，如初。十有一月朔⑳巡守，至于北岳，如西礼。归，格于艺祖，用特㉑。五载一巡守，群后四朝。敷㉒奏以言，明试以功，车服以庸㉓。

【注释】

①上日：佳日，吉日，吉祥的日子。②终：这里的意思是指尧退下了帝位。文祖：尧太祖的宗庙，古代国家大事都是在此举行。③在：考察。璇玑玉衡：指北斗七星。玉衡是杓，璇玑是魁。④齐：列举。七政：指祭祀、班瑞、东巡、南巡、西巡、北巡、归格艺祖七项政事。⑤肆：连词，于是。类：一种祭祀场合使用的礼节，在这里指向上天报告承袭帝位的事情。⑥禋（yīn）：祭祀的名称。六宗：在这里指天、地和春、夏、秋、冬四时。⑦望：祭祀山川的仪式。⑧辑：收集，聚敛。五瑞：指五种标志不同等级的玉，作为诸侯们的信符。⑨既月乃日：挑选吉祥的日期。⑩觐：入朝拜见天子。牧：古时的一种官员。班：通假字，通"颁"，颁布、颁发。后：指诸侯国君。⑪岱宗：指东岳泰山。⑫柴：古代祭祀天的仪式。⑬秩：次序，依次。⑭东后：东方诸侯的国君。⑮协：符合。时：春、夏、秋、冬四季。正：认定。⑯同：统一，使统一，使一致。律：指阴阳十二律，其中阴律和阳律各占一半。度：丈尺。量：斗斛。衡：斤两。⑰五礼：指公、侯、伯、子、男五等朝聘之礼。五玉：即前面说的五瑞。三帛：三种颜色不

同的丝织品，用来铺在玉的下面。二生：活羊羔和活的大雁。一死贽：一只死了的野雉。贽同"雉"。⑱如：而，连词。五器：即上文所说的五瑞。⑲卒乃复：完事之后就归还。⑳朔：北方。㉑特：专指公牛。㉒敷：普遍的、全面的。㉓庸：奖励。

【译文】

　　正月的一个吉日，在尧的太庙举行禅位典礼。舜代尧接受了天子的大命。舜继位后，便考察了北斗七星的运行规律，列举了七项政事。于是把继位之事报告给上帝，又精心诚意地祭祀天地四时，祭祀山川和群神。随后聚敛了诸侯的五种信圭，择定吉月吉日，接受四方诸侯君长的朝见，把信圭颁发给他们。这一年的二月，舜到东方进行视察。舜到了称为岱宗的泰山，举行祭祀泰山的典礼。这个祭典称为"柴"。祭泰山以后，舜又按次序望祭泰山以外的东方山川。舜召见了东方各国诸侯。舜协调四时月份，确定日期，使四时、月、日与自然运行的实际情况相符合。舜统一法律、尺度、斛斗、斤两；修订吉礼、凶礼、宾礼、军礼、嘉礼五种礼法；规定了桓圭、信圭、躬圭、谷璧、蒲璧五种玉器的使用规格，以及三种不同颜色的丝织品的使用规范；规定了初次相见时的赠礼，这些礼品包括活的羊羔与雁以及死了的雉鸡。仪式上所用的五种玉器，等典礼完成以后，都归还诸侯。这一年的五月，舜去南方各国视察，到达南岳衡山。在那里所行的各种礼节，如同在岱宗泰山所行的一样。这一年的八月，舜在西方各国视察，到达西岳华山，像当初祭祀泰山一样祭祀了华山。这一年的十一月，舜到北方各国视察，到达北岳恒山，采用了祭祀西岳华山的礼仪来祭祀北岳恒山。舜返回之后，到尧的太庙祭祀祷告，用公牛一头为祭品。每隔五年，舜都要进行一次全面的巡行视察。四方诸侯分别在四岳朝见天子，全面向天子报告自己的政绩，天子也认真地考察诸侯国的政治得失，把车马衣服奖给有功的诸侯。

三

【原文】

　　肇①十有二州，封十有二山，浚②川。象以典刑③。流宥④五刑。鞭作官刑，扑⑤作教刑，金作赎刑。眚灾肆赦⑥，怙终贼刑⑦。钦哉，钦哉，惟刑之

虞书

恤⑧哉。流共工于幽州⑨，放驩兜于崇山⑩，窜三苗⑪于三危⑫，殛⑬鲧于羽山⑭，四罪而天下咸服。二十有八载，帝乃殂落⑮。百姓如丧考妣，三载，四海遏密⑯八音⑰。月正元日，舜格⑱于文祖，询于四岳，辟四门，明四目，达四聪。

【注释】

①肇：这里指划分地域。②浚(jùn)：古字同"浚"，疏通河道。③象：在此用作动词，刻画，镂刻。典：通常的，经常使用的。典刑：常用的墨、劓、剕、宫、大辟五种刑罚。④流：流放，放逐。宥：原谅、宽恕。⑤扑：同"朴"，木杖，古代用作惩罚的用具。⑥眚(shěng)：过失、错误。肆：连词，就。⑦怙：依仗。贼：借为"则"，连词，就。⑧恤：谨慎小心。⑨幽州：地名，约为今内蒙古东北一带。⑩崇山：地名，约为今湖南张家界。⑪三苗：又称有苗或苗民，大致居住在现在的河南南部、湖南、江西一带。⑫三危：地名，约在今甘肃敦煌一带。⑬殛(jí)：流放、放逐。⑭羽山：地名，在东方，位于现在的江苏东海县和山东临沭县交界的地方。⑮殂落：死亡。⑯遏：制止、停止。密：静、使安静、静止。⑰八音：金、石、丝、竹、匏、土、革、木制作的乐器打出的八种声音，后来泛指音乐。⑱格：动词，至，到，抵达。

【译文】

开始划定十二州的疆界，在十二座大山上封土为坛，作祭祀之用，同时又疏通河道。舜命令把常用的刑罚的形状画在器物上，使人民有所儆戒。用流放的办法代替五刑，以表示宽大。庶人做官而又有俸禄者，犯了过错，罚以鞭刑。掌管教化的人，使用刑罚时，则用扑刑，犯了过错可以出金赎罪。如果犯了小错，或过错虽大，只是偶一为之，可以赦免；如果犯的罪较大而又不知悔改，就要给予严厉的惩罚。"谨慎呀！谨慎呀！在使用刑罚时，可要慎之又慎啊！"把共工流放到幽州，把驩兜流放到崇山，把三苗驱逐到三危，把鲧流放到羽山。罪人都受到了应得的惩罚，天下民众都心悦诚服，认为舜的处置非常恰当。舜辅佐尧处理政务，过了二十八年，尧逝世。百官和人民好像死去父母一样悲痛，在三年中，全国上下停止奏乐，一片宁静。守丧三年以后的正月初一，舜到了文祖庙，和四方诸侯之长共商国家大事，开明堂的四门，明察四方政务，倾听四方意见。

四

【原文】

咨十有二牧①，曰："食哉惟时。柔②远能③迩④。惇⑤德允⑥元⑦，而难⑧任人⑨，蛮夷率服。"舜曰："咨，四岳。有能奋⑩庸⑪熙⑫帝之载⑬。使宅⑭百揆⑮，亮⑯采⑰惠⑱畴⑲。"佥曰："伯禹作司空⑳。"帝曰："俞，咨禹，汝平水土，惟时㉑懋㉒哉。"禹拜稽首，让于稷契暨皋陶。帝曰："俞，汝往哉。"

【注释】

①牧：指州的行政长官。②柔：安抚。③能：善，爱护。④迩：与远相对，近。⑤惇（dūn）：浓厚。⑥允：取信。⑦元：善。⑧难：拒绝，抵制。⑨任人：佞人，指不忠实的人。⑩奋：奋起、奋发。⑪庸：动词，用功，努力。⑫熙：广大，光大。⑬载：事业。⑭宅：居住。⑮百揆：古代官名。⑯亮：帮助、协助。⑰采：事情。⑱惠：助词，无实在意义。⑲畴：疑问代词，谁。⑳司空：古代三公之一，管理全国土地的官员。㉑时：代词，代指百揆之职。㉒懋（mào）：勉力，鼓励，激励。

【译文】

"唉，十二州的长官呀！"舜叹息着说，"只有衣食才是人民的根本啊！安抚远方的臣民，爱护周围的臣民，并顺从他们的意志去处理政务。德行厚，才能取信于人，才能使政务达到至善的地步；拒绝使用那些花言巧语的人，边远地方的民族才能都对你表示臣服。"舜说："唉，四方诸侯之长啊！有谁能够奋发努力，以光大先帝的事业，使居百揆之官辅佐政务呢？"大家都说："伯禹可做司空。"帝舜说："是啊！禹，你治理水土很有功绩，还要努力做好百揆这件事啊！"禹跪拜并叩头，并且谦逊地让稷、契和皋陶担任这项职务。帝舜说："好了，还是你去担任这项职务吧！"

五

【原文】

帝曰："弃，黎民阻饥①，汝后稷②，播时③百谷。"帝曰："契，百姓不亲，五品不逊④，汝作司徒⑤，敬敷五教⑥，在宽。"帝曰："皋陶，蛮夷猾⑦夏⑧，寇贼奸宄⑨。汝作士⑩，五刑有服⑪，五服三就⑫。五流有宅⑬，五宅三居⑭。惟明克允⑮。"帝曰："畴若予工⑯。"佥曰："垂哉。"帝曰："俞，咨垂。汝共工⑰。"垂拜稽首，让于殳、斨暨伯与⑱。帝曰："俞，往哉，汝谐⑲。"

【注释】

①黎：众多。阻饥：为饥饿所苦。②后：担任，主持。稷：原为"谷神"，这里指的是农官，主管播种谷物的事情。③时：通"莳"，耕种，播种，种植。④五品：父、母、兄、弟、子。逊：和顺，谦和，恭顺。⑤司徒：上古时期的官名，是三公之一，据说在尧帝的时候设立的，主要负责教化民众和管理行政事务。⑥敷：布，推行。五教：五品之教，即父义、母慈、兄友、弟恭、子孝五种伦常。⑦猾：骚扰，侵扰。⑧夏：古代时期指中国。⑨寇：抢劫，掠夺。贼：杀人。奸宄：犯法作乱。外部的叫作奸，内部的叫作宄。宄，也写作"轨"。⑩士：狱官的首领。⑪服：用，使用。⑫就：表处所。⑬五流：五种流放的方式。宅：处所。⑭三居：三种处所。⑮明：明察。允：公允，允许。⑯若：善。工：官名，即主百工之官。⑰共工：上古时期的官名，治理百工之事。⑱殳（shū）、斨（qiāng）、伯与：都是古代的人名。⑲谐：共同，一起。

【译文】

帝舜说："弃啊！现在众民苦于没有饭吃，你担任后稷这项职务，带领人民种植庄稼吧。"帝舜说："契啊！现在人民很不友好，君臣之间，父子之间，夫妇之间，长幼之间，朋友之间，不能恭顺。你担任司徒这个官职，对他们推行五品之教，推行这些教育的时候，一定要本着宽厚的原则。"帝舜说："皋陶啊！外族部落经常来侵犯我们，他们在我国境内到处为非作歹，抢夺人民的财产。望你担任狱官的首领，能根据犯人罪行的大小使用五种刑罚。罪大者，便带到原野上行刑；罪轻者，可分别带到市、朝内行刑。把他们的罪行用告示张贴出来，使人有所儆戒；或者为了表示宽大，也可以用流放来代替。流放也要根据罪行大小分为五种，把犯人流放到远近不同的地方，这些地方可在九州岛之外，四海之内，并分作三等以区别其远近。只有明察案情，处理得当，人民才会信服啊！"舜说："谁善于担任百工这项职务？"大家都说："还是让垂来担任吧！"舜说："好吧！垂啊，你来担任百工的职务吧。"垂行礼拜谢,并表示谦让于殳、斨和伯与来担任这项职务。舜说:"好吧!让他们也和你一起去负责这项工作吧!"

六

【原文】

帝曰:"畴,若予上下①草木鸟兽。"佥曰:"益②哉。"帝曰:"俞,咨益。汝作朕虞③。"益拜稽首,让于朱虎、熊罴④。帝曰:"俞,往哉,汝谐。"帝曰:"咨四岳,有能典朕三礼⑤。"佥曰:"伯夷⑥。"帝曰:"俞,咨伯。汝作秩宗⑦。夙夜惟寅⑧,直哉惟清⑨。"伯拜稽首,让于夔、龙⑩。帝曰:"俞,往钦哉。"

【注释】

①上下:上指山川,下指河泽。②益:人名,即伯益。伯益是一位具有远见的人物,早在舜征讨三苗的时候,就是因为使用了伯益的建议,才使得三苗归顺。③虞:掌管山林的官职。④朱虎、熊罴(pí):二人名。⑤典:主。三礼:指事天、地、人的礼。⑥伯夷:人名。下面的"伯"也是指的伯夷。⑦秩宗:官名,掌管次序尊卑等礼仪的官职。⑧夙夜:早晚。寅:敬,恭谨。⑨直:正直。清:洁,清明。⑩夔(kuí)、龙:二人名。

【译文】

舜说:"谁能替我管理山林川泽中的草木鸟兽?"大家都说:"让益来担任这项职务吧!"舜说:"好吧!益啊,你来担任我的虞官吧。"益叩头拜谢,并谦虚地表示要把这项职务让给朱虎、熊罴。舜说:"好吧!让他们和你一起去负责这项工作吧。"舜说:"唉!四方诸侯之长啊,有谁能替我主持三礼?"大家都说:"伯夷可以。"舜说:"好吧!伯夷啊,你来担任秩宗的职务吧!一早一晚都要恭敬地去祭祀鬼神,祭祀时的陈词,要正直而清明。"伯夷叩头拜谢,谦逊地要把这项职务让给夔和龙。舜说:"好吧!还是由你去担任这项职务吧,一定要恭敬啊!"

虞书

七

【原文】

帝①曰："夔②，命汝典乐③，教胄子④。直而温⑤，宽而栗⑥，刚而无虐⑦，简而无傲⑧。诗言志⑨，歌永言⑩，声依永，律和声。八音克谐，无相夺伦，神人以和。"夔曰："於⑪，予击石拊石⑫，百兽率舞。"

【注释】

①帝：舜帝。②夔（kuí）：人名，据说是在舜的时期掌管音乐的人。③汝：你。典乐：管理音乐。④教胄子：教育子弟，让他们成长。胄：长。⑤直：正直。温：温和。⑥宽而栗：宽宏而庄严。栗：坚。⑦刚：刚毅。无：不要。虐：苛刻。⑧简而无傲：简易而不傲慢。⑨诗言志：中国古代诗歌创作的传统，诗是用来表达人的思想感情的。⑩歌永言：歌是延长诗的语言。永：长。⑪於：音乌，叹词。⑫拊：轻轻地敲击。石：石磬。

【译文】

舜说："夔啊，命令你管理音乐事务，去教导那些年轻人，要让他们成长得正直而温和，宽大而谨慎，性情刚正而不盛气凌人，态度温和而不傲慢。诗是用来表达思想感情的，歌是延长诗的语言，唱歌的声音既要根据思想感情，也要符合音律。八类乐器的声音能够和谐地演奏，不要弄乱了相互间的顺序，让神人听了都感到快乐和谐。"夔说："好啊，让我们轻敲着石磬，奏起音乐来，让那些无知无识的群兽都感动得跳起舞来吧！"

八

【原文】

帝曰："龙，朕塈谗说殄行①，震惊朕师②。命汝作纳言③，夙夜出纳朕命，惟允！"帝曰："咨，汝二十有④二人，钦哉，惟时亮天功⑤。三载考绩，三考黜陟幽明⑥。庶绩咸熙⑦。分北⑧三苗。"舜生三十，征⑨庸三十⑩，在位五十载，陟⑪方乃死。帝厘⑫下土，方设居方，别生分类。作《汩作》、《九共》九篇，《槁饫》⑬。

【注释】

①聖（jí）：通"忌"，讨厌、厌恶。谗说：讲谗言或说坏话。殄：危害。②师：民众，人民。③纳：在这里指纳言，古代的官职名称。④有：又，用于整数零数之间。⑤亮：辅助、帮助。天功：大事，顺应天意的事业。⑥黜：废、罢免。陟：提升，提拔。幽：昏庸的，有错误的。明：贤明，圣明。⑦熙：兴，振兴。⑧北：通"背"，别。⑨征：被召征，被征用，被任用。⑩庸：通"用"，任用。三十：现在的说法是二十。⑪陟：升，登上。⑫厘（lí）：数字单位。⑬槁饫（gǎo yù）：传说中的古乐名。

【译文】

帝舜说："龙啊！我非常讨厌那些讲坏话的阳奉阴违的人，因为这种人常常用一些邪说和暴行来使我的民众震惊。现在，我任命你做纳言之官，不论早晚都要传达我的命令，并且要及时转达下情，你一定要讲究诚信呀。"帝舜说："啊！你们这二十二位负责的官员，要谨慎呀！要时时辅助着完成这顺应天意的事业，创立丰功伟绩。"按照帝舜的规定，每隔三年要对官员考核一次政绩，经过三次考核之后，便将昏庸的官员罢免，并将贤明的官员提升。于是一切功业都振兴起来了，并且把三苗流放于别的地方。舜三十岁那年被尧召用，在官位二十年，在帝位五十年，后来巡行视察时，登上了衡山，并在那里去世。虞舜在位期间，广泛测量自己的疆域，并将各地的物产分门别类，规定赋税。另外还指导创作了《汨作》《九共》九篇、《槁饫》等舞乐，作为祭祀音乐。

【评析】

尧与舜没有直系血缘关系，说到底勉强算是黄帝的子孙，然而尧却能把权柄禅让给舜，可见尧帝胸襟何等的开阔，既能禅位与贤能，又能知人用人，使物尽其用，人尽其才。国家太平，百事振兴，自然是情理之中的事情了。

舜顺利地登上帝位后，祭祀是必不可少的礼仪，种类之多，场面之宏大，气氛之隆重，可想而知。毕竟，这是新天子的诞生，其意义得用盛大的礼仪来表示。因此，礼仪的规模，便体现了意义的大小。礼仪的作用还在于发布信息，一是通报天地神灵，以取得合法身份；二是通报四方臣民，以使人心归顺。

虞书

舜帝上任后，又大刀阔斧地改革修订历法，统一乐律和度量衡，严明礼仪等级，巡视四方，赏赐功臣，大有重振河山的王者气度，表现出王者的大智慧和大德行。

　　舜帝上任后，划定州界，制定刑罚，放逐尧的大臣共工、驩兜、鲧，以及三苗，于是天下人心归顺。接下来是任用百官，使国家机器运转起来。舜三十岁出道从政，在帝王位置上待了五十年，身后名垂青史。咱们中国人对新任官员的信心，多半寄托在"三把火"上。舜帝"三把火"的重心在刑罚，表明他重视"依法治国"。这和后世的帝王得天下后大兴土木、赏赐功臣、争权夺利形成鲜明对比。

　　还值得注意的是，舜帝慎用刑罚，以惩戒为目的，区别罪行，处罚适度。这是开明君主与暴君的区别所在。治国的关键在治人心，不仅要赏罚分明，还要赏罚适度，才能使人心归顺。但凡天下大治，必以忧国忧民为根本。

　　舜帝对夔说的关于诗歌和音乐的作用的看法，后来被儒家当作"诗教"的经典言论，也成了历代官方所推崇的文艺观。诗歌和音乐是人们内心想法和情感的表现，最高标准是和谐。和谐就是美，是优雅，可以感天动地惊鬼神。和谐的诗歌和音乐被用来培育、陶冶人们的内在情操，培养性情高雅的君子。简单地说，诗歌和音乐是最重要的教育手段，而不是供自我发泄或娱乐消遣。

大禹谟第三

一

【原文】

皋陶矢厥谟，禹成厥功，帝舜申之，作《大禹》、《皋陶谟》、《益稷》。曰若稽古，大禹曰："文命①敷于四海②，祗承于帝。"曰："后克艰厥后，臣克艰厥臣，政乃乂③，黎民敏德④。"帝曰："俞⑤！允若兹，嘉言罔攸伏，野无遗贤，万邦咸宁。稽于众，舍己从人，不虐无告，不废困穷，惟帝时克。"益曰⑥："都⑦！帝德广运⑧，乃圣乃神，乃武乃文⑨。皇天眷命，奄有四海⑩为天下君。"禹曰："惠迪吉⑪，从逆凶，惟影响。"益曰："吁！戒哉！儆戒无虞⑫，罔失法度，罔游于逸，罔淫于乐。任贤勿贰，去邪勿疑。疑谋勿成，百志惟熙⑬。罔违道以干百姓之誉，罔咈百姓以从己之欲⑭。无怠无荒，四夷来王。"禹曰："於⑮！帝念哉！德惟善政，政在养民。水、火、金、木、土、谷，惟修；正德、利用、厚生、惟和⑯。九功惟叙⑰，九叙惟歌⑱。戒之用休，董之用威⑲，劝之以九歌，俾勿坏。"帝曰："俞！地平天成⑳，六府三事允治，万世永赖，时乃功。"

【注释】

①曰若：发语辞。《尧典》作"粤若"，《周书》作"越若"，意义相同。文命：大禹的名字。②敷：治理。③乂（yì）：治理。④黎民：众民。敏：勉，勉力。⑤俞：对。⑥益：伯益，舜的大臣。⑦都：叹词。⑧广运：广远。⑨乃：如此，这里四个"乃"字都是此义。⑩奄：同，尽。⑪惠迪：惠，顺。迪：道。⑫虞：误，失误。⑬志：念虑。熙：广。⑭咈（fú）：违背。⑮於：叹词。⑯和：当读为宣，宣扬。⑰九功：九事。水、火、金、木、土、谷，叫六府；正德、利用、厚生，叫三事。六府和三事合称九功。⑱九叙：指六府三事之功都有次序。

虞书

⑲董：督。⑳地平天成：大地上的水患治理好了，万物自然而然地生长。

【译文】

皋陶、伯益、后稷辅助大禹治水成功，虞舜为了表彰他们的功绩，命史官作《大禹谟》《皋陶谟》《益稷》。考察古代传说，大禹名叫文命，他对四海进行治理之后，又敬慎地辅助帝舜。他说："君主能够知道做君主的艰难，臣下能够知道做臣下的不容易，政事就能治理，众民就能勉力于德行了。"舜帝说："对！真像这样，善言无所隐匿，朝廷之外没有被遗忘的贤人，万国之民就都安宁了。政事同众人研究，舍弃私见以依从众人，不虐待无辜的人，不放弃困苦贫穷的人，只有尧帝能够这样。"伯益说："啊！尧德广远，这样圣明，这样神妙，这样英武，这样华美；于是上天顾念，使他尽有四海之内，而做天下的君主。"禹说："顺从善就吉，顺从恶就凶，就像影和响顺从形体和声音一样。"伯益说："啊！要戒慎呀！警戒不要失误，不要放弃法度，不要优游于逸豫，不要放恣于安乐。任用贤人不要怀疑，罢去邪人不要犹豫。可疑之谋不要实行，各种思虑应当广阔。不要违背治道来取得百姓的称赞，不要违背百姓意愿来顺从自己的私心。对这些不要懈怠，不要疏忽，四方各民族的首领就会来朝见天子了。"禹说："啊！您真是深谋远虑呀！帝德应当使政治美好，政治在于养民。水、火、金、木、土、谷六种生活资料应当治理，正德、利用、厚生三件大事应当宣扬，这九件事应当理顺，九件事理顺了应当歌颂。要用休庆规劝臣民，用威罚监督臣民，用九歌勉励臣民，使政事不会败坏。"舜帝说："对！水土平治，万物成长，六府和三事办好了，是万世永利的事业，这是您的功勋。"

二

【原文】

帝曰："格，汝禹①！朕宅帝位三十有三载②，耄期倦于勤③。汝惟不怠，总朕师！"禹曰："朕德罔克，民不依。皋陶迈种德④，德乃降，黎民怀之。帝念哉！念兹在兹，释兹在兹，名言兹在兹，允出兹在兹⑤，惟帝念功。"帝曰："皋陶，惟兹臣庶，罔或干予正⑥。汝作士⑦，明于五刑⑧，以弼五教⑨，期于予治⑩。刑期于无刑，民协于中⑪。时乃功，懋哉⑫。"皋陶曰："帝德罔愆，临下以简，御众以宽；罚弗及嗣，赏延于世。宥过无大，刑故无小⑬；罪疑惟轻，功疑惟重；与其杀不辜，宁失不经；好生之德，洽于民心。兹用不犯于有司。"

【注释】

①格：来。②朕：我。宅：居。③耄（mào）期：老耄。④皋陶：舜的大臣。迈：通励，勤勉。种：树立。⑤念兹在兹……四句：兹：此。释：通"怿"，喜悦。名言：称述。出：推行。每句前一个兹字，指德；后一个兹字，指皋陶。⑥干予正：干：犯。正：通政。⑦士：古代主管刑狱的官。⑧五刑：墨、劓（yì）、剕（fèi）、宫、大辟五种刑罚。⑨五教：五常之教，指父义、母慈、兄友、弟恭、子孝。⑩期：当，合。⑪中：平，公平。⑫懋（mào）：美好。⑬刑故：故，故意犯罪。刑故：处罚故意犯罪。

【译文】

舜帝说："您来呀，禹！我居帝位三十三年了，年岁老耄，被勤劳的事务所苦。您当努力不息，总领我的民众。"禹说："我的德不能胜任，人民不会依归。皋陶勤勉树立德政，德惠能下施于民，众民怀念他。帝当思念他呀！念德的在于皋陶，悦德的在于皋陶，宣扬德的在于皋陶，诚心推行德的也在于皋陶。帝要深念他的功绩呀！"舜帝说："皋陶！这些臣民没有人敢犯我的政事，因为您作士官，能明五刑以辅助五常之教，合于我们理想的政治。有节制地使用刑罚，最终达到无刑而治的地步，人民都能合于正道。这是您的功劳，做得真好呀！"皋陶说："帝德没有失误。用简约治民，用宽缓御众；刑罚不及于子孙，奖赏扩大到后代；宽宥过失不论罪多大，处罚故意犯罪不问罪多小；罪可疑时就从轻，功可疑时就从重；与其杀掉无罪的人，宁肯自己承担不按法度行事的责任。帝爱民的美意，合于民心，因此人民就不触犯法度。"

三

【原文】

帝曰："俾予从欲以治，四方风动，惟乃之休。"帝曰："来，禹！降水儆予①，成允成功，惟汝贤。克勤于邦，克俭于家，不自满假②，惟汝贤。

虞书

汝惟不矜③，天下莫与汝争能；汝惟不伐④，天下莫与汝争功。予懋乃德，嘉乃丕绩，天之历数在汝躬⑤，汝终陟元后⑥。人心惟危，道心惟微，惟精惟一，允执厥中⑦。无稽之言勿听，弗询之谋勿庸⑧。可爱非君？可畏非民？众非元后，何戴？后非众，罔与守邦？钦哉！慎乃有位，敬修其可愿。四海困穷，天禄永终。惟口出好兴戎⑨，朕言不再。"禹曰："枚卜功臣⑩，惟吉之从。"帝曰："禹！官占惟先蔽志⑪，昆命于元龟⑫。朕志先定，询谋佥同⑬，鬼神其依，龟筮协从⑭，卜不习吉⑮。"禹拜稽首，固辞⑯。帝曰："毋！惟汝谐。"正月朔旦，受命于神宗⑰，率百官若帝之初。

【注释】

①降水：洪水，大水。②满假：满：盈满。假：大。③矜：自以为贤。④伐：自夸有功。⑤历数：指帝王相继的次序。⑥陟（zhì）元后：陟：升。元：大。后：君。元后：大君，指天子。⑦人心四句：危：险。微：精微。精：精研。一：专一。⑧询：问。庸：用。⑨出好兴戎：赏善伐恶。好谓赏善，戎谓伐恶。⑩枚卜：历卜，逐个地卜。⑪蔽：断，断定。蔽志：断定其志。⑫昆：后。⑬佥：都。⑭龟筮：古代占卜用物。龟：问龟，指卜。筮：筮草，即卜筮。⑮习吉：重复出现吉兆。卜筮之法，前卜已吉，不待重复出现吉兆。⑯辞：再辞。⑰神宗：宗，宗庙。

【译文】

舜帝说："使我依从人民的意愿来治理，四方人民群起响应是您的美德。"舜帝说："来，禹！洪水警戒我们的时候，实现政教的信诺，完成治水的工作，只有你贤；能勤劳于国，能节俭于家，不自满自大，只有你贤。你不自以为贤，所以天下没有人与你争能；你不夸功，所以天下没有人与你争功。我赞美你的德行，嘉许你的大功。上天的大命落到你的身上了，你终当升为大君。人心危险，道心精微，要精研，要专一，又要诚实，保持着中道。无根据的话不要听，独断的谋划不要用。可爱的不是君主吗？可畏的不是人民吗？众人除非大君，他们拥护什么？君主除非众人，没有跟他守国的人。要恭敬啊！慎重对待你的大位，敬行人民期望的事。如果四海人民困苦贫穷，天的福民就将永远终止了。虽然口能说好说坏，但是我的话不再改变了。"禹说："请逐个卜问有功的大臣，然后听从吉卜吧！"舜帝说："禹！官占的办法，先定志向，而后告于大龟。我的志向先已定了，询问商量的意见都相同，鬼神依顺，龟筮也协合依从，况且卜筮的办法不须重复出现吉兆。"禹跪拜叩首，再辞。舜帝说："不要这样！只有你合适啊！"正月初一早晨，禹在尧庙接受舜帝的任命，像舜帝受命之时那样统率着百官。

四

【原文】

帝曰："咨，禹！惟时有苗弗率①，汝徂征②。"禹乃会群后，誓于师曰；"济济有众③，咸听朕命。蠢兹有苗④，昏迷不恭，侮慢自贤，反道败德。君子在野，小人在位。民弃不保，天降之咎。肆予以尔众士，奉辞罚罪。尔尚一乃心力，其克有勋。"三旬，苗民逆命。益赞于禹曰⑤："惟德动天，无远弗届。满招损，谦受益，时乃天道。帝初于历山⑥，往于田，日号泣于旻天⑦，于父母，负罪引慝⑧。祗载见瞽瞍⑨，夔夔斋栗⑩，瞽亦允若⑪。至诚感神，矧兹有苗⑫。"禹拜昌言曰："俞！"班师振旅⑬。帝乃诞敷文德⑭，舞干羽于两阶⑮，七旬有苗格⑯。

【注释】

①咨：嗟，叹词。有苗弗率：有苗，苗民。率：依从。②徂征：徂：往。徂征：前往征伐。③济济：众多的样子。④蠢：动。⑤赞：见。⑥历山：河东县，约在今山西永济。⑦旻天：秋天，这里泛指上天。⑧慝（tè）：咎恶。⑨瞽瞍（gǔ sǒu）：舜的父亲。⑩夔夔（kuí）斋栗：夔夔：恐惧的样子。斋：庄敬。栗：战栗。⑪允若：信顺，信任顺从他。⑫矧（shěn）：何况。⑬班师：还师。⑭诞敷：诞：大。敷：布，指施行。⑮干羽：干：盾。羽：翳（yì）。都是舞蹈工具。⑯格：来。

【译文】

舜帝说："嗟，禹！这些苗民不依教命，你前去征讨他们！"禹于是会合诸侯，告诫众人说："众位军士，都听从我的命令！蠢动的苗民，昏迷不敬。侮慢常法，妄自尊大，违反正道，败坏常德。贤人在野，小人在位。人民抛弃他们不予保护，上天也降罪于他们。所以我率领你们众士，奉行帝舜的命令，讨伐犯罪的苗民，你们应当同心协力，就能有功。"经过三十天，苗民还是不服。伯益会见了禹，说："施德可以感动上天，远人没有不来的。盈满招损，谦虚受益，这是自然规律。舜帝先前到历山去耕田的时候，天天向上天号泣，向父母号泣，自己负罪引咎。恭敬地奉行人子之事，去见瞽瞍，诚惶诚恐又庄敬。瞽瞍也信任顺从了他。至诚感通了神明，何况这些苗民呢？"禹拜谢伯益的嘉言，说："对！"还师回去后，舜帝于是大施文教，又在大殿两阶之间举行干羽之舞。经过七十天，苗民便不讨自来了。

【评析】

《大禹谟》叙述了三件事。

第一件事，是舜、禹、皋陶、伯益开会交流政治见解，近似于今人常说的理论务虚会。其时，禹已处于摄政地位，但舜仍位居天子之尊，皋陶则是大法官。

他们三人的讨论由禹开始，以舜对禹的赞赏而告终。禹发言三次，其政见可以概括为：在政治伦理方面，无论君臣，都要尽职尽责；在政治原则方面，要顺道而行，祛恶扬善；在政治事务方面，要做好各种事务。前两点务虚，后一点务实，虚实结合，建构了一个比较全面的施政纲领。这个纲领中的大部分内容，都汇入到有史以来的中国政治信条中了，譬如恪尽职守、正身以德、厚生养民，等等。相对于禹的正面立论，伯益的两次发言各有特色：第一次发言主要在于颂扬尧的美德，为舜和禹提供了一个可以效仿的政治榜样；第二次发言的主题可以概括为"为政之禁忌"。

在此值得注意的是，因为伯益的父亲是皋陶，所以他在舜、禹主导的政治体系中享有比较特殊的话语权。这也许是他可以在舜、禹面前放言高论的原因。这个原因，也许还可以解释，为什么舜与禹之间的对话，他可以参与并自由发言。至于舜的两次发言，都是对禹的认同，体现了长者的宽容与鼓励，至于他的个人观点，则不甚突出，主要是野无遗贤、舍己从众、救济贫苦，等等。

《大禹谟》叙述的第二件事，是讨论舜、禹之间的帝位禅让问题，参与讨论的也是三人，除了舜、禹之外，还有伯益的父亲皋陶。这次会议，不再"务虚"，而是一场实质性的政治决断，再现了舜、禹之间的禅让过程。此情此景，仿佛尧、舜之间禅让过程的再现。

《大禹谟》记载的第三件事，是舜让禹去征讨苗民，理由是苗民不大驯服。禹带领各路诸侯，经过30天的征伐，苗民还是不服。苗民的理由是：尚未晓之以理，便胁之以兵，这属于以力服人，当然不服。正在僵持之际，皋陶的儿子伯益出面劝说禹："施德可以感动上天，无论多么偏远的人都会受到感召。满招损，谦受益，这是天之常道。遥想舜帝当年，面对父之恶，他常常向上天号泣，向父亲号泣，克己自责，不责于人。他总是恭敬地对待父亲，终于感化了父亲。只要怀着一颗至诚之心，神明都可以感动，何况这些苗民呢？"禹认为伯益说得对，于是班师还朝。撤兵之后，舜大兴文德之教，并编出象征文德的舞蹈。果然，过了70天后，苗民主动前来朝拜。

这件事有些蹊跷。其一，苗民之君已成邪恶的象征，上天已经为他定了罪，禹的讨伐属于代天而罚。但是，义正辞严的"天罚"，却是征而不服，没有达到预期的目的，僵持不下，只好收兵。这就说明，奉上天讨伐、奉舜帝讨伐的正当性依据是有疑问的。在一定意义上说，收兵就是对"天降之罪""代天而罚"的否定。其二，通过武力不能征服苗民，在自家门前跳上70天"文舞"就让苗民心悦诚服，似乎让人难以置信。因为，要说施文德之教，这本来就是舜的"拿手好戏"。舜之为君，本来就是以德正身，以德治国。换言之，注重文德之教，乃是舜的一以贯之的政治原则，任何时候都没有间断过。

对于这一点，苗民想必是清楚的，但苗民并没有因此而归顺。苗民为什么长期抗命、军事征伐也不服，待人家编排"文舞"之后就服了呢？如果苗民在此时此刻的归顺确有其事，那么，在施文德之教与跳文教之舞以外，一定还有其他一些原因。只是这些原因，我们不甚清楚而已。

总结《大禹谟》记载的三件事，可以发现，舜、禹交替时期的朝政，很可能是"三驾马车"的状态：舜是资深的政治领袖，禹是候补的政治领袖，但皋陶、伯益家族同样享有举足轻重的地位，甚至记录这些言行的人，有可能就是皋陶、伯益势力集团中的人。否则，《大禹谟》中的人物，就不会如此安排了。

当然，作出这样的推断，是假定《大禹谟》与《尧典》《舜典》一样，都出自虞舜时代的史官。如果它真是后人伪造的，虽然上文的主要结论依然可以成立，但就不能说记录这些言行的人，就是皋陶、伯益势力集团中的人了。

虞书

皋陶谟第四

一

【原文】

曰若稽古，皋陶曰："允迪厥德，谟明弼谐①。"禹曰："俞，如何？"皋陶曰："都，慎厥身，修思永。惇叙九族②，庶明励翼③，迩可远在兹。"禹拜昌言④曰："俞。"皋陶曰："都，在知人⑤，在安⑥民。"禹曰："吁，咸若时⑦，惟帝其难之。知人则哲⑧，能官⑨人。安民则惠，黎民怀之。能哲而惠，何忧乎驩兜⑩？何迁乎有苗？何畏乎巧言令色孔壬⑪？"

【注释】

①皋（gāo）陶（yáo）：也作"皐陶"、"皋繇"或"皐繇"，虞舜时的司法官，后常为狱官或狱神的代称。允：真，诚信。迪：遵行，履行，遵循。明：高明，英明。弼：辅佐的意思。谐：和谐。②惇叙：惇：敦厚。叙：顺从。惇叙：使敦厚顺从。③庶：众人，百姓。励：劝勉或使努力，尽力。翼：辅佐，帮助。④昌言：美言，赞赏的话。⑤知：了解。人：与"民"相对，这里指官吏，就是诸侯或部落的首领。⑥安：安抚治理。⑦咸：全部，完全。时：用作代词，是，这样。⑧哲：明智、聪慧的人。⑨官：任用官吏，使用官吏。⑩驩（huān）兜：又作欢兜或驩头，是我国古代传说中三苗族的首领，因为与共工、鲧一起作乱，而被舜流放至崇山。⑪孔：甚、很。壬：奸佞的人，巧言善媚的人。

【译文】

传说皋陶和禹在舜帝面前讨论治理天下的事情。皋陶说："帝要是真正能够遵行其美德，那么，计谋就会高明，辅佐帝的大臣们也就都和谐了。"禹说："好啊！到底该怎样做呢？"皋陶说："啊！应当慎重地提升自身修养，凡事都要有长远考虑。要宽厚地对待九族的亲属，这样民众就会勤奋地起来辅佐你。事情要由近及远，先从自身做起。"禹听了之后，连忙拜谢皋陶的明达之言，称赞说："讲得真是太好了！"皋陶说："哦！重要的在于知人善任，在于把臣民治理好。"禹说："哎呀！完全做到这样，连帝尧都感到不容易啊！知人善任，那才是有智慧的人，有智慧才能恰当任用官吏。要想把臣民治理好，便要给他们以恩惠，这样臣民当然会把恩惠记在心里。既然聪明而有恩德，还怕什么驩兜？何必迁徙流放苗民？又何必害怕那些花言巧语、献媚取宠的坏人呢？"

二

【原文】

皋陶曰："都，亦行有九德①。亦言其人有德，乃言曰，载采采②。"禹曰："何？"皋陶曰："宽而栗③，柔而立④，愿而恭⑤，乱而敬⑥，扰而毅⑦，直而温⑧，简而廉⑨，刚而塞⑩，强而义⑪。彰厥有常吉哉⑫。""日宣⑬三德，夙夜浚明有家⑭。日严祗敬六德⑮，亮采有邦⑯。翕受敷施⑰，九德咸事⑱，俊乂⑲在官。""百僚师师⑳，百工惟时㉑。抚于五辰㉒，庶绩其凝㉓。"

【注释】

①亦：当读为"迹"，检验。下文"亦言"之亦，同。行：品行。九德：九种美好的表现或德行。②乃：这样，就。载：句首语气助词。采采：采：事。采采：动宾结构，从事其事，就是说将要试用他。③宽：宽大。栗：严肃恭谨，小心谨慎。④柔：指性情温和。立：自立，指有自己的主见。⑤愿：忠厚、老实。恭：庄重严肃。⑥乱：治，这里指才干或能力，特指有治国才干。敬：敬谨，不傲慢。⑦扰：原意为烦扰，但在这里应理解为和顺，指能听取他人意见。毅：刚毅，果断。⑧直：正直，耿直。温：温和。⑨简：直率而不拘小节。⑩刚：刚正。塞：充实。⑪强：坚强，勇敢。义：心地善良，合符道义。⑫彰：明，表现。常吉：祥善，指九德。常：经常，常常。⑬宣：显示，表现，体现。⑭夙：早上。浚明：恭敬努力。家：这里指卿大夫的封地。⑮严：通俨，矜持、庄重恭谨的样子。祗：崇敬、恭敬。⑯亮：辅佐，辅助。采：事务。邦：诸侯的封地，在古代又称之为国。⑰翕（xī）：聚合，约束。敷施：普遍推广。⑱咸：都，全部。事：动词，从事，任职，管理事务。⑲俊乂：马融说："才德过千人为俊，百

人为义。"在这里指特别有才能的杰出人才。⑳百僚：指众大夫，百官。师师：互相学习和仿效。第一个"师"，活用为动词，效法。㉑百工：百官。惟：思。时：善。㉒抚：顺从，遵从。五辰：北辰。北辰有五星，指金、木、水、火、土五星。北辰居天之中，所以此处用来借喻国君。㉓庶：众多。绩：功绩。凝：成就，建成。

【译文】

皋陶说："啊！检查人的行为有九种美德，要想说某一个人有美德，就应当以事实为依据。"禹说："什么叫作九德？"皋陶说："态度豁达，毫不拘束，又能恭敬谨慎；性情温和而又有主见；行为谦逊而又严肃认真；虽有才干，但办事仍不傲慢；能够接受别人的意见，又不为纷杂的意见所迷惑，而能刚毅果断；行为正直而态度温和；直率旷达而又注意小节；刚正不阿而又脚踏实地。能够在自己的行为中表现出这九种德行来，就常常能够把事情办好了！""每天都能在自己的行为中表现出九种德行中的三德来，并且无论早晚，都能恭敬努力地按照这些道德规范行事，那就可以做卿大夫了；每天都能庄重而恭敬地按九种德行中的六德来约束自己的行动，那就可以协助天子处理政务而为诸侯了。如果天子能够合三德六德而并用之，并以之布施政教，大凡依据九德行事的人都给以一定的职务，有特殊才能的人都给予公卿的官位。""大夫们都能互相学习，百官也都能思考并善于处理自己分内的事情，大家都能遵从国君的指令来处理政务，这样，许多功业便都可以建成了。"

三

【原文】

"无教逸欲①有邦，兢兢业业，一日二日万几②。无旷庶官③，天工④，人其代之。""天叙有典⑤，敕我五典五惇哉⑥。天秩有礼⑦，自我五礼有庸哉⑧。同寅协恭和衷哉⑨。""天命有德，五服五章哉⑩。天讨有罪，五刑五用哉⑪。政事懋哉懋哉⑫。""天聪明⑬，自我民聪明。天明畏⑭，自我民明威。达于上下⑮，敬哉有土⑯。"皋陶曰："朕言惠可厎行⑰？"禹曰："俞，乃言厎可绩⑱。"皋陶曰："予未有知，予思曰赞赞襄哉⑲！"

【注释】

①无：不要。教：效仿。逸欲：安逸、贪图享受。欲：安乐。②一日二日：每日，天天。万几：好多的事情。几：事务。③旷：空，这里指空设其位。庶官：众官。庶：多。④天工：《汉书·律历志》写作"天功"，上天指派的事。⑤叙：次序，引申为规定。典：常法。⑥敕：告诫。五典：指父义、母慈、兄友、弟恭和子孝五种伦常。五惇：使五伦惇厚。惇：厚。⑦秩：秩序，这里用作动词，规定秩序。礼：尊卑的等级。⑧自：用，遵循。五礼：指天子、诸侯、卿大夫、士、庶民五种礼节。庸：经常。⑨寅：恭敬。协恭和衷：同心同德，精诚一致。衷：内心。协：和。⑩五服：标志着天子、诸侯、大夫、士、庶人五种等级的礼服。五章：表彰这五等人。章：原意为图案、纹样，这里用作动词，是显扬的意思。⑪五刑：墨、劓、剕、宫、大辟五种刑罚。五用：施于这五类罪人。用：施行，执行。⑫懋：勉励，鼓励。⑬聪：用耳朵听，指听取意见。明：用眼睛看，指观察问题。⑭明：赏赐，奖励。畏：处罚、惩罚。⑮达：通。上下：上天和人民。⑯有土：拥有土地的君王。⑰惠：语中助词。厎：致，达到。⑱俞：表赞同的语气词。绩：功绩。⑲赞赞：连言赞赞，模仿其语气。襄：帮助，辅佐。

【译文】

"做诸侯的不使自己产生私欲而贪图享受，要兢兢业业地处理政务。要知道一国之内每天都要发生许多事件，千万不能麻痹大意。在各种职位中，都不要空设其位，因为所有的官职都是上帝设立的，怎么可以让那些不称其职、无所作为的人来代替上帝行事呢？""上帝既然安排了君臣、父子、兄弟、夫妇、朋友之间的伦常次序，那么便应当顺从天的意旨，使这些关系都惇厚起来！上帝所规定的秩序，有一定的礼法，我们要遵循天子、诸侯、卿大夫、士、庶民的五种礼法，要经常去实践！推行了五礼，便会使君臣之间互相尊重、同心同德、和睦相处，处理好各种事务。""上帝为了使有德的人各称其职，便制定了天子、诸侯、大夫、士、庶人五种服装制度，以分别表彰他们不同的德行；上帝为了惩罚有罪的人，便制定了墨、劓、剕、宫、大辟五种刑罚，分别用来惩罚五种罪人，这些都应当认真执行啊！为了搞好政务，君臣之间可要互相勉励啊！""上天都是从民众中间听取意见、观察问题，上天表彰善人，惩罚坏人，也是依据民众的意见进行的。上天和下民的意愿是相通达的，谨慎啊！拥有国土的君主们！"皋陶说："我的话都是顺从天意，一定可以用来实行的吗？"禹说："对啊！你的话是可以实行并获得功绩的。"皋陶

虞书

说："其实我又知道什么呢？我只是一心想着如何协助国王治理国家啊！"

【评析】

皋陶对参与治理国家的人提出了修身、知人、安民三项要求。这些要求的前提是实行德政，而不是苛政、暴政。修身养性、知人善任、安民从理论上说起来很容易，在实际当中却非常非常不容易。政治家因为公务繁忙，权力斗争激烈，少有时间用于提升修养、提高素质，官场上野心家、阴谋家、奉承献媚的人不在少数，他们多半戴着厚厚的面具，难以识破。他们抓住人性中喜欢别人奉承的弱点，化妆表演，实则为自己捞取好处。得逞了，就为世人作出了榜样，以行动告诉人们还是做官好。安民要付出巨大的心血和人力物力。

皋陶提出的从政者应具备的九种品德，可以毫不夸张地说，是对政治家们最高的要求，是政治家能达到的最理想的境界。倘若全部具备九德难以企及的话，可以退而求其次，只要六德；再不行，还可以退一步，只具备三德，便可以于国于家于民有益了。一德都不具备，只会乱国、扰民，只适合作一介庶民。

具备九德需要足够的修养，而且还要通过实际行动来考验。比如，性情温和的人往往没有主见，要他两者皆备，可以让他多去处理一些棘手的事情来锻炼。有才干的人往往自视甚高，恃才傲物，主观自信，这样的人让他多碰几次壁，多摔几次跟头，让他知道世界有多大、有多复杂、有多少人力所不能及的意外。

所以，培养九德就是一个过程，也许还是一个很长很长的过程。这就有个问题：让无德的人或少德的人到重要的领导岗位去摔打锻炼，岂不是误国误家误民？也可以反问：如果不通过摔打锻炼的实际考验，不把骡子和马牵出来溜溜，怎么知道是马还是骡子，有德还是无德？

这是帝舜在位时与大臣讨论政务的一次会议记录。对于这种说法，今天只能当作传说来对待。皋陶为尧舜时代主管刑罚的大臣。篇首记录皋陶与伯禹的讨论，篇名由此而来，"谟"是谋划的意思；接着记录了舜、禹之间的讨论，帝舜朝堂上的乐舞盛况；最后记下了舜与大臣之间歌诗唱和之乐。篇中强调修身、知人、安民、勤政、任贤等思想，对后世影响很大。它所描绘的升平景象，为后世社会的"文治"提供了一个样板。

益稷第五

一

【原文】

帝曰："来，禹，汝亦昌言①。"禹拜曰："都②，帝，予何言，予思日孜孜③。"皋陶曰："吁，如何？"禹曰："洪水滔天，浩浩怀山襄陵④，下民昏垫⑤。予乘四载⑥，随山刊木⑦，暨益奏庶鲜食⑧。予决九川距四海⑨，浚畎浍距川⑩。暨稷播⑪，奏庶艰食鲜食⑫。懋迁有无化居⑬。烝民乃粒⑭，万邦作乂⑮。"皋陶曰："俞，师汝昌言⑯。"

【注释】

①昌言：美言。②都：叹词，表赞美。③孜孜：勤敏，努力不懈。④怀：包围。襄：淹没。⑤昏垫：意思沉没陷落。⑥四载：四种交通工具，指车、船、樏、轿之类。⑦随：顺着。刊：砍削，这里指砍削树木作路标。⑧暨：及，和。益：人名，伯益。奏：进。庶：众。鲜食：刚宰杀的鸟兽。⑨决：疏通。九川：九州岛之川。距：至，到达。⑩浚：疏通。畎浍：田间的水沟。⑪稷：人名，后稷。传说他教人们播种庄稼。播：播种。⑫艰食：根生的粮食，指谷类。马融说："根生之食，谓百谷。"⑬懋（mào）：用作"贸"，懋迁的意思就是贸易。贸迁有无：调有余补不足。化居：《史记·夏本纪》写作"徙居"，迁移囤积的货物。⑭粒：《史记·夏本纪》写作"定"，安定。⑮作：开始。乂：治理。⑯师：代词，用作"斯"，意思是这里。

【译文】

舜帝说："来吧，禹。你也发表高见吧。"禹拜谢说："君王，我说什么呢？我只想每天努力工作罢了。"皋陶说："嗯。究竟怎么样工作呢？"禹说：" 大水弥漫天空，浩浩荡荡地包围山顶，漫上丘陵，百姓沉没陷落在洪水中。我乘坐四种交通工具，沿着山路砍削树木为路标，同伯益一起把新杀的鸟兽肉送给百姓。我疏通九条河流，使它们流到四海，挖深疏通田间水渠，让它们流进大河。同后稷一起播种粮食，把百谷、肉食送给百姓，让他们互通有无，调剂余缺。于是，百姓都安定下来，各个诸侯国也得到治理。"皋陶说："好啊！这是你的高见啊。"

二

【原文】

禹曰："都，帝，慎乃在位①。"帝曰："俞。"禹曰："安汝止②，惟几惟康③。其弼直，惟动丕应④。徯志以昭受上帝，天其申命用休⑤。"帝曰："吁，臣哉邻哉，邻哉臣哉⑥。"禹曰："俞。"帝曰："臣作朕股肱耳目⑦。予欲左右有民，汝翼⑧。予欲宣力四方⑨，汝为。予欲观古人之象⑩，日月星辰山龙华虫⑪作会⑫，宗彝藻火粉米黼黻絺绣，以五采彰施于五色作服⑬，汝明。予欲闻六律五声八音⑭，在治忽，以出纳五言，汝听⑮。予违汝弼，汝无面从，退有后言⑯。钦四邻。庶顽谗说⑰，若不在时，侯以明之，挞以记之，书用识哉，欲并生哉。工以纳言，时而飏之，格则承之庸之，否则威之⑱。"禹曰："俞哉。帝光天之下，至于海隅苍生，万邦黎献，共惟帝臣。惟帝时⑲举，敷纳以言，明庶以功，车服以庸⑳，谁敢不让，敢不敬应。帝不时，敷同日奏，罔功㉑。"

【注释】

①在位：旧注指舜在帝位，联系下文看，应当指在位的大臣。②安汝止：告诫无妄动。止：职责。意思是安于职责，不要轻举妄动。③惟：思。几：危险。康：安康。④弼：辅佐。直：正直的人。丕：大。⑤徯(xī)：等待。志：德。这里指有德的人。昭：明白。其：将。申：重复，再三。休：美。⑥邻：四邻，指最亲近的大臣。⑦股肱：大腿和手臂。意思是得力的帮手。⑧有：名词词头。翼：辅佐。⑨宣：用。⑩观：显示。象：衣服上的图像。⑪华虫：郑玄说为五色之虫，孔颖达说为野雉。⑫会：作"绘"，画。⑬宗彝：宗庙彝器上有虎形，这里指虎。彝：古代宗庙祭祀用的青铜礼器。藻：水草。粉米：白米。黼(fǔ)：古代礼服上绣的黑白相间像斧形的花纹。黻(fú)：古代礼服上绣的黑青相间像两个

"巳"字相背的花纹。绨（chí）：袟就是缝的意思。绣：周礼考工记画缋："五采备谓之绣。"五采：五种颜料。彰：明显。于：也。作服：做成五个等级的服装。⑭六律：古代有十二乐律，阴六为吕，阳六为律。六律指黄钟、太簇、姑洗、蕤宾、夷则、无射。五声：宫、商、角、徵、羽。八音：八类乐器，指金、石、土、革、丝、木、匏、竹八类。金指钟，石指磬，丝指琴瑟，竹指箫管，匏指笙竽，土指埙，革指鼓，木指柷敔。⑮在：察。忽：荒忽。出纳：进退。五言：东西南北中五方的意见。⑯无：通"毋"，不要。面从：当面听从。后言：背后议论。⑰顽：愚蠢。谗：好言人之恶谓之谗。⑱在：察也。时：通"是"。代词。指耳目股肱之意。侯以明之：侯：箭靶。古代用射侯之礼区分善恶，不贤的人不能参与射侯。挞：用棍棒或鞭子打。记：诫也。识（zhì）：记。生：上进。工：官。纳：采纳。时：善。飏（yáng）：同"扬"，宣扬。格：正。承进。庸：用。威：刑威，惩罚。⑲光：广。隅：靠边的地方。苍生：黎民，百姓。黎：众。时：善。⑳敷：遍。庶：度，考察。庸：劳，功劳。㉑应：应承。时：善。敷：分别。

【译文】

禹说："舜帝，你要谨慎地对待在位的大臣啊。"舜帝说："是啊！"禹说："要尽到你的职责，考虑到大臣的安危。如果用正直的人做你的辅臣，只要你想动一动，天下就会大力响应。以清醒明智的头脑，等待接受天帝的命令，那么，上天就会再三地赞美你。"舜帝说："嗯。大臣就是你最亲近的人。最亲近的人，就是大臣。"禹说："对呀！"舜帝说："大臣是我的得力帮手。我想帮助百姓，你辅佐我。我想花力气治理好四方，你帮我。我想显示古人衣服上的图案，把日、月、星辰、山、龙、雉六种图形绘制在衣服上，把虎、水草、火、白米、斧形花纹、黑青花纹绣在下衣上。用五种颜色的衣料做成不同的衣服，你们要做好。我要听六种乐律、五种音乐、八类乐器的演奏，从声音的哀乐考察治乱，听取各方的意见，你们要听清楚。如果我有过失，你们要提醒我。你们不要当面顺从我，背后议论。我恭敬地对待身旁的近臣。至于那些愚蠢而又喜欢恶意中伤别人的人，如果不能明察做臣的道理，就用射侯的礼仪明确地教训他们，用棍棒鞭子敲打他们，从而作出警戒，并把他们的罪过记录在刑书上，让他们悔改。做官的要采纳下面的意见，好的就称颂宣扬，正确的就进献上去以便采用，做官的如果不采纳意见就要惩罚他们。"禹说："好！舜帝，普天之下，至于海内的百姓，各诸侯国的众位贤人，都是您的臣子，舜帝您要善于举用他们，广泛地采纳他们的意见，明确地考察他们的政绩，赏赐车马衣服作为酬劳给他们。如果这样，谁敢不让贤，谁敢不恭敬地听从您的命令？舜帝您如果不善于分别，将好坏混在一起，虽然天天进用人，也只会是劳而无功。"

三

【原文】

帝曰："无若丹朱傲①。惟慢游是好②，傲虐是作③。罔昼夜頟頟④，罔水行舟⑤。朋淫于家，用殄厥世⑥，予创若时⑦。"禹曰："涂山，辛壬癸甲⑧。启呱呱而泣⑨，予弗子⑩，惟荒度土功⑪。弼成五服⑫，至于五千，州十有二师⑬。外薄四海，咸建五长⑭。各迪有功⑮，苗顽弗即功⑯。帝其念哉。"帝曰："迪朕德，时乃功惟叙⑰。"皋陶方祗厥叙，方施象刑惟明⑱。

【注释】

①无：通"毋"。若：如。丹朱：尧的儿子，尧知子丹朱之不肖，不足授天下，于是乃权授于舜。②慢：懈怠，懒惰。是：助词，帮助宾语前置的结构助词。好：爱好。③虐（xuè）：通"谑"，戏谑，开玩笑。作：为。④罔：无论。頟頟（é é）：作恶不止。⑤罔水行舟：指大洪水退后，丹朱在陆上行船作乐。⑥朋：群。用：因此。殄：灭绝。世：父子相继。⑦创：伤。时：是，代词。⑧涂山：国名。辛壬癸甲：从辛日到甲日，共四天。⑨启：禹的儿子。⑩子：爱。⑪荒：通"芒"，"芒"通"忙"。度（duó）：考虑。土功：治理水土的事。⑫弼：重大的。成：定。五服：指甸服、侯服、绥服、要服、荒服。⑬有：通"又"。用在整数与零数之间。师：二千五百人。⑭薄：靠近。咸：都。五长：五国以为属，属有长。⑮迪：引导，领导。功：工作，事情。⑯苗：三苗，我国古代的部族。顽：顽抗。即功：接受工作。⑰念：忧虑。时：顺时，依时。惟：宜。叙：顺从。⑱祗：敬。象刑：把刑杀的图像刻在器物上，用来警戒人们。惟：宜。明：成。

【译文】

"不要像丹朱那样傲慢，只喜欢懒惰贪玩，戏谑作乐，不论白天晚上都不停止。洪水已经平定后，丹朱还坐在船上让人推着游玩。他还的一群群的人在家里纵情声色，因而不能继承尧的帝位。我为他的这些行为感到悲伤。我娶了涂山氏的女儿，结婚后四天就治水去了。后来，启生下来呱呱啼哭，我顾不上爱护他，只忙于考虑治理水土的事。我重新划定了五种服役地带，一直到五千里远的地方。每个州征集三万人，从九州岛到四海边境，每五个诸侯国设立一个长，各诸侯长领导治水工作。只有三苗顽抗，不肯接受任务，舜帝您恐怕要为这事忧虑吧。"舜帝说："还是用我们的德教去开导他们，如果依时行事，三苗应该会顺从的。皋陶敬重那些顺从的人，对违抗的人，他正把刑杀的图像刻在器物上警戒他们，那么三苗的事会办好的。"

四

【原文】

夔曰："戛击鸣球、搏拊、琴瑟以咏①。"祖考来格②，虞宾在位③，群后德让④。下管鼗鼓⑤，合止柷敔⑥，笙镛以间⑦。鸟兽跄跄⑧。《箫韶》九成⑨，凤皇来仪⑩。夔曰："於，予击石拊石⑪，百兽率舞。"庶尹允谐⑫。

【注释】

①夔（kuí）：人名。相传舜时的乐官。戛：敲击，弹奏。鸣球：一种乐器，叫玉磬。搏拊：外面用皮革制作，里面装满糠的打击乐器。咏：演唱诗歌。②祖考：祖考之神，祖先和亡父的灵魂。格：至。③虞宾：禹舜的宾客，指前代帝王的后裔，来作舜的宾客。④群后：各个诸侯国君。德：升堂。让：揖让。宾主相见时的一种礼仪。⑤下：堂下。管：竹制的管乐器。鼗（táo）：又写作"鞀"，一种小鼓。⑥合止：合乐和止乐。柷（zhù）：一种打击乐器，形状像漆桶，中间有椎，乐曲开始时，先击柷。敔（yǔ）：一种打击乐器，形状像伏虎，背上有二十七钼铻，乐曲结束时击奏。⑦笙：一种管乐器。大笙十九簧，小笙十三簧。镛（yōng）：大钟。⑧跄跄：跳动，指扮演飞禽走兽的跄跄跳舞。⑨《箫韶》：舜时的乐曲名。九成：意思是演奏乐曲，要变奏九次才算结束。⑩凤皇来仪：扮演凤凰的队队成双成对的出来跳舞。⑪於：叹词。石：石磬。拊：轻轻地击。⑫庶：众。允：进。谐：通"偕"，偕同。

【译文】

夔说："敲起玉磬，打起搏拊，弹起琴瑟，唱起歌来吧。"祖先、亡父

虞书

的灵魂降临了，前代帝王的后裔，我们舜帝的宾客就位了。各个诸侯国君登上庙堂相互揖让。庙堂下吹起管乐，打着小鼓，敲柷作为演奏乐曲的开始，笙和大钟交替演奏，敲敔作为演奏乐曲的结束。扮演飞禽走兽的舞队跟着节奏跳舞，韶乐变换演奏九曲后，扮演凤凰的舞队成双成对地出来跳舞。"夔说："唉！我轻敲重击着石磬，扮演百兽的舞队都跳起舞来，各位官长也合着乐曲一同跳起来吧。"

五

【原文】

帝庸作歌①曰："敕天之命②，惟时惟几③。"乃歌曰："股肱喜哉，元首起哉④，百工熙哉⑤。"皋陶拜首稽首飏言曰⑥："念哉，率作兴事⑦，慎乃宪⑧，钦哉。屡省乃成⑨，钦哉。"乃赓载歌曰⑩："元首明哉，股肱良哉，庶事康哉⑪。"又歌曰："元首丛脞哉⑫，股肱惰哉，万事堕哉⑬。"帝拜曰："俞，往钦哉。"

【注释】

①庸：因，因此。②敕：劳，勤劳。③时：通"是"，代词。几：将近，接近。起：兴起，奋发。④元首：首领。⑤工：通"功"，事情。熙：兴盛。⑥拜首：古代的一种跪拜礼。双膝下跪，两手前伸，叩头到手。稽首：古代的一种跪拜礼。双膝下跪，两手前伸，叩头到地。飏：《史记·夏本纪》写作"扬"，继续。⑦率：统率。⑧乃：你的。宪：法度。⑨屡：多次，数次。省：省察。⑩赓（gēng）：继续。⑪康：安。⑫丛脞（cuǒ）：细碎，烦琐。⑬堕：坏。

【译文】

舜帝因此作歌，说："努力地按照上帝的命令行事，大概像这个样子就差不多了。"于是唱道："大臣们乐意办事，君王振作奋发，一切事情都会兴旺发达。"皋陶跪拜叩头继续说："要念念不忘，统率起你所兴办的事业，谨慎地对待法度，要认真。经常考察你的成就，要认真。"于是继续作歌说："君王重视琐碎小事没有大志，大臣们懒惰懈怠，什么事情都会荒废。"舜帝拜谢道："对啊，我们去认真做事吧。"

【评析】

益，也称伯益，又写作伯翳。舜帝时东夷部落的首领。相传益帮助禹治水有功，禹要把帝位禅让给益，益避居箕山之北。稷，也称后稷。相传他的母亲生下他后抛弃不养，因此又叫弃。舜帝时的农官，又帮助禹教民稼穑。

孔安国在古文《尚书》《益稷》篇名下说："禹称其人，因此名篇。"孔颖达解释道："禹言暨益、暨稷，是禹称其二人。二人佐禹有功，因此二人名篇。既美大禹，亦所以彰此二人之功也。"本篇主要是记录舜和禹的对话。

一开始，禹陈述自己率领百姓治水的功绩，同时强调要注意国计民生。接着，讨论君臣之道。最后，在一片歌舞升平的欢乐气氛中，君臣相互勉励。文中，禹告诉舜，三苗不肯服役，应当留心，舜不是以武力征服，而是要用德感化。《孟子·公孙丑上》有"禹闻善言则拜"，就是根据本篇"汝亦昌言"而来的。因此，《益稷》的写成最迟也在《孟子》之前。

虞书

夏书

《夏书》是传说中夏代的政治文献汇编,分《禹贡》《甘誓》《五子之歌》《胤征》《帝告厘沃》《汤征》《汝鸠汝方》七篇。

禹贡第一

【原文】

禹敷土①，随山刊木②，奠高山大川③。冀州④：既载壶口⑤，治梁及岐⑥。既修太原⑦，至于岳阳⑧；覃怀厎绩⑨，至于衡漳⑩。厥土惟白壤⑪，厥赋惟上上⑫错⑬，厥田惟中中。恒、卫既从，大陆既作⑭。岛夷皮服，夹右碣石入于河⑮。

【注释】

①敷土：划分九州岛的土地。敷：分，划分。②随：沿着，顺着。刊：动词，同"砍"，用斧头砍。③奠：定。这里也指定位、命名的意思，以山川界定地域。④冀州：郑玄说："两河间曰冀州。"在尧时是当时的政治中心。今山西与河北西部。⑤载：此处为动词，事，施工。壶口：山名，在今山西省吉县南，黄河就是从此流过。⑥梁：山名，也就是现在的吕梁山，在今山西省。岐：山名，山的支脉，大概是狐岐山，今山西省内。⑦太原：今山西太原一带，汾水上游。⑧岳阳：这里指即霍太山，在今山西霍具东，汾水所经之地。阳：山的南面。⑨覃怀：地名，在今河南省黄河以北地区。厎：致，得到。绩：功绩。⑩衡：通"横"，横流入河。漳：漳水，在覃怀之北。⑪厥：其，代指冀州。惟：为，是。壤：柔土。⑫赋：赋税。上上：《禹贡》将赋税和土质分为九个级别，上上就是第一等。⑬错：杂。⑭恒：滱（kòu）水。卫：滹沱河。从：沿着河道。大陆：泽名，在今河北省巨鹿县西北。作：动工，治理。⑮岛夷：住在海上的东方民族。在古代时期往往将中原以外区域的其他民族称为蛮夷。夹：通"挟"，近，接近。碣石：山名，在今河北省抚宁、昌黎二县的西北方向。

【译文】

禹划分了九州岛的土地,在经过的路途上顺着山岭砍削树木插在路上作为路标,并且为高山大川命名。冀州:壶口的施工已经结束了,便开始开凿梁山和岐山。太原周围的河道也修理好了,一直修到太岳山的南面;覃怀一带的水利工程,也取得很大成绩,从这向北一直到横流的漳水,一些河道也都得到了治理。这里是一片白色而土质松软的田地,这里的臣民应出一等赋税,也可间杂出二等赋税,这里的土地属第五等。恒水、卫水也已疏通,其水可以沿着河道流入大海,大陆泽的工程也开始动工。沿海一带诸侯进贡皮服时,可接近碣石入黄河来贡。

二

【原文】

济、河惟兖州①。九河既道②,雷夏既泽③,灉、沮会同④。桑土既蚕⑤,是降丘宅土⑥。厥土黑坟⑦,厥草惟繇⑧,厥木惟条⑨。厥田惟中下,厥赋贞,作十有三载,乃同。厥贡漆、丝,厥篚织文。浮于济、漯,达于河⑩。海、岱惟青州⑪。嵎夷既略⑫,潍、淄其道⑬。厥土白坟,海滨广斥⑭。厥田惟上下,厥赋中上。厥贡盐絺⑮,海物惟错⑯。岱畎丝、枲、铅、松、怪石⑰。莱夷作牧⑱,厥篚、檿丝⑲。浮于汶⑳,达于济。

【注释】

①济:水名。源出河南济源县,汉代在今河南武陟县流入黄河,又向南溢出,流向山东,与黄河平行入海。兖(yǎn)州:今河北、山东境内。②九河:黄河流到兖州,分为九条河。道:引入大海。③雷夏:泽名,在今山东菏泽东北。④灉(yōng):黄河的支流,现已消失。沮:灉河的支流,也湮灭了。会同:汇合流入雷夏泽。⑤桑土:宜养桑的田,因宜蚕桑,因以名之。⑥是:于是。降:下。宅:居住。⑦坟:大致相当于高山,有突起的意思。⑧繇(yáo):茂盛的样子。⑨条:长,高大。⑩贞:可能通"中",也就是第五等。作:耕作。乃同:才与其他八州相同。漆丝:这里说的是人们进贡的漆和丝。厥篚织文:篚(fěi),竹器。浮:船行于水上。漯:水名,黄河的支流,流经山东。⑪海:就是现在的渤海。岱:泰山。青州:现在的山东半岛。⑫嵎(yú)夷:地名,现

夏书

在的胶东半岛。略：划分土地。⑬潍、淄：二水名，在现在的山东。道：疏导。⑭斥：被盐碱浸蚀。⑮绨（zhǐ）：细葛布。⑯错：杂，多种东西交杂在一起。⑰畎：谷、山谷。枲：不结子的大麻。铅：一种金属，锡。⑱莱夷：地名，当时用作放牧，今山东莱州、登州一带。⑲檿（yǎn）：山桑，柞树。⑳汶：水名，济水的支流，在今山东省。

【译文】

济河与黄河一带是兖州地区：黄河下游的九条河道都引入大海了，雷夏泽的工程也完成了，灉河、沮河汇合流入雷夏泽。水退以后，土地能够种植桑，因而可以养蚕，于是人们便从小土山上搬下来，住在平地上。这里是一片黑色的沃土，这里的草已经冒出新芽，树木也已经长出细细的枝条。这里的土地属第六等，这里的人民缴纳第九等赋税。开垦十三年之后，才和其他州的赋税相同。这里的人民应当进贡漆和丝一类的物品，并且要将丝织品染上各种花纹，放在竹篮子里进贡。进贡的道路，可由济河、漯河乘船顺流入黄河。横跨渤海和向东至泰山，这是青州地区。嵎夷的土地划分，只花了较少的力量便完成了。潍河与淄河的故道，都已经疏通。这里是一片地势较高的灰白色的土壤，沿海的广大地区都是这种盐碱之地。这片土地的质量在九州岛中属第三等，其赋税是第四等。这里的人民应该进贡盐、细葛布和各种各样的海产品。泰山一带要进贡丝、大麻、铅、松树和奇特美好的怪石。莱夷一带可以从事放牧了，还要把山桑和丝放在筐内运来作为贡品。进贡的路线由汶水直入济水。

三

【原文】

海岱及淮惟徐州①。淮沂其乂②，蒙羽其艺③。大野既猪④，东原底平⑤。厥土赤埴⑥坟，草木渐包⑦。厥田惟上中，厥赋中中。厥贡惟土五色⑧，羽畎夏翟⑨，峄阳孤桐⑩。泗滨浮磬⑪，淮夷蠙珠暨鱼⑫。厥篚玄纤缟⑬。浮于淮泗，达于河⑭。

【注释】

①海：指黄海。淮：淮河。徐州：位于今江苏、安徽北部，山东南部。

②沂：沂水，在山东，最后流入淮河。乂：治理。③蒙：山名，在山东蒙阴县西南。羽：羽山，在今江苏赣榆县西南。艺：动词，种植。④大野：巨野泽，在山东巨野县。猪：同"潴"，水停下汇合的地方。⑤东原：今山东东平县地区，在汶水济水之间。厎：到，得到。平：治理。⑥埴：黏土。⑦渐包：滋长而丛生。渐，逐渐地，渐渐地。包：同"苞"，所以又写作渐苞。⑧土五色：《孔传》说："王者封五色土为社，建诸侯则各割其方色土与之。"⑨羽：羽山。畎：谷、山谷。夏：大。翟（dí）：野鸡，羽毛可用作装饰。⑩峄（yì）：峄山，在今天的江苏邳县境内。孤桐：独自生长的桐木。⑪泗：水名，源出今山东泗水县，淮河的支流，流入淮河。浮磬：一种可以作磬的石头。⑫蠙（yín）珠：蠙蚌所产之珠。⑬玄：黑色。纤：细缯，绸。缟：白缯，绢。⑭达于河：河，也写作"菏"，菏泽水与济水相通。

【译文】

　　东起黄海，南至淮河，北到泰山，这是徐州地区。淮水、沂水都已经治理好了，蒙山和羽山一带的土地也将要种植庄稼了。大野泽已经容贮四周的流水，东原一带的土地也得到治理了。这里是带有黏性而肥美的红色土壤，草木也逐渐地生长繁茂起来。这里的田地属第二等，这里的赋税是第五等。这里的贡品是五色土，还有羽山山谷里所出产的大野鸡的羽毛，峄山的南坡上所特有的桐木，泗水之滨所产的可以漂浮水面的用来制磬的石料，淮水下游所产的珠和鱼类。进贡时要把纤细的黑色和白色的缯放置在筐内。进贡的船只要由淮水、泗水漂浮而来，然后转入菏泽。

四

【原文】

　　淮海惟扬州。彭蠡既猪①，阳鸟攸居②。三江既入③，震泽厎定④。筱簜⑤既敷，厥草惟夭⑥，厥木惟乔⑦。厥土惟涂泥⑧。厥田惟下下，厥赋下上，上错⑨。厥贡惟金三品⑩，瑶琨、筱簜，齿、革、羽、毛惟木⑪。岛夷卉服⑫，厥篚织贝⑬，厥包⑭橘柚锡贡⑮。沿于江海，达于淮泗。

【注释】

　　①彭蠡：一说是今鄱阳湖。②阳鸟：即扬州附近海上的各个岛屿，大概如

台湾、海南等岛屿，南方阳位也。另有说法是指候鸟，如大雁一类。鸟：鸟读为岛。攸：以。③三江：就是指的岷江、汉水与彭蠡。入：流入大海。④震泽：江苏太湖。厎定：获得安定。⑤筱（xiǎo）：小的竹子。荡（dàng）：大的竹子。⑥夭：茂盛，繁盛。⑦乔：高，大。⑧涂泥：潮湿的泥土。⑨上错：田第九，赋第七，杂出第六。⑩金三品：指金、银、铜三种金属。⑪瑶：美玉。琨：美石。齿：象牙。革：犀牛的皮。羽：鸟的羽毛。毛：旄牛尾。惟：与，和。木：木材。⑫岛夷：沿海各岛的人。卉服：草服，蓑衣、草笠之类可以避雨的东西。⑬织贝：吉贝，贝锦，可能是当时夷语的音译。⑭包：裹，围。⑮锡贡：一说是同"赐"，一说是金属的一种。

【译文】

　　北至淮河，南至大海，这是扬州地区。彭蠡泽已经贮蓄了又多又深的水，南方岛屿上的人们也可以在上面安居乐业了。岷江、汉水与彭蠡的水已经流入大海，震泽的水利工程也已获得成功。小竹和大竹到处生长起来，原野的草生长得很茂盛，树木也都长得很高。这里是一片低洼潮湿的土地。土地的质量在九州岛中属第九等。这里的人民缴纳第七等赋税，也可以间杂缴纳第六等的赋税。其贡品是金、银、铜三种金属，还有美玉、美石、小竹、大竹、象牙、犀牛皮、鸟羽、旄牛尾和木材。海岛一带进贡草制的衣服，还要把吉贝放在筐内，把橘子和柚子打成包裹作为贡品进献。进贡的路线沿长江两岸由长江入淮河，由淮河入泗水。沿海各地则顺着海岸进入长江，由长江入淮河，再由淮河入泗水。

五

【原文】

　　荆及衡阳惟荆州①。江、汉朝宗于海②，九江孔殷③，沱潜既道④，云土梦作乂⑤。厥土惟涂泥。厥田惟下中，厥赋上下。厥贡羽毛齿革惟金三品⑥，杶干栝柏⑦，砺砥砮丹惟箘簵楛⑧。三邦厎贡厥名⑨，包匦菁茅⑩。厥篚玄纁玑组，九江纳锡大龟。浮于江沱，潜于汉，逾⑪于洛，至于南河⑫。荆⑬河惟豫州。伊洛瀍涧既入于河⑭，荥波既猪⑮，导菏泽⑯，被孟猪⑰，厥土惟壤，下土坟垆⑱。厥田惟中上，厥赋错上中。厥贡漆枲絺纻⑲，厥篚纤纩⑳，锡贡磬错㉑。浮于洛，达于河。

【注释】

①荆：山名，在现在的湖北南漳县的西北部。衡：山名，在今湖南衡山县。②朝宗：诸侯朝见天子，春天时候的朝见叫朝，夏天时候的朝见叫宗。这里是比喻的用法，说的是长江汉水流入大海。③九江：指的是湖北武汉到江西九江之间的众多的河流。孔：大。殷：盛大，多。④沱、潜：沱水，长江的支流，在今湖北枝江县。潜水，汉水的支流，在今湖北潜江县。道：疏导。⑤云土、梦：即云梦，二泽名。作：指耕作。乂：治理，管理。⑥毛：通"旄"，指的是旄牛尾。惟：连词，和、与。⑦杶：椿树。干（gàn）：可以用来做弓的柘木。栝（guǒ）：桧树。⑧砺：质地粗的磨刀石。砥：质地细的磨刀石。砮（nǔ）：石制的箭镞。丹：丹砂。箘（jùn）簬（lù）：美竹，可以用来制作箭杆。楛（hù）：一种灌木名，它的枝条能够作箭杆使用。⑨三邦：此处大概应该泛指诸多邦国。名：名产。⑩包：包裹。匦（guǐ）：匣子。⑪玄纁（xūn）：指彩色丝绸。玄：赤黑色。纁：绛红色。玑：不圆的珠。组：丝带。纳：入。锡：通"赐"，进贡。逾：越。⑫南河：指河南洛阳巩县一带的河。⑬荆：荆山，约在现在的湖北南漳县西北。⑭伊：水名，源出今河南卢氏县。洛：水名，源出今陕西洛南县。瀍（chán）：水名，源出今河南孟津县。涧：水名，源出今河南渑池县。⑮荥波：即荥播，泽名，在今河南荥阳县境。⑯导：通道，疏通。菏泽：地名，在今山东定陶县。⑰被：修筑堤坝。孟猪：泽名，在今河南商丘东北。⑱垆：硬土。⑲纻（zhù）：苎麻。⑳纩（kuàng）：细棉絮。㉑磬错：可以做成玉磬的石头。

【译文】

从荆山到衡山南面是荆州地区。江水、汉水都经过这里而东奔大海，长江的许多支流都集中在这个地区，水势很大。沱水、潜水已经疏通了，使得云梦泽附近的土地可以耕种管理。这里的土壤是低洼潮湿的泥土，这里的田地属于第八等，这里的赋税是第三等，这里所进贡的物品有鸟羽、旄牛尾、象牙、兽皮和三种金属，还有椿、柘、桧、柏等树木，以及粗磨石、细磨石、砮石、丹砂。箘竹、竹、楛木是云梦泽附近的邦国所进献的各自的著名产品。进贡的菁茅在匣子里要包裹好，并用绳子缠结起来；进贡的黑绸、浅绛色绸以及珍珠串要用筐子盛好。九江这一带地方所进贡的是大龟。进贡的船只由江水、沱水、潜水、汉水中漂浮而来，然后登岸由陆路到洛水，再由洛水进入南河。从荆山到黄河，这是豫州地区。伊水、洛水、瀍水、涧水都流入黄河。荥波泽已经治理好，可以储存大量的河水，使河水不致横溢了。菏泽与孟猪泽之间也疏通了，在孟猪泽修筑堤坝。这里是一片石灰性的冲积土，土的底层是硬土。这片耕地在九州岛之中属第四等，应该缴纳第二等赋税，间或缴纳第一等赋税。应进贡漆、大麻、细葛布、麻，还要用细棉用筐子包装起来和雕琢好的磬一并进贡来。进贡的路线由洛水直入黄河。

六

【原文】

华阳黑水惟梁州①。岷嶓既艺②，沱潜既道。蔡蒙旅平③，和④夷厎绩。厥土青黎⑤。厥田惟下上，厥赋下中，三错⑥。厥贡璆铁银镂砮磬，熊罴狐狸⑦织皮。西倾因桓是来⑧，浮于潜，逾于沔⑨，入于渭，乱⑩于河。黑水西河⑪惟雍州。弱水既西⑫，泾属渭汭⑬，漆沮⑭既从，沣水攸同⑮。荆岐既旅⑯，终南惇物，至于鸟鼠⑰。原隰厎绩⑱，至于猪野⑲。三危⑳既宅，三苗丕叙㉑。厥土惟黄壤，厥田惟上上，厥赋中下。厥贡惟球琳琅玕㉒。浮于积石，至于龙门㉓西河，会于渭汭。织皮，昆仑，析支，渠搜，西戎即叙㉔。

【注释】

①华：华山。黑水：众说不一，一说是怒江。②岷：岷山，现在四川北部。嶓：嶓冢山，在陕西宁强县西北。艺：管理。③蔡：峨眉山。蒙：山名，在今四川雅安北。旅：大道、大路。④和：水名，即今大渡河。⑤青：黑。黎：疏散。⑥三错：杂出第七、第九三等。⑦璆（qiú）：美玉。镂：钢铁。⑧织皮：毛织物。西倾：山名，位于甘肃、青海交界处。桓：桓水，即白水，今名白龙江。⑨沔：汉水的上游，源出陕西。⑩乱：横渡。⑪西河：冀州西边的黄河。⑫弱水：西流入居延海。⑬泾、渭：都是陕西的大河。泾水流入渭水处叫渭汭。属：流入。⑭漆沮：漆沮注入洛水，后来人们就把洛水又叫漆沮。⑮沣水：源出陕西，流入渭河。⑯荆：荆山，在今陕西富平县西南，而非湖北的荆山。岐：岐山，在今陕西岐山县东北。旅：治理，管理。⑰终南：即现在的秦岭。惇物：太白山。鸟鼠：山名，在今甘肃源县西南。⑱原隰（xí）：即现在的邠县和旬邑县。隰：低湿的地。⑲猪野：泽名，在今甘肃民勤县。⑳三危：山名，在现在的甘肃敦煌以南。㉑三苗：远古的一个部族。丕：大。叙：顺。㉒球：美玉。琳：美石。琅玕：圆形的玉石。㉓积石：山名，在今青海西宁西南。在这里指的是流经该山下的黄河。龙门：山名，在今陕西韩城县东北，黄河从中穿过。㉔析支：山名，在今青

海西宁西南。渠搜：山名。西戎：古代我国西北部民族的总称。即：就，要。

【译文】

从华山的南面西至黑水，是梁州地区。岷山和蟠冢山经过治理都已经能够种植庄稼了，沱江和潜水也都疏通了。峨眉山和蒙山已经成为平坦大道，和水也治理成功了。这里的土壤黑而疏散，这里的田地属于第七等，这里的赋税是第八等，又间杂出第七等和第九等。这里进贡的物品有美玉、铁、银、钢铁、硬石和磬，还有熊、罴、狐、狸四种兽皮以及地毯等毛织品。西倾山的贡品要由桓水运来，经过潜水、沔水，然后陆行至渭水，横渡过渭水而进入黄河。从黑水到西河是雍州地区。弱水在疏通之后，便向西流去；泾水已经疏通，从北面流入渭水；漆沮水已经汇合洛水流入黄河，沣水也向北流同渭河汇合。荆山和岐山的治理已经完工，终南山、淳物山一直到鸟鼠山的水利工程都已经全部竣工。原隰一带一直到猪野的水利工程都取得了很大成绩。三危这个地方已经允许住人了，因而三苗人民得到了很好的安置。这里是一片黄色的土壤，土地的质量在九州岛中属第一等，这里的人民应该缴纳第六等赋税。应该进贡的是美玉、美石和宝珠一类物品。进贡的路线由积石山附近进入黄河，顺流至龙门、西河，所有运送贡物的船只聚集在渭河的弯曲处。昆仑、析支、渠搜等西戎国家都要按照规定进贡皮制衣料。

七

【原文】

导岍及岐，至于荆山①。逾于河，壶口雷首，至于太岳②。厎柱、析城，至于王屋③。太行恒山，至于碣石④，入于海。西倾朱圉鸟鼠，至于太华⑤。熊耳外方桐柏，至于陪尾⑥。导蟠冢，至于荆山⑦。内方，至于大别⑧。岷山之阳，至于衡山⑨，过九江，至于敷浅原⑩。导弱水，至于合黎⑪，余波入于流沙⑫。导黑水，至于三危，入于南海。

【注释】

①导：疏通道路。岍：山名，在今陕西陇县。岐：岐山，在今陕西岐山县。荆：荆山，在今陕西富平。②壶口：山名，在黄河的东岸。雷首：山名，在今山

夏书

西永济县。太岳：霍太山。③厎（dǐ）柱：厎：古同"砥"。厎柱：三门山，位于今天的河南。析城：山名，在今山西阳城县。王屋：山名，在今河南与山西垣曲县之间。④太行：山名，在今山西、河南、河北三省交界处。恒山：在今河北曲阳县，古称北岳。碣石：山名，在今河北昌黎、抚宁二县交界处。⑤朱圉（yǔ）：山名，在今甘肃甘谷县。太华：即华山，也被称之为西岳。⑥熊耳：山名，在今河南桐柏县。外方：即嵩山，古称中岳。桐柏：山名，在今河南桐柏县。陪尾：山名，在今湖北安陆县。⑦嶓冢：山名，现在的陕西宁强县西北。荆山：在今湖北南漳县西南。⑧内方：山名，又名章山，在今湖北钟祥县西南。大别：即大别山。⑨岷山：在今四川松潘县北。衡山：古称南岳，在今湖南衡山县。⑩九江：一说是洞庭湖；一说是从现在的湖北武汉到江西九江之间的众多支流。敷浅原：鄱阳湖，即今天的庐山东麓。⑪导：疏导。合黎：山名，在今甘肃山丹、张掖、高台、酒泉之北。⑫余波：指河水的下游。流沙：即合黎山以北的沙漠。

【译文】

疏通了岍山和岐山，一直疏凿到荆山，穿过黄河。其间从壶口山、雷首山一直到太岳山都得到了疏凿。从厎柱山、析城山到王屋山再从太行山、恒山一直到碣石的水利工程都得到了很好的治理，黄河得以畅流入海了。由西倾山、朱圉山、鸟鼠山到太华山，再由熊耳山、外方山、桐柏山一直到陪尾山的水利工程都得到了治理。从嶓冢山到荆山，从内方山到大别山也都得到了疏通和开凿。从岷山的南面到衡山，越过九江，一直到鄱阳湖一带的水利也都得到了治理。把弱水疏通到合黎，下游流入沙漠地带。把黑水疏通到三危，下游流入南海。

八

【原文】

导河积石，至于龙门。南至于华阴①，东至于厎柱，又东至于孟津②。东过洛汭，至于大伾③。北过降水④，至于大陆。又北，播为九河⑤，同为逆河⑥，入于海。嶓冢导漾⑦，东流为汉，又东为沧浪⑧之水，过三澨⑨，入于大别，南入于江。东汇泽为彭蠡，东为北江⑩，入于海。岷山导江，东别为沱，又东至于澧⑪。过九江，至于东陵⑫。东迆⑬，北会为汇⑭。东为中江⑮，入于海。

【注释】

①华阴：华山的北面。②孟津：位于现在的河南西北部的孟津县。③大伾（pī）：山名，在今河南浚县西南。④降水：指漳、泽合流的漳水，在今河北省境内进入黄河。⑤播：分布。九河：指兖州之九河。⑥同为逆河：同：重合。下游又合而名为逆河。⑦漾：汉水的上游。⑧沧浪：即现在的汉水的下流。⑨三澨（shì）：水名，大概位置在今天的湖北省境内。⑩北江：即汉水。⑪澧（lǐ）：古代流入长江的一个水系，在今天的岳阳城。⑫东陵：旧注为汉代卢江郡金兰县西北的东陵乡，即现在的河南固始、商城之间。⑬迆（yǐ）：古字同"迤"，水斜向流淌。⑭汇：是"淮"的假借字。⑮中江：指岷江，位于今天的江苏境内。

【译文】

疏导黄河，从积石山开始，到了龙门山。又向南流到华山的北面，然后向东经过厎柱山；又向东到达孟津。再向东到洛水的弯曲处，到了大伾山。然后折转向北，经过降水，到达大陆泽。再向北分为九条支流，这九条支流共同承受着黄河的大水，把它导入于大海。从嶓冢山开始疏导漾水，向东流则为汉水；再向东流，便是沧浪水；经过三澨水，到达大别山，向南流入长江。向东便汇成大泽，即彭蠡泽。向东称北江，然后由长江流入大海。从岷山开始疏导长江，向东则别出一条支流，称为沱水，再向东到澧水。经过九江到达东陵。然后蜿蜒斜流向东和淮水相汇，再往东流就称为中江，然后流入大海中。

<h2 style="text-align:center">九</h2>

【原文】

导沇①水，东流为济。入于河，溢为荥②。东出于陶丘③北，又东至于菏，又东北会于汶，又东北入于海。导淮自桐柏，东会于泗沂④，东入于海。导渭自鸟鼠同穴⑤，东会于沣，又东会于泾，又东过漆沮，入于河。导洛自熊耳，东北会于涧瀍，又东会于伊，又东北入于河。九州攸同，四隩既宅⑥。九山刊旅⑦，九川涤源⑧，九泽既陂⑨。四海会同⑩，六府孔修⑪。庶土交正⑫，厎⑬慎财赋。咸则三壤成赋⑭，中邦⑮锡土姓。祗台德先，不距朕行⑯。

【注释】

①沇：水名，济水的上游，在今天的河南济源县以西。②溢：原意是因为水多而向外流，这里引申为水动荡奔突而出。荥：荥泽，在今天的河南荥阳东边的黄河以南，在汉代时已成平地。③陶丘：在今山东定陶县西南部。④东会于泗沂：沂水流入了泗水，泗水后来又流入淮河。淮河在今江苏阜宁县东入海。⑤鸟鼠同穴：山名，即鸟鼠山，即渭水的源头。⑥隩（ào）：古同"奥"，可以定居的地方。宅：动词，居住。⑦刊：削，除，砍。旅：管理、治理。⑧涤源：疏通水流。⑨九泽：上文所列举的九个湖泽。陂：修筑堤坝。⑩四海：泛指九州岛大地。会同：指进贡的道路被疏通了。⑪六府：水火金木土谷。孔：很。修：治。⑫交：俱，遍。正：通"征"。⑬厎：定，规定，确定。⑭则：准则，取法。三壤：即各种等级的土壤。成：定。⑮中邦：即中国，所谓的天子之邦，即华夏族的聚居地。锡：赐。祗：敬，敬重。台：以。⑯不距朕行：不违背天子所推行的德教。

【译文】

疏导沇水，东流则名为济水，然后流入黄河，河水流溢而成为荥泽。然后自陶丘的北面向东流去，一直流入菏泽，再向东北和汶水相汇，又向北流，然后反转向东流入大海。从桐柏山开始疏导淮河，向东和泗水、沂水相汇，再向东流入大海。从鸟鼠山开始疏导渭水，向东和沣水相汇，再向东和泾水相汇；然后经过漆水、沮水，流入黄河。从熊耳山开始疏导洛水，向东北则与涧水、瀍水相汇，又向东和伊水相汇，然后从东北流入黄河。九州岛水利工程都已经完工：四方的土地都可以居住了，九州岛的大山都已经开凿治理，九州岛的河流也都已疏通，九州岛的大泽也都筑起堤防，不至于决堤了，海内的贡道都畅通无阻了。六府的政务都治理得非常好，九州岛的土地都要征收赋税，并根据各地区土地质量，谨慎地规定了不同的赋税，各地人民都要根据土质优劣的三种规定缴纳赋税。九州岛之内的土地都分封给诸侯并赐之以姓氏。诸侯们应该把尊敬我的德行放在第一位，不准违背我所推行的德教。

【原文】

五百里甸服①。百里赋纳总，二百里纳铚②，三百里纳秸服③，四百里粟，五百里米。五百里侯服④,百里采⑤,二百里男邦⑥,三百里诸侯⑦。五百里绥服⑧。三百里揆⑨文教,二百里奋武卫⑩。五百里要服⑪。三百里夷⑫,二百里蔡⑬。五百里荒服⑭。三百里蛮⑮,二百里流⑯。东渐⑰于海,西被⑱于流沙,朔南暨声教,讫于四海⑲。禹锡玄圭⑳,告厥成功。

【注释】

①甸服:根据离天子的距离而穿着的衣服,按远近分为甸服、侯服、绥服、要服、荒服。②纳:交贡。总:指禾的总体,连杆带穗都包括在内。铚:禾穗。③秸服:带秆的谷。④侯服:江声说:"侯之言侯,侯顺逆,兼司侯王命。"⑤采:事,指为天子服役。⑥男邦:管理国家的事务。⑦诸:多。⑧绥服:指为天子安抚远邦,所以叫绥服。绥:安。⑨揆:度。⑩奋武卫:奋力练武来保卫王者。⑪要服:指接受王者的命令而服事之,叫要服。要:要求。⑫夷:平,相约和平地相处。⑬蔡:法,即约定好一致遵守王法。⑭荒服:指替天子守卫边远地区。荒:远。⑮蛮:动词,意思是维持隶属关系。⑯流:随便处理进贡这件事情,贡否不定。⑰渐:入,到。⑱被:及,到。⑲声教:有声之教。四海:指全天下。⑳锡:赐,被赐。玄圭:玄色的、上圆下方的瑞玉。

【译文】

王城以外五百里的区域属于甸服。相距王城一百里者,将割下的庄稼贡来;二百里者,将庄稼的穗头贡来;三百里者,将谷物脱粒去掉谷壳后贡来;四百里者贡粟;五百里者贡米。甸服以外五百里为侯服。其间百里者,人民为国王服各种劳役;二百里者,人民为国王管理国家的事务;三百里以外者,人民主要担任戍守之责。侯服以外五百里属于绥服。其间三百里以内者要斟酌情况来推行文教;二百里以外者要使民众勤奋地熟悉武事,能够守卫疆土。绥服以外的五百里为要服。其间三百里以内的人民要服从管理,与其他地方和平相处;二百里的人民,要遵守相同的法令。要服以外五百里属于荒服。其间三百里以内者维持隶属关系;二百里以外者进贡与否流动不定。东面到大海,西面到沙漠地带,从北方到南方,四海之内都受到了国王的德教。因此帝舜赐予禹以玄圭,用王表彰禹所完成的巨大功业。

【评析】

《禹贡》大概是我国古代文献中最古老和最有系统性地理观念的著作。

战国秦汉以来，人们一直认为它是禹本人或禹时代（约公元前21世纪）关于禹治水过程的一部记录，同时穿插说明了与治水有关的各地山川、地形、土壤、物产等情况以及把贡品送往当时的帝都所在地冀州的贡道。经近人研究确认，《禹贡》大约成书于公元前五世纪前后，即春秋末期和战国初期，基本上是依据孔子时期所了解的地理范围和地理知识编写而成的。

《禹贡》中所谈到的中国当时的地理疆土主要包括长江中下游，黄河中下游以及这两条河流之间的平原和山东半岛，西面达到渭水和汉水的上游，包括山西和陕西的中南部。《禹贡》全篇只有1200字左右，由"九州岛""导山""导水"和"五服"四个部分组成。"九州岛"部分主要依据自然条件中的河流、山脉和大海的自然分界，把所描述的地区分为冀、兖、青、徐、扬、荆、豫、梁、雍等九州岛。如把山西、陕西交界的黄河以东、河南黄河以北、河北黄河以西的地区划为冀州；把山东济水与河北黄河之间的地区划为兖州；把湖北荆山与河南黄河之间的地区划为豫州等。这种区分具有明显的地理学意义，带有自然区划思想的萌芽。但是总的说来，由于只以少数山川表明九州岛之间的分界，其山只限于岱（泰山）、华、荆、衡，水只限于河（黄河）、济、淮、黑水和海，岱、华只有定点的作用，黑水本身部位不明，所以九州岛的区界不很明确，只是提供了一个约略的范围。

按照禹治水途经的路线，《禹贡》对各州的山川、湖泽、土壤、植被、特产、田赋和运输路线等自然条件，都作了描述，较真实地反映了各个地区的地理特色。如对冀州和兖州的描述，指出了冀州是一种松散的白色土壤，岁收属于上等，有些地方较差，田地属于中等，当地人都衣皮服（皮服可能为贡品）。兖州经过禹的治理，黄河的九条支流都流进自己的河道，雷夏这个地方变成沼泽，溓河和沮河在此会合；此州以桑田养蚕，土壤是黑色的肥土，草木茂盛，树木高大，田地属于中等；贡品是漆和蚕丝，在贡品的篮子里有各种花纹和颜色的织品。对其他各州的描写也都比较真实，如由兖州南下至徐州，此地已呈"草木渐包"的面貌。南方的扬州更是草木繁茂，正确反映了淮河下游和长江三角洲之间的自然景观的变化。

关于水系，说兖州"浮于济漯，达于河"，即沿济河、漯河，可入黄河；徐州则"浮于淮泗，达于河"，即从淮河下游的徐州，可由淮河航行到泗水（古泗水南入淮河），再入荷水（古荷水入泗水）。由于漯河是黄河下游的一个支流，古时济、漯相通，荷水又与济水相通，因而当时兖州、徐州和冀州的水系是相互贯通的。《禹贡》还讲到其他各州与冀州通过水路或某段海路、陆路相互衔接的多条贡道，如青州"浮于汶，达于济"；豫州"浮于洛，达于河"；扬州"浮于江海，达于淮泗"等。这就把以黄河为中心，主要利用水道通向帝都的水陆交通网络清晰地描绘出来。当然有些贡道的描述既不准确，也不实际。如雍州"浮于积石，至于龙门西河，会于渭"，就是无法通航的。

《禹贡》根据土壤的颜色和性状，将九州岛的土壤分为白壤、黑坟、赤埴坟、涂泥、青黎、黄壤、白坟、坟垆等类别，这是有一定分类价值的。《禹贡》中专论山岳和河流的"导山"与"导水"两部分内容，是纯粹地理的内容，它们开创了中国关于区域地形的分部门研究的范例。"导"字被认为是"治理"的意思，以与禹治水的史迹相联系。

"导山"按照从北向南的顺序，采取列举山名的方式，把中国的山系分为由西向东延伸的四列。首先把渭水以北和潼关以东的黄河北部的诸山列为一条，从陕西西部的岍山、岐山开始，向东过壶口、雷首、霍山（太岳）、砥柱、王屋、太行、恒山到靠近渤海的碣石山，共12山。这第一列在冀州境内最长，且多转折。第二列大部分相当于秦岭山脉，从青海的西倾山，经鸟鼠同穴之山、太华、熊耳、外方到桐柏，终于至今无法判定的"陪尾"山，共8山。第三列从汉水流域的陕西冢山到湖北的荆山、内方山，终于湖北、河南交界的大别山，共4山。第四列由长江流域的岷山、衡山到敷浅原（可能在今江西德安县境内）共3山组成。

这四列山都是由西向东延伸，而且西部集中，东部分散，正确反映了中国西部多高山，东部多平原的地形特点。四列可再细分为九段，即"导九山"。因当时平地为洪水所淹，故要在山地循行，"随山刊木，奠高山大川"，形成沿大山行走的九条大道。一道沿岍、歧至荆山到黄河为止；一道从壶口、雷首到太岳；一道由砥柱、析成至王屋山；一道经太行、恒山、碣石山入海；一道西倾、朱圉、鸟鼠至太华；一道熊耳、外方、桐柏到陪尾；一道冢至荆山；一道岷山至衡山；一道内方山到大别山。后来马融将它分为三条，即导岍为北条，西倾为中条，冢为南条。这就是反映中国古人对山地地形认识的"三条、四列、九山"学说。汉代以后学者关于"山脉"的"三条四列"思想，概源于《禹贡》。

"导水"部分被认为是《禹贡》地理的精华。它按照先北后南、先上游后下游、先主流后支流的顺序，对九州岛向靠近黄河的帝都贡赋所经过的水道中的九条河流的水源、流向、流经地、支流和入河口等作了描述，开中国水文地理的先声。

《禹贡》首先讲到的是雍州的弱水和黑水。弱水是甘肃张掖西部的一条内陆河。"导弱水，至于合黎，余波入于流沙"，说明了它北经合黎山，流入巴丹吉林沙漠，这大致是正确的，也符合干燥地区内流水道的特点。但所说"导黑水，至于三危，入于南海"，则是不真实的。从《禹贡》原文看，黑水似乎是从雍州西部南流经过梁州而流入南海的，这很难找到实地根据；文中提到的"三危"山也只是传说中的山名。所以这段文字很可能是根据传闻写成的。

接着讲到黄河、汉水和长江。关于江、河的发源地，文中说到"导河积石"和"岷山导江"。积石即青海的积石山，说明战国时期中国古人已知黄河源在青海境内了。但由于对积石山以远地区的情况尚不了解，所以对黄河的了解未能达到最上源。至于"岷山导江"一句，本意是说禹治理长江时曾到达岷山，但包含有长江发源于岷山之意。由于金沙江源远流长，加之山高水急的阻隔，当时人们对它的状况还不了解，所以未把它看作长江的主源，而把远在东边、水量颇大的岷江看成为长江的正源，这是对长江之源认识过程中一个可以理解的历史曲折。

关于汉水，由于了解较多，所以写的也较详细。对于当时独流入海的济水和淮河，《禹贡》指出前者"导水，东流为济，入于河"，"溢为荥，东出于陶丘北"。被认为在冀州境，入于河的济，又从地下潜流到荥而为泽，再伏潜而出于陶丘北，这才是真正的济水。《禹贡》对济水与汶水以及淮水与泗、沂二水的关系，作了正确的叙述。《禹贡》最后讲到黄河的两大支流渭水和洛水，对于它们的发源地和它们入黄河所汇的支流，都作了准确的叙述。

"五服"部分，反映了作者政治上的大一统思想。它不受诸侯割据形势的局限，把广大地区看作一个整体，以帝都为中心，向外扩展。500里之内的地带为"甸服"，即王畿；再向外500里之内为"侯服"，即诸侯领地；再次为"绥服"（已绥靖地区，即中国文化所及的边境地区）、"要服"（结盟的外族地区）和"荒服"（未开化地区）。这表明了赋制和政治文化影响随距离帝都的远近而不同的事实。但由于所言的范围远超过当时实际了解的地域，对四周边缘地带只能作出"东渐于海，西被于流沙，朔南暨"的粗略交代，不过还是正确地指出了中国东临大海、西北为沙丘移动的沙漠的事实。

以上这些内容，充分体现出《禹贡》在中国地理学历史发展过程中的重要地位。它不仅是中国最古老、最系统的地理文献，而且它关于九州岛区划、山岳关联、水道体系、交通网络以及土壤、物产、景色的描述，都体现出明确的地理观念，所以它对中国后世地理学的发展，产生了深远的影响。

甘誓第二

【原文】

启与有扈，战于甘之野，作《甘誓》①。大战于甘，乃召六卿。王曰："嗟，六事②之人，予誓告汝。有扈氏，威侮五行③，怠弃三正④。天用剿绝其命⑤。今予惟恭行天之罚⑥。左⑦不攻于左⑦，汝不恭命。右⑧不攻于右，汝不恭命。御非其马之正⑨，汝不恭命。用命，赏于祖⑩。不用命，戮于社⑪。予则孥戮汝⑫。"

【注释】

①甘誓是一篇战争动员令，是后人根据传闻写成的。甘是地名，在有扈氏国都的南郊。誓是古时告诫将士的言辞。大禹死后，他的儿子夏启继承了帝位。启所确立的新制度，遭到了有扈氏的反对，启便发动了讨伐有扈氏的战争。结果以有扈氏失败、夏启胜利而告终。甘誓就是这次战争前启告诫六军将士的言辞。②六卿：六军的主帅。在周代，天子设有六军。六事：六军的将士。③威侮五行：不敬上天。威：轻视。侮：轻慢。④怠：懈怠。三正：指正德、利用、厚生三大政事。"三事"即"三正"。⑤用：因此，于是。剿：灭绝。⑥恭行：履行。恭：作共。⑦攻：击。左：车左。周代战车一般都是上有三人，左边的拿弓箭，右边的拿矛，中间的是驾车的人。⑧右：车右，执戈矛以退敌。⑨御：驾车的人。非：违背。正：合适的。⑩赏于祖：天子亲征，载着祖庙神主。对于有功的人，就会在神主之前给予奖赏，表示自己不敢专行此事。⑪戮于社：天子亲征，又要随军载着社主。违抗命令的，就在社主前对其施加处罚，也是表示不敢自己专行。⑫孥：通"奴"，指降为奴隶。戮：即杀的意思。

【译文】

夏启与有扈氏在甘这个地方发生大战，战前作动员令，即《甘誓》。夏启与有扈氏将要在甘这个地方发动大战，于是夏王便召集了六军将领。王说：

"啊！诸位将领和士兵，我向你们发出以下的命令：有扈氏倒行逆施，一意孤行，轻蔑地对待一切，怠慢甚至放弃了三大政事，上帝因此要杀掉他，现在我奉行上天的意志去惩罚他们。兵车左边的兵士，如果不熟悉用箭射杀敌人，便是不具备完成命令的本领；军车右边的兵士如果不善于用矛刺杀敌人，便是不具备完成命令的本领；驾驶战车的士兵，不懂得合适的驾驭战马的技术，便是不具备完成命令的本领。你们要是听从我的命令，我就报告祖先神灵而赏赐你们；要是不听从我的命令，我就在社神的神位前惩罚你们。我就会把你们降为奴隶，或者杀掉你们。"

【评析】

《甘誓》是夏启在准备讨伐有扈氏时，在甘（今陕西户县西南）发布的战争动员令。甘誓是迄今发现的最早的带有军法性质的训令。甘誓里有"有扈氏威侮五行，怠弃三正""用命，赏于祖；弗用命，戮于社"等内容。"威侮五行"就是不敬上天，"怠弃三正"就是不善用大臣。"用命，赏于祖；弗用命，戮于社"指努力奉行命令的，便在先祖的神位前颁行赏赐；不努力奉行命令的，便在社神的面前给予惩罚。并且天子率领将士亲自出征，这必定是一场关系到国家命运的决战，一定要使将士们明白为谁和为什么而战，否则不明不白上战场，多半要吃败仗。主帅是天子，由他来发布战争动员令，既有权威性，又有号召力，还可以证明出征打仗的正义。其中没有豪言壮语和长篇大话，没有一个接一个地表态和表决心，最足以征服人心的理由就是奉行天命，简洁而震撼人心。也许是社会在不断前进吧，后来的檄讨书越来越长，废话越来越多，理由列出了一大堆却难以震撼人心，反而空洞无物。这样看来，《甘誓》则不失为一篇言简意赅、言之有物的政治训令。

五子之歌第三

【原文】

　　太康失邦，昆弟五人，须于洛汭，作《五子之歌》。太康尸位①，以逸豫灭厥德，黎民咸贰。乃盘游无度②，畋于有洛之表③，十旬弗反。有穷后羿因民弗忍④，距于河。厥弟五人御其母以从⑤，徯于洛之汭⑥。五子咸怨，述大禹之戒以作歌。其一曰："皇祖有训，民可近，不可下。民惟邦本，本固邦宁。予视天下，愚夫愚妇一能胜予⑦。一人三失，怨岂在明？不见是图。予临兆民，懔乎若朽索之驭六马⑧；为人上者，奈何不敬？"其二曰："训有之，内作色荒⑨，外作禽荒⑩，甘酒嗜音，峻宇雕墙。有一于此，未或不亡⑪。"其三曰："惟彼陶唐⑫，有此冀方⑬。今失厥道，乱其纪纲。乃底灭亡⑭。"其四曰："明明我祖，万邦之君。有典有则⑮，贻厥子孙。关石和钧⑯，王府则有。荒坠厥绪，复宗绝祀。"其五曰："呜呼曷归？予怀之悲。万姓仇予，予将畴依⑰？郁陶乎予心⑱，颜厚有忸怩⑲。弗慎厥德，虽悔可追？"

【注释】

　　①太康尸位：太康，夏启的儿子，大禹的孙。尸：主。古代祭祀时，鬼神的代表叫尸。像鬼神的代表一样处在位子上，而不做事，叫尸位。②盘游：盘，乐。游：遂游。③畋（tián）：田猎。有洛：洛水。有洛之表：谓洛水的南面。④有穷后羿（yì）：有穷，国名。后：君主。羿：人名，有穷国的君主。⑤御：侍奉。⑥徯：等待。汭：河水的弯曲处。⑦一：皆，都。⑧懔：危惧，害怕。六马：六匹马驾车，不容易调和。用朽索驾驭六匹马，形容危险得很。⑨荒：迷乱。色荒：迷乱于女色。⑩禽：鸟兽。禽荒：迷乱于捕猎禽兽。⑪或：有。⑫陶唐：指尧帝，尧帝属陶唐氏。⑬冀方：冀州，指今山西和河北西部，是尧帝的政治中心。⑭底（zhǐ）：至。⑮典：法。⑯关石（dàn）和钧：关：门关的税收。石：斛，古代计量单位。和：平。钧：通"均"。关石和钧：赋税和计量都平均。⑰畴：谁。

⑱郁陶：郁闷、悲哀。⑲怛忦：心里惭愧。

【译文】

太康失国以后，他的五个弟兄在洛水眺望太康，多日不见踪影，于是作《五子之歌》述说心中的忧伤。话说太康处在尊位而不理事，又喜好安乐，丧失君德，众民都怀着二心。竟至盘乐游猎没有节制，到洛水的南面打猎，百天还不回来。有穷国的君主羿，因人民不能忍受，在河北抵御太康，不让他回国。太康的弟弟五人侍奉他们的母亲，在洛水湾等待太康。这时五人都埋怨太康，因此叙述大禹的教导而写了这组诗歌。

其中一首说："伟大的祖先曾有明训，人民可以亲近而不可看轻；人民是国家的根本，根本牢固，国家就安宁。我看天下的人，愚夫愚妇都能对我取胜。一人多次失误，考察民怨难道要等它显明？应当考察它还未形成之时。我治理百姓，恐惧得像用坏索子驾着六匹马；做君主的人怎么能不敬不怕？"其中第二首说："禹王的教诲这样昭彰，可你在内迷恋女色，在外游猎翱翔；喜欢喝酒和贪恋音乐，建筑高高大殿又雕饰宫墙。这些事只要有一桩，就没有人不灭亡。"其中第三首说："那陶唐氏的尧皇帝，曾经据有冀州这地方。现在废弃他的治道，紊乱他的政纲。就是自取灭亡！"其中第四首说："我的辉煌的祖父，是万国的大君。有典章有法度，传给他的子孙。征赋和计量平均，王家府库丰盈。现在废弃他的传统，就断绝祭祀又危及宗亲！"其中第五首说："唉！哪里可以回归？我的心情伤悲！万姓都仇恨我们，我们将依靠谁？我的心思郁闷，我的颜面惭愧。不愿慎行祖德，即使改悔又岂可挽回？"

【评析】

《五子之歌》可以说是我国最早的诗歌，是对帝王亡国的叹息，体现了中国最早最原始的政治思想，"民惟邦本，本固邦宁"，以人为本，而不是以神为本。夏启的儿子太康耽于游乐田猎，荒废政事，不理民情，人民不堪忍受。有穷国君羿率人民在黄河边抵御太康返回国都，从而使太康失去帝位。太康去洛南打猎时，他的五个弟弟侍候他们的母亲同去了。五个弟弟在洛水河弯等候，始终不见太康回来，于是作了五首歌，表示对太康的指责和怨恨。五子的名字，书传没有记载，大概被有穷国主羿立为王的仲康是其中的一个。文中

夏书

说："五子成怨，述大禹之戒以作歌。"事实上，只有前两首是陈述大禹的告诫，后三首分别是恨亡国都、恨绝宗祀和追悔不及的感慨。

胤征第四

【原文】

　　羲和湎淫，废时乱日，胤往征之，作《胤征》。惟仲康肇位四海①，胤侯命掌六师。羲和废厥职②，酒荒于厥邑③。胤后承王命徂征。告于众曰："嗟，予有众。圣有谟训，明征定保④。先王克谨天戒⑤，臣人克有常宪，百官修辅，厥后惟明明⑥。每岁孟春，遒人以木铎徇于路⑦，官师相规，工执艺事以谏，其或不恭⑧，邦有常刑。惟时羲和颠覆厥德，沉乱于酒，畔官离次⑨，俶扰天纪⑩，遐弃厥司。乃季秋月朔⑪，辰弗集于房⑫。瞽奏鼓⑬，啬夫驰⑭，庶人走。羲和尸厥官⑮，罔闻知，昏迷于天象，以干先王之诛⑯。《政典》曰⑰：'先时者杀无赦，不及时者杀无赦。'今予以尔有众奉将天罚⑱。尔众士同力王室，尚弼予钦承天子威命⑲！火炎昆冈⑳，玉石俱焚；天吏逸德，烈于猛火。歼厥渠魁㉑，胁从罔治；旧染污俗，咸与惟新㉒。呜呼！威克厥爱允济㉓；爱克厥威允罔功。其尔众士，懋戒哉㉔！"

【注释】

　　①位：治理。②羲和：羲氏、和氏，掌管天地四时的官。③酒荒：迷乱于嗜酒，叫酒荒。④明：明白。征：指明。定保：定国安家。明征定保：明白指明定国安家的事。⑤天戒：上天垂象示戒，指日食月食之类。⑥明明：明而又明，英明。⑦遒（qiú）人：宣布命令的官。铎：铃。木铎：有木舌的铃。古代宣传政教时用它来号召听众。⑧恭：奉行。⑨畔：通"叛"。畔官：渎职之官。⑩俶（chù）扰天纪：俶：始。扰：乱。天纪：指日月星辰的运行历程。⑪乃：从前，前些时。⑫辰弗集于房：日和月在天上运行，每年相会十二次。日月相会叫作辰。相会的位置叫作房。集：会合。日月相会于某一位置而不见相会，叫辰不集于房。辰不集于房，是日被月遮掩了，也就是发生了日食。⑬瞽（gǔ）：指乐官。奏：进献。⑭啬夫驰：啬夫：主管布币的官。驰：驰走取币以

夏书

敬天神。⑮尸：主管。⑯干：触犯。⑰《政典》：指导行政的书。⑱奉将：奉行。⑲弼：辅佐。⑳昆冈：昆山。㉑渠魁：渠：大。魁：帅，指羲和。㉒与：允许。㉓克：胜，胜过。㉔懋（mào）戒：懋：勉励，勉励听命。戒：戒慎，戒慎避免违反军法。

【译文】

  夏帝仲康在位的时候，负责掌管天文历法的羲和氏沉湎酒色，荒废本职工作，致使发生漏报日食的事情。胤往受命征讨羲和氏。事后史官根据这件事，写了《胤征》。是为序。话说夏帝仲康开始治理四海，胤侯受命掌管夏王的六师。羲和放弃他的职守，在他的私邑嗜酒荒乱。胤侯接受王命，去征伐羲和。胤侯告戒军众说："啊！我的众位官长。圣人有谟有训，明白指明了定国安邦的事。先王能谨慎对待上天的警戒，大臣能遵守常法，百官修治职事辅佐君主，君主就明而又明。每年孟春之月，宣令官员用木铎在路上宣布教令，官长互相规劝，百工依据他们从事的技艺进行谏说。他们有不奉行的，国家将有常刑。这个羲和颠倒他的行为，沉醉在酒中，背离职位，开始搞乱了日月星辰的运行历程，远远放弃他所管的事。前些时候季秋月的朔日，日月不会合于房，出现日食，乐官进鼓而击，啬夫奔驰取币以礼敬神明，众人跑着供役。羲和主管其官，却不知道这件事，对天象昏迷无知，因此触犯了先王的诛罚。先王的《政典》说：'历法出现先于天时的事，杀无赦；出现后于天时的事，杀无赦。'现在我率领你们众长，奉行上天的惩罚。你等众士要与王室同心协力，辅助我认真奉行天子的庄严命令！火烧昆山，玉和石同样被焚烧；天王的官吏如有过恶行为，害处将比猛火更甚。应当消灭为恶的大首领，胁从的人不要惩治；旧时染有污秽习俗的人，都允许更新。啊！严明胜过慈爱，就真能成功；慈爱胜过严明，就真会无功。你等众士要努力戒慎呀！"

【评析】

  太康失去帝位后，有穷国的君主羿立大康的弟弟仲康为帝。这时，主管天地四时历数的羲氏、和氏纵酒享乐，不履行自己的职责，仲康命令胤侯率领将士征讨羲和。胤侯出征之前聚众誓师，《凤征》就是出征的誓词。在誓词中，胤侯强调了君正臣贤，臣民都要忠于职守，失职的人应该受到惩处，而对被惩处的人又要区别情况，分别对待，对首恶分子要严厉处治，不徇私情。

帝告厘沃第五

【原文】

自契至于成汤八迁①，汤始居亳②，从先王居③。作《帝告》、《厘沃》④。（此为序，正文亡佚）

【注释】

①八迁：从契到汤共十四代，八徙国都。②亳（bó）：有南亳和西亳。③从先王居：契父帝喾都亳，汤自商丘迁回，因此说"从先王居"。④作《帝告》、《厘沃》：《帝告》的意思是告诉先王，汤迁居先王之地。《厘沃》的意思是整治沃土。

【译文】

从契到成汤八次迁移国都，成汤又把国都迁到亳，跟从先王住过的地方居住。史官作《帝告》《厘沃》。

汤征第六

【原文】

汤征诸侯,葛伯①不祀,汤始征之②,作《汤征》。(此为序,正文亡佚。)

【注释】

①葛伯:葛:国名,嬴姓,故城在今河南宁陵县北。伯:伯爵。②汤始征之:汤征伐诸侯从葛伯开始。

【译文】

成汤征伐诸侯,葛伯不奉行祭祀,成汤就从征伐葛伯开始,作《汤征》。

汝鸠汝方第七

【原文】

伊尹,去亳适夏①,既丑有夏②,复归于亳。入自北门,乃遇汝鸠汝方③。作《汝鸠》、《汝方》。(此为序,正文亡佚。)

【注释】

①尹:见《汤誓》注。去:离开。适:往,到……去。②丑:厌恶。有:名词词头,无义。③汝鸠、汝方:汤的二位贤臣。

【译文】

伊尹离开亳到夏,不久就厌恶了夏桀,重新回到亳。从北门进入时却碰上了汝鸠、汝方,于是写下了《汝鸠》《汝方》。

商书

《商书》是商代的政治文献汇编,分《汤誓》《仲虺之诰》《汤诰》等二十三篇。

汤誓第一

【原文】

伊尹相汤伐桀，升自陑①，遂与桀战于鸣条之野，作《汤誓》。王曰："格尔众庶，悉听朕言。非台②小子敢行称乱。有夏多罪，天命殛之③。今尔有众④，汝曰：'我后不恤我众，舍我穑事而割正夏⑤。'予惟⑥闻汝众言，夏氏有罪。予畏上帝，不敢不正。今汝其曰：'夏罪其如台⑦？'夏王率遏众力⑧，率割夏邑⑨。有众率怠弗协，曰：'时日曷丧⑩，予及汝皆亡。'夏德若兹⑪，今朕必往。尔尚辅予一人⑫，致⑬天之罚。予其大赉汝⑭，尔无不信，朕不食言⑮。尔不从誓言，予则孥戮汝⑯，罔有攸赦。"汤既胜夏，欲迁其社，不可。作《夏社》、《疑至》、《臣扈》。夏师败绩，汤遂从之，遂伐三朡⑰，俘厥宝玉。谊伯、仲伯作《典宝》。

【注释】

①陑（ér）：古地名，在今山西永济南。②格尔：来吧。台：代词，我。③有夏：夏国。有：助词，没有实在意义。殛（jí）：诛杀。④有众：众人。有：助词，没有实在意义。⑤穑（sè）事：种植庄稼的事。割：通"曷"，疑问代词，为什么。正：通"征"，征讨，征伐。⑥惟：通"虽"。⑦如台：表示发出疑问，如何。⑧率遏众力：竭尽民力。率：语气助词。遏：通"竭"，尽。⑨割：剥削，剥取。⑩时：代词，是，这个。曷：何，什么时候。⑪兹：代词，此，这种。⑫尚：庶几，表示提出希望。一人：君王自称，说自己只能当一人，相当于后代的"孤家寡人"一类。⑬致：动词，达到，用，来。⑭其：将。赉（lài）：赏赐。⑮食言：不真实的、欺骗人的话，说假话。⑯孥：通"奴"。降成奴隶。戮：刑戮。奴戮：或以为奴，或加刑戮，这是古代刑罚的一种方式。⑰三朡（zōng）：商代国名，约在今山东定陶东北。

【译文】

伊尹辅佐商汤讨伐夏桀,队伍开拔到山西永济一带,于是与夏桀在鸣条之野展开大战。战前作动员令,即为《汤誓》。商汤激奋地说:"来吧,诸位,你们都要听我的话,不是我小子大胆发动战争,是因为夏王犯了许多罪行,所以,上天才命令我上前讨伐它!现在,你们大家常说:我们的国王太不体贴我们了,把我们种庄稼的事儿都舍弃了。犯了这样大的错误,怎么可能纠正别人呢?我听到你们说的这些话,知道夏桀犯了许多罪行。我怕上帝发怒,不敢不讨伐夏国!""现在你们将要向我说:夏桀的罪行究竟怎么样呢?夏桀一直要人民负担沉重的劳役,人民的力量都用完了,他还在残酷地剥削压迫人民,人民对夏桀的统治非常不满,大家都急于奉上,对国君的态度很不友好,甚至要与夏桀一起去死!夏国的统治已经坏到这种程度,现在我下决心要去讨伐它!你们只要辅助我,奉行上天的命令讨伐夏国,我会加倍地赏赐你们。你们不要不相信,我是决不会失信的!假若你们不听从我的话,我就要惩罚你们,让你们当奴隶,决不宽恕!"等商汤灭掉夏朝以后,想把社神迁走,结果没有成功。史官根据这件事作《夏社》《疑至》《臣扈》等。先前,夏桀被打败以后,带着许多宝器逃到了三朡国,商汤乘胜追击,打下三朡,俘虏了夏桀,抄获的大量宝器,史官谊伯、仲伯根据这件事写了《典宝》。

【评析】

商汤,姓子名履,舜的大臣契的十四代孙,商朝的开国君主。当时夏王桀荒淫暴虐,民怨很大;又侵削诸侯,致使诸侯怨恨。诸侯昆吾氏举兵叛乱,汤率领诸侯借口讨伐昆吾。消灭昆吾以后,汤又乘胜讨伐夏桀。伐桀以前,汤的诸侯不愿造次。汤在都城亳告喻众人吊民伐罪的道理。篇中"时日曷丧?予及汝皆亡",真实反映了夏国人民痛恨暴君暴政的心情。

商汤看准了天怨人怒的大好时机,举兵伐桀,他显得没有夏启讨伐有扈氏时那么正气凛然,而是以劝说加威胁,软硬兼施,有些让人怀疑他振振有词地控诉夏桀暴行时,是不是心怀鬼胎,另有打算?慷慨激昂最容易激起听众的共鸣。善于演说的讲演者早已把听众的心理揣摩透了。商汤算得上是出色的演说家,那句"时日曷丧,予及汝皆亡"有巨大的穿透力,可以算得上是个千古名句。

仲虺之诰第二

一

【原文】

汤归自夏，至于大坰，仲虺①作诰。成汤放②桀于南巢③，惟④有惭德⑤。曰："予恐来世以台⑥为口实。"仲虺乃作诰，曰："呜呼！惟天生民有欲，无主乃乱，惟天生聪明时乂⑦。有夏昏德，民坠涂炭⑧，天乃锡王勇智⑨，表正万邦⑩，缵禹旧服⑪。兹率⑫厥典，奉若天命⑬。"

【注释】

①仲虺（huī）：又叫莱朱，是商汤时期的著名大臣。他与伊尹并为商汤左右相，辅佐商汤完成大业。②成汤：即汤王，由于他用武力讨伐夏桀获得成功，因此叫成汤。汤是名字，成是谥号。放：驱逐、流放。③南巢：地名。④惟：思考。⑤德：通"得"，取得、获得。⑥台（yí）：我。⑦乂（yí）：治理、安定。⑧民坠涂炭：人民陷入涂泥炭火之中。坠：陷入。涂炭：比喻为污浊、令人痛苦的地方。⑨锡：通"赐"，赐予。⑩表：延伸为表记之意。⑪缵：继承。服：从事、致力。⑫率：遵循。⑬奉若：奉顺。

【译文】

商汤自夏都率师归来，到达大坰这个地方。仲虺奉命作诰晓谕诸侯。

成汤把夏桀流放到南巢这个地方，思考自己的作为便惭愧自己的所得。成汤说："恐怕后代会把我的行为当作话柄。"仲虺于是作诰，说："呜呼！思考那上天生育的这些人民都有七情六欲，没有君主就会混乱，只有天生聪明的人时常能治理。那夏桀昏乱得到报应，使人民陷入水深火热之中，上天于是赐给大王勇气与智慧，用表记端正万邦，继承大禹所继承的，遵循大禹的典籍常规，把这些尊奉为天的命令。"

二

【原文】

"夏王有罪，矫诬上天①，以布命于下。帝用不臧②，式商受命③，用爽厥师④。简贤附势⑤，实繁有徒⑥。肇我邦予有夏⑦，若苗之有莠⑧，若粟之有秕⑨。小大战战⑩，罔不惧于非辜。矧予之德⑪，言足听闻。惟王不迩声色⑫，不殖货利⑬。德懋懋官⑭，功懋懋赏。用人惟己，改过不吝⑮。克宽克仁⑯，彰信兆民⑰。乃葛伯仇饷⑱，初征自葛，东征、西夷怨⑲；南征、北狄怨⑳，曰：'奚独后予㉑？'攸徂之民㉒，室家相庆，曰：'徯予后㉓，后来其苏㉔。'民之戴商，厥惟旧哉㉕！"

【注释】

①矫：假托、诈称。诬：欺骗。②臧（zàng）：好的、美好的、善良的。③式：使用。④爽：明白、明智。⑤简：怠慢、倨傲。附：依傍、依附。⑥繁：众多。徒：徒党，同一类或同一派别的人。⑦肇：开始、最初。邦予有夏：建国于夏世。邦：建邦、建国。⑧莠：植物名。一年生草本植物，样子很像谷子。这里用为野草之意。⑨秕（bǐ）：中空或不饱满的谷粒。⑩战：恐惧，害怕。⑪矧（shěn）：况且。德：品德、品行。⑫迩：近。⑬殖：经营，从事买卖活动。⑭德懋懋官：德盛的用官职勉励他。懋（mào）：盛美，勉励。⑮吝：悔恨，遗憾。⑯克：能。⑰彰：显明，显著。⑱乃葛伯仇饷：乃：从前。葛伯：葛国的君主。饷：馈送食物。有人送食物给耕田的人，葛伯夺其食物，又杀了这人。葛伯以饷田的人为仇，所以叫葛伯仇饷。葛：古国名。夏末商初时的一个国家。仇：仇恨。⑲夷：我国古代对东部各民族的统称。⑳狄：狄或北狄曾是古代中国中原人对北方各民族的泛称。㉑奚：何，为什么。㉒攸：这里用为助词，放在动词之前，构成名词性词组，相当于"所"之意。徂：前往。㉓徯：等待。㉔苏：为更生。旧：通"久"，长久。

【译文】

"夏桀王有罪，假托天命，欺瞒上天，来对老百姓发布命令。上天使用了不善良的夏桀，从而使商接受了上天命令，使我们的军队明白。简慢贤能依附势力，这种人确实有许多同党。从我们在夏朝立国开始，他们就把我们商看成是禾苗里的杂草，谷粒中的空壳。我们商上上下下的人都很害怕，没有哪一个人不担心无罪却招来横祸。况且我们商的美德善言，能够动人听闻。大王您不亲近歌舞女色，不聚敛金钱财物。勉力品德之人用官位来勉励，勉力功绩之人用奖赏来勉励。任用别人就像任用自己一样深信不疑，改正过错后就无遗憾。能够宽厚能够仁爱，对亿万人民明确地显示了诚信。葛伯与为种田人送饭者为仇。您的征讨从葛国开始。您向东征讨，西边的夷族人便埋怨；向南征讨，北方的狄族人便埋怨，都说：'为什么把我们放在后面呢？'老百姓盼望您前去，都举家欢庆，说：'等待我们的国君吧，君王来了我们就重获新生了。'人民拥戴商汤，已经很长久了。"

三

【原文】

"佑贤辅德，显忠遂良①，兼弱攻昧，取乱侮亡，推亡固存②，邦乃其昌。德日新，万邦惟怀；志自满，九族乃离③。王懋昭大德，建中于民，以义制事④，以礼制心⑤，垂裕后昆⑥。予闻曰：'能自得师者王，谓人莫己若者亡。好问则裕⑦，自用则小。'呜呼！慎厥终，惟其始。殖有礼⑧，覆昏暴⑨。钦崇天道⑩，永保天命。"

【注释】

①遂：推荐或举荐之意。②推亡固存：推求灭亡之道，以巩固自己的生存。《蔡传》："推亡者，兼攻取侮也；固存者，佑辅显遂也。推彼之所以亡，固我之所以存，邦国乃其昌矣。"③九族：指亲属，父族四、母族三、妻族二，共称九族。④义：这里用为人际之间最佳的行事方式之意。制：控制，制服。⑤礼：礼法，礼节等级社会的典章制度，传统习惯，规定社会行为的规范之意。⑥垂：留传。昆：子孙后代。⑦裕：充足，丰富。⑧殖：立，树立。⑨覆：倾覆。⑩钦：敬佩、恭敬。

【译文】

"帮助贤能辅佐有德，显示忠诚举荐善良，兼并弱小攻击昏昧，夺取动乱之国侮辱亡国君主，推翻亡国之君巩固可存之主，邦国就会昌盛。德行日日更新，天下万邦都在胸怀；内心骄傲自满，亲戚也会背离。君主勉励于大的德行，在百姓中建立起品德，以最佳行为方式来控制事物，以社会行为规范来控制人心，留传给后代子孙。我听说：'能够自己找到老师的人可以称王，说别人不如自己的人会灭亡。谦虚好问的人就会越来越丰富，自以为是的人就会越来越渺小。'呜呼！要警惕亡国的教训，就要从开始做起。树立起社会行为规范，颠覆昏暴的君主。恭敬崇尚天的道路，才能永远保有子孙的帝称。"

【评析】

我们要知道，商汤伐夏桀，是我国历史上第一次以暴力革命形式完成的改朝换代。那么，作为事件的主角，自己以臣犯上，最后还流放了天子，即使自己以贤德自居，但最终难免会给后世落个话柄。因此，从三朡回亳的路上，商汤一直有点闷闷不乐。仲虺看出了商汤的心思，他过来跟商汤说了一段话，这就是尚书上著名的《仲虺之诰》。

《仲虺之诰》之所以成为《尚书·商书》名篇，主要是解决了咱们老祖宗心中的最基本问题——政权的合法性问题。在说明这个问题之前，咱们先看一看仲虺的个人情况。仲虺姓任，据说出生时雷电交加，大雨倾盆，古时形容雷鸣声为"虺虺"，同时"虺"也是蛇的代称，于是他的父亲给他起名叫"虺"。

仲虺长大后显示出非凡的治国才能，把薛国治理得风调雨顺，五谷丰登。当时夏桀荒淫无道，"筑倾宫、饰瑶台、作琼室、立玉门"，弄得民不聊生。仲虺果断归附了商汤，被商汤拜为左相，和右相伊尹一起成为辅佐商汤灭夏的左膀右臂。

国人崇尚仁义礼智信，反对暴力嬗代。从尧舜禹以来，都是帮助别邦兴旺发达从而使该邦成为自己的附属邦国，很少使用武力。这是因为当时的人们都知道，征服人的形体不如征服人的心。于是仲虺从三方面阐述了商汤革命的合理性：

一、讨伐夏桀是奉天命而为，是为了拯救老百姓。这就是所谓的"顺乎天"！仲虺说："上天生养人民，人人都有情欲，没有君主，人民就会乱，因此上天又生出聪明的人来治理他们。夏桀行为昏乱，让人民陷于水深火热之中；上天于是赋予勇敢和智慧给大王，使您做万国的表率，继承大禹长久的事业。您现在要遵循大禹的常法，顺从上天的大命！夏王桀有罪，假托上天的意旨，在下施行他的教命。上天认为他不善，要我商家承受天命，使我们教导他的百姓"。意思是说，"天子"是由上天指定来治理老百姓的，不会错，他指定的"天子"一定是既聪明又勇敢的。夏桀行为昏乱，违背了上天要他治理好百姓的初衷，因此要你替代他做天子。仲虺是当时有名的大巫师，他的话代表上天的旨意，有很强的鼓动性。

二、称赞商汤品德高尚，这就是所谓的"应乎人"！仲虺说："大王不近声色，不聚货财；德高望重的人任用他，功高盖世的人奖励他，能用贤人之谏言，能够知错就改；能宽能仁，昭信于万民。"得民心者得天下，两相对比，谁最有资格当天子不言而喻。

三、革命的目的是为了恢复大禹王创立的合理制度，而夏桀恰恰是破坏了他祖上的制度。仲虺巧妙的"对事不对人"，给革命找到了第三个合理的理由。他不厌其烦地解释商汤革命是为了"继承大禹长久的事业，遵循大禹的常法"，革命后只要我们"德行日日革新，天下万国就会怀念"，既然已经"革命"了，关键就是以后我们要怎么做，才能不失江山。仲虺劝勉商汤要"努力显扬大德，对人民建立中道，用义裁决事务，用礼制约思想，把宽裕之道传给后人"，要"佑助贤德的诸侯，显扬忠良的诸侯；兼并懦弱的，讨伐昏暗的，夺取荒乱的，轻慢走向灭亡的"，这样才能建立起富强的国家。

汤诰第三

【原文】

　　汤既黜夏命，复归于亳，作《汤诰》。王归自克夏，至于亳①，诞告万方②。王曰："嗟！尔万方有众，明听予一人诰③。惟皇上帝，降衷于下民④。若有恒性⑤，克绥厥猷惟后⑥。夏王灭德作威，以敷虐于尔万方百姓⑦。尔万方百姓，罹其凶害⑧，弗忍荼毒⑨，并告无辜于上下神祇⑩。天道福善祸淫，降灾于夏，以彰厥罪。肆台小子，将天命明威⑪，不敢赦，敢用玄牡⑫，敢昭告于上天神后⑬，请罪有夏。聿求元圣⑭，与之戮力⑮，以与尔有众请命。上天孚佑下民⑯，罪人黜伏⑰，天命弗僭⑱，贲若草木⑲，兆民允殖⑳。俾予一人辑宁尔邦家㉑，兹朕未知获戾于上下㉒，栗栗危惧㉓，若将陨于深渊㉔。凡我造邦㉕，无从匪彝㉖，无即慆淫㉗，各守尔典，以承天休。尔有善，朕弗敢蔽；罪当朕躬，弗敢自赦，惟简在上帝之心㉘。其尔万方有罪，在予一人；予一人有罪，无以尔万方。呜呼！尚克时忱㉙，乃亦有终。"

【注释】

①亳：地名，成汤的国都，在今河南商丘县。②诞：大。③予一人：古代天子自称为予一人。④衷：善。⑤若：顺。恒：常。⑥克绥厥猷（yóu）：能使人民安于教导。克：能。绥：安。猷：导、教。⑦敷：布，施行。⑧罹：被，遭受。⑨荼毒：痛苦。荼：苦菜，味道苦。毒：指毒人的虫，是人之所苦。所以用荼毒比喻痛苦。⑩辜：罪。神祇：神，天神。祇：地祇。⑪肆：故，所以。台（yí）：我。将：行，奉行。⑫玄：黑色。牡：公牛。⑬神后：后土，指地神。⑭聿：遂。元圣：大圣，指伊尹。戮力：努力。⑮孚：信。⑯黜伏：退伏。⑰僭（jiàn）：差错。⑱贲（bì）：文饰。⑲殖：生活。⑳辑：和睦。宁：安宁。㉑戾：罪。㉒栗栗：危惧的样子。㉓陨：坠落。㉔造邦：建立的国家。㉕匪：通"非"。彝：法。㉖慆：急惧。淫：纵乐。㉗简：明白。㉘时：此，这。忱：信，诚信。时忱：这样

诚信。

【译文】

商汤流放夏桀以后，率部队回到亳都，然后作《汤诰》训示诸侯。汤王在战胜夏桀后回来，到了亳邑，大告万方诸侯。汤王说："啊！你们万方众长，明白听从我的教导。伟大的上帝，降善于下界人民。顺从人民的常性，能使他们安于教导的就是君主。夏王灭弃道德，滥用威刑，向你们万方百姓施行虐政。你们万方百姓遭受他的残害，痛苦不堪，普遍向上天申诉。天道福佑善人，惩罚坏人，降灾于夏国，以显露他的罪过；所以我奉行天命明法，不敢宽宥。敢用黑色牡牛向天神后土祷告，请求惩治夏桀，就邀请了大圣伊尹与我共同努力，为你们众长请求保全生命。上天真诚帮助天下人民，罪人夏桀被废黜了。天道不差，草木茂盛，兆民真的乐于生活了。上天使我和睦安定你们的国家，这回伐桀我不知道得罪了天地没有，惊恐畏惧，像要落到深渊里一样。凡我建立的诸侯，不要施行非法，不要追求安乐，要各自遵守常法，以接受上天的福禄。你们有善行，我不敢掩盖；罪过在我自身，我不敢自己宽恕，因为这些在上帝心里都明明白白。你们万方有过失，原因都在于我；我有过失，不会连及你们万方诸侯。呜呼！但愿能够这样诚信不疑，就可以获得成功。"

【评析】

《汤诰》是商汤对各方诸侯的一次讲话。商汤打败夏桀回国后，各方诸侯即来朝贺，商汤王向各方诸侯再一次申明他之所以推翻夏桀的道理。商汤对诸侯们的训示，主要在于论证讨伐夏桀的正当性，这是本篇诰词的核心任务，可《汤誓》《仲虺之诰》之后，这已经是第三次论证讨伐夏桀的正当性了，可见这个问题之重要，也说明"商汤革命"在当时引起的争议久久未能平息。同时，还说明这个问题是当时的政治焦点，因而大会小会上都要反复讲。

《汤诰》其大意是：上天希望民众得到善意的对待，但是，夏桀却灭绝道德，滥用刑罚，残酷地虐待天下百姓。针对夏桀的恶政，上天专门降下了灾难，以昭示他的弥天大罪。在这种情势下，我坚决地奉行上天的指令，对有罪的夏桀决不敢宽恕。结果，我们的行动还真是得到了天命的护佑，夏桀自知其罪，已经远遁于南巢之野。现在，上天委托我来安顿你们的国、你们的家，为了实现这个目标，我驱逐了夏桀，只是不知此举是否得罪于天地？我为此甚是惊惧。

　　首先,《汤诰》直接诉诸在场的"万方有众",引发各路诸侯对于夏桀的仇恨心态。这种类似于"诉苦"的政治动员,有助于将夏桀涂抹成所有在场者的共同敌人。再次,用事实证明正当性。一个更直观的证据是:夏桀确实被打垮了。"夏桀被打垮"这个事实,被商汤解释为:这是上天的安排,是罪有应得的证明,因而也是"应当打垮夏桀"的证明。最后,商汤重提"内心不安"这个老调。结合前一篇《仲虺之诰》看,很显然,仲虺的"开导",对商汤是至关重要的。

伊训第四

一

【原文】

　　成汤既没，太甲元年，伊尹作《伊训》、《肆命》、《徂后》。惟元祀十有二月乙丑①，伊尹祠于先王②。奉嗣王祗见厥祖③，侯甸群后咸在④，百官总己以听冢宰⑤。伊尹乃明言烈祖之成德⑥，以训于王。曰："呜呼！古有夏先后，方懋厥德⑦，罔有天灾。山川鬼神，亦莫不宁⑧，暨鸟兽鱼鳖咸若⑨。于其子孙弗率，皇天降灾，假手于我⑩有命。造攻自鸣条⑪，朕哉自亳⑫。惟我商王，布昭圣武⑬，代虐以宽，兆民允怀。今王嗣厥德，罔不在初⑭，立爱惟亲，立敬惟长，始于家邦，终于四海。

【注释】

　　①祀：年。夏代叫岁，商代叫祀，周代叫年。②祠：告祭于庙。③祗：恭敬。④侯甸：侯服、甸服。王畿之外方五百里叫侯服，又其外方五百里叫甸服。⑤冢宰：冢：大。宰：治。冢宰：又叫大宰，百官之长。⑥烈祖：有功之祖。成德：盛德。⑦懋：勉行。⑧山川鬼神：即山川之鬼神。⑨暨：及，连同。咸若：成，都。若：顺、顺遂。⑩假手：借手。⑪有命：有命令。指下文"造攻自鸣条"这句话。造：始。攻：讨伐。自：从。鸣条：夏桀所居，即指夏桀。⑫朕哉自亳：朕：我。哉：通"载"，行。亳：汤的国都。这是说，我从亳都执行上天之命。⑬布昭：宣明、宣扬。⑭罔不在初：罔：不可。在：省察、考虑。初：开初。这句是说，不可不考虑开头。

【译文】

　　商汤死后，太甲即位。顾命大臣伊尹作《伊训》《肆命》《徂后》告诫新天子。太甲元年十二月乙丑日，伊尹祭祀先王，侍奉嗣王恭敬地拜见他的祖先。侯服甸服的诸侯都在祭祀行列，百官率领自己的官员，听从太宰伊尹的命令。伊尹于是明白说明大功之祖成汤的大德，来教导太甲。伊尹说："啊！从前夏代的先君，当他勉力施行德政的时候，没有发生天灾，山川的鬼神也没有不安宁的，连同鸟兽鱼鳖各种动物的生长都很顺遂。到了他的子孙不遵循先人的德政，上天降下灾祸，借助于我汤王的手。上天有命：先从夏桀开始讨伐。我就从亳都执行。我商王宣明德威，用宽和代替暴虐，所以天下兆民相信我、怀念我。现在我王嗣行成汤的美德，不可不考虑开头！行爱于亲人，行敬于长上，从家和国开始，最终推广到天下。"

二

【原文】

"呜呼！先王肇修人纪①，从谏弗咈②，先民时若③。居上克明，为下克忠，与人不求备④，检身若不及，以至于有万邦。兹惟艰哉！敷求哲人，俾辅于尔后嗣。制官刑⑤，儆于有位。曰：'敢有恒舞于宫，酣歌于室⑥，时谓巫风⑦；敢有殉于货色⑧，恒于游畋⑨，时谓淫风；敢有侮圣言⑩，逆忠直，远耆德⑪，比顽童⑫，时谓乱风。惟兹三风十愆，卿士有一于身，家必丧；邦君有一于身，国必亡。臣下不匡⑬，其刑墨⑭。具训于蒙士⑮。'呜呼！嗣王祗厥身，念哉！圣谟洋洋⑯，嘉言孔彰。惟上帝不常，作善降之百祥，作不善降之百殃。尔惟德罔小⑰，万邦惟庆；尔惟不德罔大⑱，坠厥宗⑲。"

【注释】

①肇：勉力。纪：纲纪。人纪：为人的纲纪。②咈：违背。③时：是，表示宾语前置的结构助词。若：顺从。④与：交与、交接。与人：结交别人。⑤官刑：治理官吏的刑法。⑥酣：乐酒，嗜酒行乐。⑦巫：以祈祷鬼神为职业的人。⑧殉：求，贪求。⑨畋：田猎。⑩侮：轻慢。⑪远：疏远。耆：老。⑫比顽童：比：亲近。顽：愚。童：童稚。⑬匡：正。⑭墨：墨刑，凿额涂墨的刑罚。⑮蒙士：下士。⑯洋洋：美好。⑰罔小：不怕小。⑱不德：谓不修德，好作恶。罔大：即使不大。⑲坠：失。宗：宗庙。这里的宗庙，指代国家。

【译文】

"啊！先王努力讲求做人的纲纪，听从谏言而不违反，顺从前贤的话。处在上位能够明察，为臣下能够尽忠，结交人不求全责备，检点自己好像来不及一样。因此达到拥有万国，这是很难的呀！又普求贤智，使他们辅助你们的后嗣，还制订《官刑》来警戒百官。《官刑》上说：敢有经常在宫中舞蹈、在房中饮酒酣歌的，这叫作巫风；敢有贪求财货女色、经常游乐田猎的，这叫作淫风；敢有轻视圣人教训、拒绝忠直谏戒、疏远年老有德、亲近顽愚童稚的，这叫作乱风。这些三风十过，卿士身上有一种，他的家一定会丧失；国君身上有一种，他的国一定会灭亡；臣下不匡正君主，要受到墨刑。这些对于下士也要详细教导。啊！嗣王当以这些教导警戒自身，念念不忘呀！圣谟美好，嘉训很明啊！上帝的眷顾不常在一家，做善事的，就赐给百福；做坏事的，就赐给他百殃。你修德不论多小，天下的人都会感到庆幸；你行不善，即使不大，也会丧失国家。"

【评析】

这是一篇伊尹教导太甲的训辞。成汤去世以后，究竟由谁继承帝位，历来有两种说法。《史记·殷本纪》说："汤崩，太子太丁未立而卒，于是乃立太丁之弟外丙，是为帝外丙。帝外丙即位三年，崩，立外丙之弟中壬，是为帝中壬。帝中壬即位四年。崩，伊尹乃立太丁之子太甲。太甲，成汤嫡长孙也，是为帝太甲。"《孔传》说："太甲，太丁子，汤孙也。太丁未立而卒，及汤没而太甲立，称元年。"《尚书正义》根据《伊训》的序和《太甲》的纪年，断定太甲必继汤后"。然而，《伊训》《太甲》都是伪古文，恐不足为据，今从《史记》。

太甲继承帝位以后，伊尹作《伊训》《肆命》和《徂后》，用汤的成德教导太甲。《肆命》《徂后》今已不传。在《伊训》中，伊尹要太甲汲取桀灭亡的教训，发扬汤的美德。"三风十愆"，是失位亡国的重要原因，邦君卿士，一开始就要注重自身的品德修养，要从谏如流，勿以善小而不为。伊尹的训导，虽然是对太甲而言，目的是为了维护殷商的统治。但客观上，对缓和各种矛盾、促使社会进步有一定的积极意义。

太甲上第五

一

【原文】

　　太甲既立，不明，伊尹放诸桐。三年夏归于亳，思庸，伊尹作《太甲》三篇。惟嗣王不惠于阿衡①，伊尹作书曰："先王顾谥天之明命②，以承上下神祇，社稷宗庙，罔不祇肃③。天监厥德，用集大命④，抚绥四方⑤。惟尹躬克左右厥辟，宅师⑥，肆嗣王丕承基绪⑦。惟尹躬先见于西邑夏，自周有终⑧，相亦惟终；其后嗣王罔克有终，相亦罔终。嗣王戒哉！祇尔厥辟⑨，辟不辟⑩，忝厥祖⑪。"

【注释】

①惠：顺从。阿：倚。衡：平。阿衡：一说为商代官名，一说为伊尹之号。②顾谥（dì）：顾：顾念。谥：是，正确。这里用作"认为正确"的意思。③祇肃：敬肃。④集：降下。⑤绥（suí）：安抚。⑥左右：帮助。辟：君主。宅：安。师：众人。宅师：安定众人。⑦绪：业。⑧自：用。周：忠信。终：成。⑨祇：恭敬。辟：君主，这里指君道。⑩辟不辟：君主不尽君主之道。后一辟字，用为动词。⑪忝（tiǎn）：羞辱。

【译文】

　　太甲即位以后，胡作非为，伊尹便将他幽禁在桐宫，三年后太甲改过自新，得以复位。伊尹于是作《太甲》三篇表扬他。嗣王太甲对伊尹不顺从，伊尹便上书说："先王成汤顾念天的明命是正确的，因此供奉上下神祇宗庙社稷无不恭敬严肃。上天看到汤的善政，因此降下重大使命，使他安抚天下。我伊尹能亲身辅助君主安定人民，所以嗣王承受先王基业。我伊尹亲眼见到西方夏邑的君主因为荒淫而亡国了，所以用忠心取得成就，辅相大臣也取得成就；他们的后继王不能取得成就，辅相大臣也没有成就。嗣王要警戒呀！应当敬重你做君主的法则，做君主而不尽君道，将会羞辱你的祖先。"

二

【原文】

王惟庸罔念闻①。伊尹乃言曰："先王昧爽丕显②，坐以待旦。旁求俊彦③，启迪后人④。无越厥命以自覆⑤。慎乃俭德，惟怀永图。若虞机张⑥，往省括于度则释⑦。钦厥止⑧，率乃祖攸行。惟朕以怿⑨，万世有辞⑩。"王未克变。伊尹曰："兹乃不义，习与性成。予弗狎于弗顺⑪，营于桐宫⑫，密迩先王其训⑬，无俾世迷⑭。"王徂桐宫居忧⑮，克终允德⑯。

【注释】

①庸：常。②昧爽：昧，昏暗。爽，明亮。昧爽：指将明未明的时刻。丕：乃。显：通"宪"，思也。③彦：美士曰彦。④启迪：启，开。迪：引导。⑤越：失忘记。覆：失败灭亡。⑥虞机：虞人之机。主管山林的人叫虞人。机：弓弩上的发射机关。⑦括：矢括，箭末扣弦处。于：与，连词。度：瞄准器。⑧止：至、到。这里指用引申义。⑨怿：喜悦。⑩辞：指好的言辞美誉。⑪狎：轻忽，轻视。⑫桐：地名，在今河南虞城县东北。⑬迩：近。其：相当于"之"。⑭世：终生，一世。⑮居忧：居于忧患的境遇。一说为执行丧礼。⑯终：成。允：诚信。允德：诚信之德，就是上文"自周有终"之周。

【译文】

王像往常一样不念不闻。伊尹就说："先王在天将明未明的时刻，就思考国事，坐着等待天明。又遍求俊彦的臣子，开导后人。您不要忘记先祖的教导以自取灭亡。要慎行俭约的美德，要深谋而远虑。好像虞人张开了弓，还要去察看箭尾与瞄准器才发射一样。您要重视自己的目的，遵行你的祖先的行为准则！这样我就高兴了，千秋万世您都将会得到美好的声誉。"太甲未能改变。伊尹对群臣说："嗣王这样就是不义。习惯与品性已养成，我不能亲近不顺教导的人。要在桐宫造宫室，靠近先王的陵墓，使他领受先王的遗训，莫让他终身误入迷途。"嗣王去桐宫，住在那里，穿着治丧的礼服，终于成就诚信的美德。

【评析】

　　《太甲》三篇是伊尹教导太甲的训辞。据《史记·殷本纪》记载：太甲继承帝位三年，不遵守先祖成汤制定的法典，胡作非为，于是伊尹把他放逐到桐宫替成汤守丧。伊尹代理太甲处理国事，接受诸侯的朝见。太甲在桐宫守丧三年，悔过自新。于是，伊尹又把太甲迎回国都，交还了政权。从此，太甲注重品德修养，诸侯都归服商朝，百姓生活安宁。伊尹嘉奖太甲，就作了《太甲》三篇。史官记述训辞时，把放逐桐宫这一段作为上篇，把从桐宫迎回太甲作为中篇，把事后对太甲的谆谆教诲作为下篇，三篇构成一个完整的整体。

　　本篇为太甲被放逐桐宫前，伊尹对太甲的劝诫。伊尹从夏朝大禹开始说起，然后指出，正是因为夏禹的子孙违逆祖德，成汤才遵奉天命，拥有天下。言下之意，无非是说如果成汤的子孙不遵循成汤、夏禹的优良品德，也会与夏桀一样走向灭亡的道路。

　　由于太甲对伊尹的话置若罔闻，伊尹只好在成汤的墓地附近修建行宫，强制让太甲到那里去居住，反思悔过。倘若这件事属实的话，则无论在当时还是在数千年后的今天，都是一个非常"出格"的决定。这里，我们不妨援引此事500多年之前"后羿代夏"，以及此事400多年之后"周公辅佐成王"的例子，来分析其中的利害。

　　我们知道，"后羿代夏"无论是在当时还是以后，都抹不掉一个"篡"。这也好理解，一个外族人，与夏后氏一不沾亲二不带故，就不容分说把人家的道统据为己有，无论你的借口多么漂亮，在标榜"以仁义治天下"的大环境下，任你如何高明，也逃不掉一顶"乱臣贼子"的帽子。也正是这个原因，直接导致了后羿氏的灭亡。再看周公与成王，这二人乃是嫡亲的叔侄，最终周公也难免饱受猜忌，以至于引发三监之乱。因此我们不难想象，伊尹当时作出这项决定时的压力之大。这也从反面说明，伊尹性格中强悍的一面，以及政治手腕之高超。

商书

太甲中第六

【原文】

惟三祀十有二月朔，伊尹以冕服奉嗣王归于亳①。作书曰："民非后，罔克胥匡以生②；后非民，罔以辟四方③。皇天眷佑有商④，俾嗣王克终厥德⑤，实万世无疆之休。"王拜手稽首⑥曰："予小子不明于德，自厎不类⑦。欲败度，纵败礼，以速戾于厥躬⑧。天作孽⑨，犹可违；自作孽，不可逭⑩。既往背师保之训，弗克于厥初⑪，尚赖匡救之德，图惟厥终。"

【注释】

①冕服：古代王侯卿大夫的礼帽礼服。冕：王冠礼帽。②胥匡：胥：相。匡：正救助。③辟四方：辟：君，用作动词，治理的意思。④眷佑：眷：顾念。佑：帮助。⑤克终：克：能。终：成就。⑥拜手稽首：古代最敬的跪拜礼。拜手，跪拜而头俯至手。稽首：跪拜而头俯至地。⑦厎：至，致，导致。类：善。⑧速：召。戾：罪。速戾：召来罪咎。⑨孽：灾祸。⑩逭（huàn）：逃跑。⑪克：能。"克"下省略"图"字，探下文而省。

【译文】

太甲即位第三年，十二月初一，伊尹戴着礼帽穿着礼服迎接嗣王太甲回到亳都。作书告王说："人民没有君主，不能互相匡正而生活；君主没有人民，无法治理四方。上天爱护帮助商家，使嗣王能成就君德，实在是商家万代无疆之美啊！"嗣王拜跪叩头说："我小子不明于德行，自己招致不善。多欲就败坏法度，放纵就败坏礼节，因此给自身招来了罪过。上天造成的灾祸，还可回避；自己造成的灾祸，不可逃脱。以前我违背老师的教训，没有在即位时开个好头；还望依靠您的匡正和补救的恩德，才谋求到我的好结局。"

二

【原文】

伊尹拜手稽首曰："修厥身，允德协于下①，惟明后。先王子惠困穷②，民服厥命，罔有不悦。并其有邦厥邻③，乃曰④：'徯我后⑤，后来无罚。'王懋乃德⑥，视乃厥祖⑦，无时豫怠⑧。奉先思孝，接下思恭。视远惟明，听德惟聪。朕承王之休无斁⑨。"

【注释】

①允德：允：诚信。允德：诚信之德。②子惠：子：通慈。惠：爱。子惠：即慈爱。③并其有邦：并：连。有：通友。有邦：即友邦。④乃：如此，这样。⑤徯（xī）：等待。⑥懋（mào）：勉力。⑦视乃厥祖：视：效法。厥祖：有功之祖：指成汤。⑧无时豫怠：无：不要。时：顷刻。豫：安乐。即不可顷刻而安乐怠惰也。⑨斁（dù）：已，止。

【译文】

伊尹跪拜叩头，说："修治自身，又用诚信的美德和谐臣下，就是明君。先王成汤慈爱穷困的人民，人民服从他的教导，没有不喜悦的。连他的友邦和邻国，也这样说：等待我们的君主吧，我们的君主来了，就没有祸患了。大王要勉力增进你的德行，效法你的烈祖，不可有顷刻的安乐懈怠。事奉先人，当思孝顺；接待臣下，当思恭敬。观察远方要眼明，顺从有德要耳聪。能够这样，我享受王的幸福就会没有止境。"

【评析】

经过三年的面壁思过，太甲幡然醒悟，于是伊尹捧着帝王的礼帽、礼服迎接太甲回到国都。本篇可以看作是伊尹对太甲的欢迎辞，也可以看作是辅相对帝王角色的一个总结：人民需要领导来协调各种社会关系，领导也需要人民来开拓四方。

这里面有一个细节值得注意，见面时，太甲和伊尹互相行下跪礼。臣子给嗣王行下跪礼，这个好理解；嗣王给臣子行下跪礼，这在当时是否合乎礼法？同一时期是否有类似的事例可以援引？因为后人对《尚书》证实或证伪工作其实一直都没有停止过，所以不妨从这一点入手加以考证，以增加证实或证伪的证据。

太甲下第七

一

【原文】

伊尹申诰于王曰①："呜呼！惟天无亲②，克敬惟亲。民罔常怀③，怀于有仁。鬼神无常享④，享于克诚。天位艰哉⑤！德惟治，否德乱。与治同道，罔不兴；与乱同事，罔不亡。终始慎厥与⑥，惟明明后⑦。先王惟时懋敬厥德，克配上帝。今王嗣有令绪⑧，尚监兹哉。"

【注释】

①申诰：申：反复。诰：告诫。②无亲：谓无常亲。③怀：归。④享：食，指享受祭祀。⑤天位：大位，指天子之位。⑥与：指同事，共事的人。⑦明明：大明英明。⑧令绪：令：善。绪：业。

【译文】

伊尹向王反复告诫说："呀！上天没有恒定不变的亲人，能敬天的，天就亲近；人民没有经常归附的君主，他们只归附仁爱的君主；鬼神不会固定于享受谁的祭祀，只享受于讲诚信的人的祭祀。处在天子的位置很不容易呀！用有德的人就能大治，不用有德的人则会大乱。与治世之君办法相同，没有不兴盛；与乱世之君办法相同，没有不灭亡的。终和始都同样恭谨，就是英明的君主。先王因此勉力敬修自己的德行，所以能够匹配上帝。现在我王继续享有好的基业，希望看到这一点呀！"

二

【原文】

"若升高，必自下，若陟遐①，必自迩。无轻民事，惟难；无安厥位，惟危。慎终于始。有言逆于汝心，必求诸道②；有言逊于汝志③，必求诸非道。呜呼！弗虑胡获④？弗为胡成？一人元良⑤，万邦以贞⑥。君罔以辩言乱旧政⑦，臣罔以宠利居成功，邦其永孚于休⑧。"

【注释】

①陟遐：陟：行。遐：远。②诸：之于。③逊：顺。④胡：何，怎么。⑤一人元良：一人：指天子。元：大。良：善好。⑥贞：正，纯正。⑦辩言：巧辩之言。⑧孚：保。古文以孚为保。

【译文】

"如果升高，一定要从下面开始；如果行远，一定要从近处开始。不要轻视人民的事务，要想到它的难处；不要苟安君位，要想到它的危险。慎终要从开头做起啊！有些话不顺你的心意，一定要从道义来考求；有些话顺从你的心意，一定要从不道义来考求。啊呀！不思考，怎么收获？不做事，怎么成功？天子大善，天下因此而得正。君主不要使用巧辩扰乱旧政，臣下不要凭仗骄宠和利禄而安居成功。这样，国家将永久保持在美好之中。"

【评析】

本节是伊尹对太甲的教导，有五个重点：一是要好好看守祖宗的基业；二是从小事做起，伊尹打了个比方，如果登高，必然是从下面开始，如果行远，必然是从近处开始；三是不要轻视人民群众的事情；四是不要安于现状，要有危机感，凡事都要有紧急应对预案；五是听取意见时要审慎地加以考察。符合自己心意的，要辨析这些话是不是正确，有没有违背正确的道路。不符合自己心意的，也要寻求其中正确的道理，决不能一概否决。从该篇的语气和内容来看，应当是太甲重新亲政后伊尹准备退休的暗示，有谆谆教诲，有期望，也有担忧。

咸有一德第八

一

【原文】

伊尹作《咸有一德》。伊尹既复政厥辟①，将告归②，乃陈戒于德③。曰："呜呼！天难谌④，命靡常⑤。常厥德⑥，保厥位⑦；厥德匪常⑧，九有以亡⑨。夏王弗克庸德⑩，慢神虐民⑪，皇天弗保⑫。监于万方⑬，启迪有命⑭，眷求一德⑮，俾作神主⑯。惟尹躬暨汤⑰，咸有一德，克享天心⑱，受天明命⑲，以有九有之师⑳，爰革夏正㉑。

【注释】

①既：已。复政：归政。厥：其。辟：君。②告归：告老归邑。告老：言因年老而致仕。③陈：堂途谓之陈。言宾主相迎陈列之处。戒：谕。德：德政。④天："天"、与"命"互文。难谌（chén）：难以审视其真实的面目。谌，与"忱"通。⑤命靡常：言天命不是固定不变的。靡常：无常。靡：无。⑥常厥德：以一贯之地施行德政。常：恒，久。⑦保厥位：言天佑其位。保：全，佑。⑧厥德匪常：不能一以贯之地施行德政。匪：非，习于不正之行为曰匪。⑨九有以亡：言丧失天下。九有：九州岛。⑩夏王：夏桀。弗：不。克：能。庸德：用德政。庸：用。⑪慢神：亵慢神灵。慢：轻忽。虐民：以苛酷残暴的手段对待天下百姓。虐：苛酷残暴。⑫皇天：上天，大天。皇：大。弗：不。保：佑，全。⑬监：视。万方：言天下。⑭启迪：教化百姓，开导其意志。迪：开导。言开导有功，五长皆有建树。有命：有命之君。⑮眷求：寻求。眷：顾，回视。一德：纯一之德。后多用为君臣合德之意，如言"一德一心"。德：行道而有得于心。⑯俾：使。神主：宗庙立以栖神者。⑰尹躬：伊尹自称。躬：身。暨：及。汤：成汤。⑱克享天心：能享受天帝之心。克：能。享：歆，受其所享。天心：天帝之心。⑲受天明命：受天所赋之命而承国运。"受"与"享"互文。明：光

089

明。天命：天道之流行而赋于物者，有物必有则，如命令。命：天所赋之国运。⑳有：取得。九有之师：九州岛之众。师：众。㉑爰：于。革：更，革命。夏正：夏代以寅月为岁首，是为夏正。正朔：正月一日。

【译文】

伊尹已归政于继位之王太甲，准备告老还家，于堂途戒谕太甲施行德政以养民的道理。说道："啊！上天难以审视其真实的面目，天命也不是固定不变的。一以贯之地施行德政，它就能够保全您的地位与人望；不能一以贯之地施行德政，它就会使您丧失天下。夏桀不能用德政治理天下，亵慢神灵，以苛酷残暴的手段对待老百姓。因此，皇天不再护佑于他。上天监视天下万邦，教化百姓，开导其意志，寻求有纯一之德的明君，使他做天下人拥戴的神明之主。惟我伊尹和先帝成汤，皆有纯一之德，能享受天帝之心，能领受上天所赋之命而秉承国运，以赢得天下万民的拥戴，于是我们君臣同心，顺天应人革夏命以建国。

二

【原文】

非天私我有商①，惟天佑于一德②；非商求于下民③，惟民归于一德。德惟一④，动罔不吉⑤；德二三⑥，动罔不凶⑦。惟吉凶不僣在人⑧，惟天降灾祥在德⑨。

【注释】

①私：对公而言，属于一己者。有：语助也。②佑：助。③下民：下国之民。④德惟一：君臣同心同德，一以贯之地施行德政。一：同。⑤动：行为。罔：无。吉：善，利。⑥二三：不专一。⑦凶：咎。⑧僣（jiàn）：假，儳。⑨灾祥在德：灾：祸害。祥：福，善。德：有德，有德之君。

【译文】

并非上天恩私于我们的国家，而是因为上天只帮助那些同心同德的君臣以及施行善政的国家；并非我们商国求助于天下的百姓，而是因为天下的老百姓只归附于同心同德施行德政的君臣。同德同心，则利国利民，行为没有不吉利的；离心离德，则祸国殃民，其行为则没有不凶险的。天道无亲，没有僭越，吉凶在于一人，天降灾祥，没有差错，祸福在于有德。

三

【原文】

"今嗣王新服厥命①，惟新厥德②。终始惟一③，时乃日新④。任官惟贤材⑤，左右惟其人⑥。臣为上为德⑦，为下为民⑧。其难其慎⑨，惟和惟一⑩。德无常师⑪，主善为师⑫。善无常主，协于克一⑬。俾万姓咸曰：'大哉王言⑭。'又曰：'一哉王心。'克绥先王之禄⑮，永底烝民之生⑯。"

【注释】

①新服：初服。新：初。厥：其。命：天命。②惟：思，谋。③惟一：专一。④时：是。日新：日日自新。⑤任：用。贤：多才，有善行。⑥左右：辅翼之义，同"佐佑"。⑦为上：助上。为：助。为德：施行德政。为：作，造。⑧为下：治下。为：治。为民：为民请命。为：为命。⑨其难其慎：言为君之不易，当谨慎不苟及于微末。⑩惟和惟一：构建社会之和谐，一心一意地图谋发展。和：顺，谐，不刚不柔。⑪德无常师：施行德政，没有一成不变的老师。常：恒，久。师：老师。⑫主善为师：主张善道。⑬协于克一：协和万邦，能够全心全意为人民服务。协：合，和。⑭俾：使。万姓：人民。咸：皆。大哉王言：君言伟大，天子有宏图大略。⑮克：能。绥（suí）：安。禄：福，善。⑯永：久远。底（dǐ）：定。"绥""底"互文。烝（zhēng）民：众人。

【译文】

"如今，大王已开始履行天命，要谋划鼎新，实施德政。自始至终都要一以贯之地坚持，这样才能不断地改进实施创新德政的措施。任用官员必须德才兼备，辅翼之臣必须堪当其任。臣工们助上当以德治国，治下当为民请命。为君不易，应该谨小慎微，要构建和谐社会，一心一意地图谋发展。施行德政，没有一成不变的老师，凡主张善道者，皆可尊为老师。善道也没有千篇一律的主张，可以协和万邦，能够全心全意为人民服务的主张，就是好主张。要让天下老百姓都说，'我们的天子有宏图大略'，又称'我们的国君有赤子之

商书

·091·

心'。只有做好了这些，才能够安保先王传下来的福禄，才能够长久地稳定天下万民的生计。"

四

【原文】

"呜呼！七世之庙①，可以观德②。万夫之长③，可以观政④。后非民罔使⑤，民非后罔事⑥？无自广以狭人⑦。匹夫匹妇，不获自尽⑧，民主罔与成厥功⑨？"

【注释】

①七世之庙：天子之宗庙。古天子诸侯祀其先人之所称宗庙，宗，祖宗。②观德：观德业。德：指君德。业，指祖业，祖宗之功业。③万夫之长：万人以上的首领。长：位高。④观政：观德政。德政，善政，仁政。⑤后：君。罔：无。使：令，役。⑥事：侍奉。⑦无：勿。自广：自高自大，自居尊大。狭：狭隘。⑧匹夫匹妇：庶人。不获：不劳而获。自尽：自毕其命，自暴自弃。⑨民主：君。与：从。成厥功：事业成就。

【译文】

"啊！从天子七世祖庙里，可以看到有德之王的事迹。从百官们的身上，可以看到践行德政的情形。人君如果没有老百姓就无从发号施令，老百姓如果没有君主就无人可以拥戴。天子不可以自高自大小视百姓，老百姓亦不可以不劳而获自暴自弃，否则万民之主的事业将无从成功。"

【评析】

这一篇也是伊尹教导太甲的文字，属于训体。伊尹把太甲从桐宫迎回亳以后，交还了权力，想回到自己的封地去，退隐终老，又担心太甲德不纯一，就作《咸有一德》训戒太甲。本文自始至终都强调德要纯一。夏桀无德就失天下，成汤和伊尹君臣都有纯一的德就得天下。告诫太甲要日行新德，任官要是贤才，选择大臣要选忠良，要以善为师，虚心待人接物。这些，都比较集中地反映了伊尹的政治思想。本篇是伊尹训太甲，文中有"今嗣王新服原命"可证。《史记·殷本纪》认为作于成汤还亳的时候，则与经文相背，无怪乎司马贞《史记·索隐》说："《尚书》伊尹作《咸有一德》在太甲时，太史公记之于斯，谓成汤之日，其言又失次序。"

盘庚上第九

一

【原文】

盘庚五迁，将治亳殷。民咨胥怨。作《盘庚》三篇。盘庚迁于殷①，民不适有居②，率吁众戚出③矢言，曰："我王来④，既爰宅于兹⑤。重我民⑥，无尽刘⑦。不能胥匡以生⑧。卜稽曰：'其如台⑨？'先王有服⑩，恪谨天命⑪，兹犹不常宁⑫。不常厥邑，于今五邦⑬。今不承于古，罔知天之断命⑮，矧曰其克从先王之烈⑯。若颠木之有由蘖⑰，天其永我命于兹新邑⑱。绍复先王之大业⑲，厎绥四方⑳。"盘庚敩于民㉑，由乃在位，以常旧服㉒，正法度，曰："无或敢伏小人之攸箴㉓。"王命众㉔，悉至于庭。

【注释】

①迁于殷：殷：今河南安阳。迁于殷：将迁于殷。②适：往。有居：住地。有：助词。③率吁众戚（qī）出：率：人民相率。戚：贵戚大臣。矢：陈，陈述。④我王：指盘庚。⑤爰（yuán）：易：改。宅：居住。兹：这里，指奄。⑥重：重视。江声说："重，厚，厚待之也。"⑦刘：伤害。⑧胥：相。匡：救助。⑨卜稽：稽：考。卜稽：卜而考之。曰：语首助词。其：将。如台（yí）：如何，怎样。⑩服：事。⑪恪（kè）：恭敬。谨：慎。⑫犹：尚且。常：久。⑬五邦：商五次迁都，称五邦。⑭承：继承。古：指先王恪谨天命。⑮断命：断定的命运。⑯矧（shěn）：况且。烈：事业。⑰颠：倒仆。由：倒木新生的枝条。蘖（niè）：被砍的树长出的新芽。⑱新邑：指奄地。⑲绍：继续。复：兴复。⑳厎：定。绥：安。㉑敩（xiào）：觉悟。㉒由：端正。常：遵守。㉓正法度：以法度为正，正视法度。或：有人。伏：凭借。攸：所。箴：规劝。小人所箴，即指上文所引不欲迁徙者之言。㉔众：群臣。

【译文】

盘庚已五次迁徙商都城。这一次盘庚把都城迁到亳殷，全国上下怨气冲天。盘庚于是作《盘庚》三篇予以训诫。盘庚将把都城迁到殷。臣民不愿去往那个处所，相率呼吁一些贵戚大臣出来，向他们陈述意见。臣民说："我们的君王迁来，已经改居在这里，是看重我们臣民，不使我们受到伤害。现在我们不能互相救助，以求生存，用龟卜稽考一下，将怎么样呢？按照先王的制度，恭敬谨慎地遵从天命。这里还不能长久安宁吗？不能长久住在一个地方，到现在已经五个国都了！现在不继承先王恭敬谨慎遵从天命的传统，就不知道老天所决定的命运，更何况说能继承先王的事业呢？好像倒伏的树又长出了新枝、被砍伐的残余又发出嫩芽一样，老天将使我们的国运在这个新都奄邑延续下去，继续复兴先王的大业，安定天下。"盘庚开导臣民，又教导在位的大臣遵守旧制、正视法度。他说："不要有人敢于凭借小民的谏诫反对迁都！"于是，王命令众人都来到朝廷。

二

【原文】

王若曰："格汝众①，予告汝，训汝猷，黜乃心②，毋傲从康③。古我先王，亦惟图任旧人共政④。王播告之修⑤，不匿厥指⑥。王用丕钦⑦，罔有逸言⑧，民用丕变。今汝聒聒⑨，起信险肤⑩，予弗知乃所讼⑪。非予自荒兹德⑫，惟汝含德，不惕予一人⑬。予若观火，予亦拙谋，作⑭乃逸⑮。若网在纲⑯，有条而不紊⑰。若农服田⑱力穑，乃亦有秋⑲。汝克黜乃心⑳，施实德于民㉑，至于婚友㉒，丕乃敢大言，汝有积德㉓。乃不畏戎毒于远迩㉔，惰农自安，不昏作劳㉕，不服田亩，越其罔有黍稷㉖。"

【注释】

①格：来。②猷（yóu）：可。黜（chù）：降。乃：你们的。黜心：望群臣降心相从。③毋：不要。傲：傲上。从康：从，追求。康：安乐。④旧人：长期在位的人。共政：共同管理政事。⑤王：先王。播告之修：播告，指教令。⑥匿：隐瞒。指：通"旨"，意旨。⑦丕：大。钦：敬重。⑧逸：过。⑨聒聒（guō）：拒绝好意，自以为是。⑩起：兴起。信：通"伸"。险：险恶。肤：虚

浮。⑪讼：争辩。⑫荒：废弃。兹德：这种美德，指任用旧人的美德。⑬含：怀，藏。惕：通"施"，《白虎通》引作"施"。予一人：盘庚自称。⑭谋、作：谋划、劳作。⑮乃：则。逸：过错。⑯纲：网的总绳。⑰紊：乱。⑱服：治，作。⑲穑：收获，泛指耕种。秋：收成。⑳融：降，降低。乃心：你们的傲慢之心。㉑实德：去虚名为实德。㉒婚：姻亲，指亲戚。㉓丕乃：于是。㉔乃：若，如果。戎毒：戎：大。毒：害。指大水的灾害。迩：近。㉕昏：加强。㉖越其：于是就。

【译文】

王这样说："来吧，你们各位，我要告诉你们，开导你们。可克制你们的私心，不要傲上求安。从前我们的先王，也只是谋求任用旧臣共同管理政事。施行先王的教令，他们不隐瞒教令的旨意，先王因此敬重他们。他们没有错误的言论，百姓们因此也大变了。现在你们拒绝我的好意，自以为是，起来申说危害虚浮的言论，我不知道你们争辩的意图。并不是我自己放弃了任用旧人的美德，而是你们包藏好意而不施给我。我对当前形势像看火一样的清楚，我如果又不善于谋划和行动，那就错了。好像把网结在纲上，才能有条理而不紊乱；好像农民从事田间劳动，只有努力耕种，才会大有收成。你们能克制私心，把实际的好处施给百姓，以至于亲戚朋友，于是才敢扬言你们有积德。如果你们不怕远近会出现大灾害，像懒惰的农民一样自求安逸，不努力操劳，不从事田间劳动，就会没有黍稷。"

三

【原文】

"汝不和吉言于百姓①，惟汝自生毒②，乃败祸奸宄③，以自灾于厥身。乃既先恶于民④，乃奉其恫⑤，汝悔身何及。相时憸民⑥，犹胥顾于箴言，其发有逸口⑦，矧予制乃短长之命⑧。汝曷弗告朕⑨，而胥动以浮言，恐沉于众⑩？若火之燎于原，不可向迩，其犹可扑灭。则惟汝众自作不靖⑪，非予有咎。迟任有言曰⑫：'人惟求旧，器非求旧，惟新。'古我先王，暨乃祖乃父，胥及逸勤⑬，予敢动用非罚⑭？世选尔劳⑮，予不掩尔善⑯。兹予大享于先王⑰，尔祖其从与享之⑱。作福作灾，予亦不敢动用非德⑲。"

【注释】

①和：宣，宣布。②毒：祸害。③败：危败。祸：灾祸。奸：在外作恶。宄（guǐ）：在内作恶。④先：倡导。⑤奉：承受。恫：痛苦。《广雅释诂》："恫，痛也。"⑥相：看。时：是，这些。恰（xiān）民：《蔡传》说："小民也。"⑦逸口：错误言论。⑧制：掌握。短长之命：或短或长的生命。⑨曷：何，为什么。⑩恐：恐吓。沉：通"抌"，告言不正以惑之也（此黄式三说）。⑪靖：善。⑫迟任：郑玄说："迟任，古之贤史。"⑬暨：与，和。胥：相。逸勤：安乐、勤劳。⑭非罚：不当的惩罚。⑮迭：数说。劳：劳绩。⑯掩：掩蔽。⑰享：祭祀。⑱尔祖其从与享之：古代天子祭祀祖先，也让功臣的祖先同时享受祭祀。⑲非德：不当的恩惠。

【译文】

"你们不向老百姓宣布我的善言，这是你们自生祸害，即将发生灾祸邪恶，而自己害自己。假若已经引导人们做了坏事，就等着吞咽这些苦果吧，你们悔恨自己又怎么来得及？看看这些小民吧，他们尚且顾及规劝的话，顾及发出错误言论，何况我掌握着你们或短或长的生命呢？你们为什么不亲自告诉我，却用些无稽之谈互相鼓动，恐吓煽动民众呢？好像大火在原野上燃烧一样，不能面向，不能接近，还能够扑灭吗？这都是你们众人自己做了不好的事，不是我有过错。迟任说过：'人要寻求旧的，器物不要寻求旧的，要新。'过去我们的先王同你们的祖辈父辈共同劳动，共享安乐，我怎么敢对你们施行不恰当的刑罚呢？世世代代都会说到你们的功劳，我不会掩盖你们的好处。现在我要祭祀我们的先王，你们的祖先也将跟着享受祭祀。赐福降灾，我也不敢动用不恰当的赏赐或惩罚。"

四

【原文】

"予告汝于难，若射之有志①。汝无侮老②成人，无弱孤有③幼。各长于厥居④，勉出乃力，听于一人之作猷⑤。无有远迩，用罪伐厥死⑥，用德彰厥善⑦。邦之臧⑧，惟汝众。邦之不臧，惟予一人有佚罚⑨。凡尔众，其惟致告⑩，自今至于后日，各恭尔事⑪，齐乃位⑫，度乃口，罚及尔身，弗可悔。"

【注释】

①志：射箭的标志，即箭靶。②侮老：轻视。③弱孤：以为孤弱而轻忽之。有：助词。④长：为长，为领导。厥居：居住的地方，指各自的封邑。⑤作猷（yóu）：所作所谋。⑥罪：刑罚。死：恶。⑦德：罪罚之反，奖赏。彰：表彰。⑧臧：善。⑨佚罚：罪过。佚：《周语》写作"逸"，过错。⑩惟：思。致：表达。告：告诫。⑪恭尔事：戒毋傲上。⑫齐乃位：齐：疾速。位：布置。加速布置迁徙的事。

【译文】

"我在患难的时候告诉你们，要像射箭有箭靶一样，你们不能偏离我。你们不要轻视成年人，也不要看不起年幼的人。你们各人领导着自己的封地，努力使出你们的力量，听从我一人的谋划。没有远和近的分别，我用刑罚惩处那些坏的，用赏赐表彰那些好的。国家治理得好，是你们众人的功劳；国家治理得不好，只我一个人有过有罪。你们众人，要思考我告诫的话：从今以后，各人认真地做好你们的事情，加速布置迁徙的事，闭上你们的口，不许乱说。否则，惩罚到你们身上，后悔也不可能啊！"

【评析】

盘庚是成汤的十世孙，祖丁的儿子，继承哥哥阳甲的帝位，是商朝第二十任君王。在盘庚以前，商王朝政局混乱，统治阶级荒淫奢靡，商王朝出现了严重的危机。盘庚继位以后，为了缓和社会矛盾，摆脱政治困境，决定把都城从奄（今山东曲阜）迁到殷（今河南安阳），结果遭到贵族们的极力反对。

为此，盘庚多次告喻臣民，极言迁都的好处以及不迁都的害处。史官记录了盘庚的诰词，写成《盘庚》。《史记·殷本纪》载："帝盘庚崩，弟小辛立，是为帝小辛。帝小辛立，殷复衰。百姓思盘庚，乃作《盘庚》三篇。"据此，《盘庚》应该是事后的追记。

伏生本《尚书大传》中《盘庚》只作一篇，《史记》《十三经注疏》都分为三篇。上篇有"盘庚迁于殷"，是记迁都之后；中篇有"今予将试以女迁"，是记迁都之前；下篇有"盘庚既迁"，显然也是记迁都之后。据此，清代学者俞樾认为内容编排有错乱，说中、下两篇应当为上、中两篇，上篇应当为下篇。其实，三篇都是盘庚死后后人的追记，后人完全可以不必按事情发生的先后顺序，而采用插叙、倒叙的手法予以追述。

盘庚迁殷，殷究竟指何处？《孔疏》引《汲冢书》说："盘庚自奄迁于殷。殷在邺（今河南安阳）南三十里。"又引《汉书·项羽传》说："洹水甫殷墟上，今安阳西有殷。"那么，盘庚迁殷是从奄迁到安阳。《史记·殷本纪》："帝盘庚之时，殷已都河北，盘庚渡河南，复居成汤之故居，乃五迁，无定处。"两说不同，今从《竹书纪年》。

《盘庚》三篇均为诰体，上篇、下篇告群臣，中篇告庶民，是无可怀疑的殷商遗文，在商书中有较高的史料价值。本篇是盘庚对臣僚的规劝，责备他们不恪守先王的旧规矩，态度傲慢，贪图享受，还以谣言蛊惑民心。

盘庚中第十

一

【原文】

盘庚作①，惟涉河以民迁②。乃话民之弗率③，诞告用亶④。其有众咸造⑤，勿亵在王庭⑥，盘庚乃登进厥民⑦。曰："明听朕言，无荒失朕命⑧。呜呼，古我前后，罔不惟民之承，保⑨后胥戚⑩，鲜以不浮于天时⑪。殷降大虐⑫，先王不怀厥攸作⑬，视民利用迁⑭。汝曷弗念我古后之闻。承汝俾汝，惟喜康共⑮，非汝有咎比于罚⑯。予若吁怀兹新邑⑰，亦惟汝故，以丕从厥志⑱。"

【注释】

①作：立为君。②惟：谋。涉：渡。奄在河之南，殷在河之北，所以要渡河。③话：会合。率：循。④诞：大。亶：诚。⑤有：助词。咸：都。造：到。⑥勿亵：旌旗飘扬。勿：州里所建旗，引申为摇动相摩。⑦进：使人进前。⑧荒：废。失：通"佚"，轻忽的意思。⑨保：安。⑩胥戚（qī）：胥：古写作"谞"。戚：贵戚大臣。⑪鲜：明。浮：惩罚。⑫殷降：殷：盛。降：下。谓天盛降。虐：灾。指洪水的灾害。⑬怀：安。攸作：所作，指所作之居邑。⑭用：以。⑮承：顺。俾：从。康：安康。共：通"拱"，巩固。⑯非：反对。咎：过错。比：入，陷入。⑰吁：呼吁。怀：安。新邑：指奄。⑱惟：思念。故：从前犯的错误。丕：大。从：遵从。厥志：先王保民之志。

【译文】

盘庚做了君主以后，计划渡过黄河，带领臣民迁移都城。于是，集合了那些不服从的臣民，用至诚普告他们。那些民众都来了，旗帜在王庭飘扬。于是盘庚登上高处，招呼他们靠前一些。盘庚说："你们要听清楚我的话，不要忽视我的命令！啊！从前我们的先王，没有谁不想顺承和安定人民。君王清楚，大臣也明白，因此没有被天灾所惩罚。从前上天盛降大灾，先王不安于自己的都邑，考察臣民的利益后而迁徙。你们为什么不想想我们先王的这些事迹呢？我顺从你们喜欢安乐和稳定的心愿，不是因为你们有罪便这样惩罚你们。我呼吁你们安居在这个新都，是顺承你们的这种愿望，并且遵从先王的保民之志。"

二

【原文】

今予将试以汝迁，安定厥邦。汝不忧朕心之攸①困，乃咸大不宣乃心，钦念以忱，动予一人②。尔惟自鞠自苦③，若乘舟，汝弗济，臭厥载④。尔忱不属⑤，惟胥以沈⑥。不其或稽⑦，自怒曷瘳⑧？汝不谋长，以思乃灾，汝诞劝忧⑨。今其有今罔后⑩，汝何生在上。今予命汝一，无起秽以自臭⑪，恐人倚乃身，迂乃心⑫。予迓⑬续乃命于天，予岂汝威，用奉畜汝众⑭。

【注释】

①攸：所。②钦：甚。忱：不正的话。③鞠：穷困。④臭：朽。朽，败也。载：事。⑤忱：诚。属：合。⑥胥以：相与。⑦不其或稽：其：助词。或：克。稽：同，协同。⑧曷：何，怎么。瘳：病好了。⑨劝：乐，安于。⑩其：将。有今罔后：罔：无。无后：言将死亡。⑪一：同心一志。起秽：扬起污秽，比喻传播谣言。⑫倚乃身：使你们身子不正。倚：偏斜。迂乃心：使你们思想歪斜。迂：邪，歪斜。⑬迓：《匡谬正俗》引作"御"，御，劝请。⑭奉：助。畜：养。

【译文】

现在我打算率领你们迁移，使国家安定。你们不体谅我内心的困苦，你们的心竟然都很不和顺，很想用些不正确的话来动摇我。你们搞得自己走投无路，自寻烦恼，譬如坐在船上，你们不渡过去，这将会把事情搞坏。你们诚心不合作，那就只有一起沉下去。不能协同一致，只是自己怨怒，又有什么好处呢？你们不作长久打算，不想想灾害，你们普遍安于忧患。这样下去，将会有今天而没有明天了，你们怎么能生活在这个地面上呢？现在我命令你们同心同德，不要传播谣言来祸害自己，恐怕有人会使你们的身子不正，使你们心地歪邪。我劝说上天延续你们的生命，我哪里是要虐待你们啊，我是要帮助你们、养育你们众人。

三

【原文】

予念我先神后之劳尔先①，予丕羞尔②，用怀尔然。失于政，陈于兹③，高后丕乃崇降罪疾④，曰曷虐朕民⑤。汝万民乃不生生⑥，暨予一人猷同心⑦，先后丕降与汝罪疾，曰"曷不暨朕幼孙有比⑧？"故有爽德⑨，自上其罚汝⑩，汝罔能迪⑪。古我先后既劳乃祖乃父，汝共作我畜民⑫。汝有戕则在乃心⑬，我先后绥乃祖乃父⑭，乃祖乃父乃断弃汝⑮，不救乃死。

【注释】

①神后：神圣的君主。②丕：乃，才。羞尔：贡献意见于他人。③陈：居处。④丕乃：于是就。崇：重。⑤曷：何，为什么。虐：虐待。⑥乃：若。生生：营生。⑦猷：谋求。⑧幼孙：盘庚自指。有比：亲近。⑨爽：差错。⑩上：上天。⑪迪：读为"攸"，长也。⑫作：为。畜：养。⑬有：又。戕：残害。则：通"贼"，害。⑭绥：安抚。⑮断：断然。

【译文】

我想到我们神圣的先王曾经烦劳你们祖先，我才把使你们安定的意见贡献给你们；然而如果耽误了事，长久居住在这里，先王就会重重地降下罪责，问："为什么虐待我的臣民？"你们万民如果不去谋生，不和我同心同德，先王也会对你们降下罪责，问道："为什么不同我的幼孙亲近友好？"因此，有了过错，上天就将惩罚你们，你们是无法逃脱这些处罚的。从前我的先王，既然役使过你们的先祖先父，你们当然都是顺从我的德教的臣民。如果你们心里藏着恶毒的念头，先王就会把他的意见告诉你们的先祖先父。你们的先祖先父就会抛弃你们，不把你们从死罪中解救出来。

四

【原文】

"兹予有乱政同位①，具乃贝玉②。乃祖乃父丕乃告我高后曰：'作丕刑于朕孙！'迪高后，丕乃崇降弗祥③。呜呼，今予告汝不易④，永敬大恤⑤，无胥绝远⑥。汝分猷念以相从⑦，各设中于乃心⑧。乃有不吉不迪⑨，颠越不恭⑩，暂遇奸宄⑪，我乃劓殄灭之⑫，无遗育⑬，无俾易种于兹新邑⑭。往哉生生，今予将试以汝迁，永建乃家。"

【注释】

①乱政：乱政之臣。同位：同事。②乃：其。贝玉：贝和玉，指财物。③迪：语首助词。崇：重。④易：轻易。⑤敬：谨慎。恤：犹患。⑥胥：相。绝远：隔绝疏远。⑦分：当。猷：谋。⑧中：和。⑨乃：若。吉：善。迪：道，正路。⑩颠：陨，坠落。越：越轨，违法。⑪暂：欺诈。遇：奸邪。⑫殄：灭绝。⑬育：后代。⑭俾：使。易：延续。种：种族。

【译文】

"现在我有乱事的大臣，聚集财物。你们的祖先和父辈于是就会告诉我们的先王说：'对我们的子孙用大刑吧！'于是，先王就会重重地降下刑罚。啊！现在我告诉你们：不要轻举妄动！要永远警惕大的忧患，不要互相疏远！你们应当考虑顺从我，各人心里都要和善。假如有人不善良，不走正道，违法不恭，欺诈奸邪，胡作非为，我就要断绝消灭他们，不留他们的后代，不让他们这些坏人在这个新国都里延续种族。去吧，去谋生吧！现在我将率领你们迁徙，永久建立你们的家园。"

【评析】

本篇是盘庚对庶民的训话，口气已大不一样。对臣僚训话，他语气委婉，循循善诱，即使是责怪，也是温而不怒。对庶民，则显出了领袖的姿态，口气强硬而坚定，显示出一代有为之君成熟的政治素养。

盘庚下第十一

一

【原文】

盘庚既迁,奠厥攸居①,乃正厥位,绥爰有众②。曰:"无戏怠③,懋建大命④。今予其敷心腹肾肠⑤,历告尔百姓于朕志⑥。罔罪尔众,尔无共怒,协比谗言予一人⑦。"

【注释】

①奠:定。攸:所。②绥:告诉。爰:于。有:助词。③戏:游戏。怠:懒惰。④懋:勉力。建:布告。⑤敷:布。开诚布公的意思。⑥历:数说。百姓:百官。于:以。⑦协比:协同一致。

【译文】

盘庚迁都以后,定好住的地方,才决定宗庙朝廷的位置,然后告诫众人。盘庚说:"不要戏乐、懒惰,努力传达我的教命吧!现在我诚心把我的意思告诉你们各位官员。我不会惩罚你们众人,你们也不要共同发怒,更不要联合起来毁谤我一个人。"

二

【原文】

"古我先王,将多于前功①,适于山②。用降我凶③德嘉绩于朕邦④。今我民用荡析离居⑤,罔有定极⑥,用降我凶德。尔谓朕曷震动万民以迁⑦。肆上帝将复我高祖之德⑧，乱越我家⑨。朕及笃敬⑩，恭承民命⑪，用永地于新邑⑫。肆予冲人⑬，非废厥谋⑭，吊由灵各⑮。非敢违卜，用宏兹贲⑯。"

【注释】

①将：欲。前功：前人的功劳。②适：往，迁往。③用：因此。降：减少。凶：灾。④德：升。⑤荡析：荡泆。⑥极：止。⑦曷：何，为什么。震动：惊动。⑧肆：今。将：欲。⑨乱：治。越：于。⑩及：汲汲。⑪承：续，延续。⑫永地：永久居住。用：率领。⑬肆：故。冲人：年幼的人，盘庚自指。⑭厥谋：你们的谋划。⑮吊由灵各：善用上帝的谋略。吊：善。灵各：灵：神，指上帝。各：读为格。⑯宏：宏扬。贲：美好。

【译文】

"从前我们的先王想光大前人的功业，迁往山地。因此减少了洪水对我们的灾祸，在我国获得了好效果。现在我们的臣民由于洪水动荡奔腾而流离失所，没有固定的住处，你们反而问我为什么要惊动众人而迁徙！现在上帝要兴复我们高祖的美德，光大我们的国家。我急切、笃实、恭谨地遵从上帝的意志，奉命延续你们的生命，率领你们长远居住在新都。所以我这个年轻人，不是敢于废弃你们的谋划，是善于遵行上帝的谋划；不是敢于违背卜兆，是发扬光大上帝这一美好的指示。"

三

【原文】

"呜呼，邦伯师长百执事之人①，尚皆隐哉②。予其懋简相尔，念敬我众③。朕不肩好货④，敢恭生生⑤，鞠人谋人之保居⑥，叙钦⑦。今我既羞告尔于朕志若否⑧，罔有吊钦。无总于货宝⑨，生生自庸⑩。式敷民德⑪，永肩一心。"

【注释】

①邦伯：邦国之长，指诸侯。师长：众位官长。百执事：执行政事的众位官员。②尚：庶几，表祈使。隐：度，考虑。③懋：勉力。简相：简：阅。相：视。简相：视察。④肩：任用。好货：喜好财货的官吏。⑤恭：举用。生生：营生的人。⑥鞠：养，抚养。保：安。⑦叙：次序。钦：敬。⑧羞：进。若否：

商书

顺与否。⑨总：聚敛。⑩庸：功，谓建功。⑪式：句首语气词。敷：施。德：恩惠。

【译文】

"啊！各位诸侯、各位官长以及全体官员，你们都要考虑考虑啊！我将要尽力考察你们惦念尊重我们民众的情况。我不会任用贪财的人，只任用经营民生的人。对于那些能养育民众并能谋求他们安居的人，我将按照他们的贡献大小而依次敬重他们。现在我已经把我心里的好恶告诉你们了，不要有不顺从的！不要聚敛财宝，要经营民生以自立功勋！要把恩惠施给民众，永远能够与民众同心！"

【评析】

本篇是迁都之后，盘庚向群臣的训话。他希望群臣克勤克俭，恭谨从政，体恤民情，率领臣民共建家园。这其实也是盘庚日后的施政方针，体现了他的"保民"思想。就这样，经过数十年的苦心经营，殷地一跃成为一个极其繁荣的都市。此后的270多年里，商的都城一直在这里。因此，商朝也被称为"殷商"。

《盘庚》三篇被后人公认为先秦散文的名篇，其文辞虽然古奥，后人不易通读，但借助前人的注解，再三阅读之后，我们依旧可领略它特有的、不假修饰的质朴之美。如"若网在纲，有条而不紊"，如"若农服田，力穑乃亦有秋"，如"若火之燎于原，不可向迩，其犹可扑灭"等句，比喻质朴贴切，铿锵有力，以至于"有条不紊""星星之火，可以燎原"等由此化生而来的成语，至今还以极高的频率出现在我们日常的口语中。

说命上第十二

一

【原文】

　　高宗梦得说，使百工营求诸野，得诸傅岩，作《说命》三篇。王宅忧①，亮阴三祀②。既免丧，其惟弗言③。群臣咸谏于王曰："呜呼！知之曰明哲，明哲实作则④。天子惟君万邦⑤，百官承式，王言惟作命，不言臣下罔攸禀令。"王庸作书以诰曰⑥："以台正于四方⑦，惟恐德弗类⑧，兹故弗言。恭默思道，梦帝赉予良弼⑨，其代予言。"乃审厥象，俾以形旁求于天下⑩。说筑傅岩之野⑪，惟肖⑫。爰立作相⑬，王置诸其左右⑭。

【注释】

　　①王宅忧：王：指武丁。宅：居。忧：指丧父。武丁居父亲小乙之丧。②亮阴：亮：信。阴：默。信默，信任冢宰，默而不言。祀：年。③其惟弗言：即不言政事。④则：法则。⑤君：用作动词，统治的意思。⑥庸：用。⑦台：音怡，我。⑧类：善。⑨赉：与。良弼：贤良的辅臣。⑩旁：普遍。⑪傅岩：地名。约在今山西平陆一带。虢，今河南陕县一带。⑫肖：相似。⑬爰：于是。⑭诸：之于。

【译文】

　　武丁梦见一个叫傅说的贤人和他聊天。梦醒以后，武丁让手下人到全国各地寻访这个叫"傅说"的人，结果果然在傅岩这个地方找到了。史官记述这件事，于是作《说命》三篇。高宗居父丧，放权冢宰，默而不言，已经三年。免丧以后，他还是不问政事。群臣都向王进谏说："啊！通晓事理的叫作明哲，明哲的人实可制作法则。天子统治万邦，百官承受法式。王的话就是教命，王不说，臣下就无从接受教命。"王因作书告喻群臣说："要我做四方的表率，我惟恐德行不好，所以不发言。我恭敬沉默思考治国的办法，梦见上帝赐给我贤良的辅相，他将代替我发言。"于是详细画出了他的形象，使人拿着图像到天下普遍寻找。傅说在傅岩之野筑土，同图像相似。于是立他为相，王把他设置在左右。

二

【原文】

命之曰："朝夕纳诲①，以辅台德②。若金③，用汝作砺④；若济巨川，用汝作舟楫⑤；若岁大旱，用汝作霖雨⑥。启乃心⑦，沃朕心⑧。若药弗瞑眩⑨，厥疾弗瘳⑩；若跣弗视地⑪，厥足用伤。惟暨乃僚，罔不同心，以匡乃辟，俾率先王，迪我高后⑫，以康兆民⑬。呜呼！钦予时命⑭，其惟有终⑮！"说复于王曰："惟木从绳则正⑯，后从谏则圣。后克圣，臣不命其承⑰，畴敢不祗若王之休命⑱？"

【注释】

①纳诲：进赐教诲之言。②台：我。③金：金属工具，指铁器。④砺：磨石。⑤楫：划船的桨。⑥霖：连续三天的雨。⑦启乃心：启：开。乃：你的。敞开你的心。⑧沃：灌溉滋润。⑨瞑眩：眼睛昏花，服了药物，使眼睛昏花，形容药物猛烈。⑩瘳（chōu）：病好了。⑪跣：赤脚。⑫迪：蹈，踏。这里作"追随"解释。高后：指成汤。⑬康：安定。⑭钦：敬。时：是，这。⑮其：表祈使。惟：思，考虑。有：取得。终：成。⑯绳：指木工的绳墨。⑰不命其承：承：承意。不等待命令就会承意进行。⑱畴：谁。祗：敬。若：顺。

【译文】

王命令他说："请早晚进谏，以帮助我修德吧！比如铁器，要用你作磨石；比如渡大河，要用你作船和桨；比如年岁大旱，要用你作霖雨。敞开你的心泉来灌溉我的心吧！比如药物不猛烈，疾病就不会好；比如赤脚不看路，脚因此会受伤。希望你和你的同僚，无不同心来匡正你的君主，使我依从先王，追随成汤，来安定天下的人民。啊！重视我的这个命令，要考虑取得成功！"

傅说向王答复说："木依从绳墨砍削就会正直，君主依从谏言行事就会圣明。君主能够圣明受谏，臣下不待教命犹将承意进谏，谁敢不恭敬顺从我王的美好教导呢？"

【评析】

《说命》三篇是高宗武丁任命傅说为相的命辞。盘庚去世后，他的两个弟弟小辛、小乙相继为王，殷商国运日衰。武丁继位后，力图复兴，却苦于不能得到贤人的辅佐，于是把政事交给冢宰，三年不言，以观国风。一天晚上，武丁梦见一位圣人，名叫"说"，而群臣百吏中没有一个人像梦中的说，就叫人画出梦中人的形象，在全国上下按图索骥，最后，在傅岩找到了"说"。这个"说"，就是后人俗称的"傅说"。

武丁任命傅说为相，殷商乃大治。后人认为，高宗武丁之所以用假托梦境的方法，于版筑之间提拔傅说为"师保"（上古三公之一，太傅、太师、太保），是对当时极其森严的世袭特权思想巧妙的规避。因为殷人对祀奉"鬼神（祖宗和上天）"曾一度达到极其痴迷的程度，在他们看来，只要"鬼神"认可了的事情，一切森严的礼法都是可以"通融"的。这也是后人对高宗武丁高超的政治手腕赞不绝口之所在。

柏拉图在《第七封信》里说："只有哲学家成为王，或者王成为哲学家，否则世界的灾祸难以避免。"高宗武丁和傅说是我国历史中的著名君王、贤相，古人深信不疑。至于本篇所述内容是否属实，虽然不能最后确定，我们至少可以看成是思想性的文献，用以讨论哲人和王的关系。

《说命》分上、中、下三篇。上篇记叙高宗得到傅说的经过和任命说为傅相的命辞，中篇记叙傅说为相向高宗进言的情况，下篇主要记录武丁和傅说这对明君贤臣琴瑟和谐的鱼水之情。高宗任命傅说为相是三篇的纲领，因此总名《说命》。

商书

说命中第十三

【原文】

惟说命总百官①，乃进于王曰："呜呼！明王奉若天道②，建邦设都，树后王君公③。承以大夫师长④，不惟逸豫，惟以乱民⑤。惟天聪明，惟圣时宪⑥，惟臣钦若⑦，惟民从乂。惟口起羞⑧，惟甲胄起戎⑨，惟衣裳在笥⑩，惟干戈省厥躬⑪。王惟戒兹，允兹克明，乃罔不休。惟治乱在庶官。官不及私昵⑫，惟其能；爵罔及恶德⑬，惟其贤。虑善以动，动惟厥时。有其善，丧厥善；矜其能，丧厥功。惟事事⑭，乃其有备，有备无患。无启宠纳侮⑮，无耻过作非⑯。惟厥攸居⑰，政事惟醇⑱。黩于祭祀⑲，时谓弗钦。礼烦则乱，事神则难。"

王曰："旨哉！说，乃言惟服⑳。乃不良于言，予罔闻于行㉑。"说拜稽首曰："非知之艰，行之惟艰。王忱不艰㉒，允协于先王成德㉓，惟说不言有厥咎。"

【注释】

①总百官：总理百官之职，指在冢宰之位。②奉若：奉：承受。若：顺。③树：立。后王：侯王。君公：诸侯。④承：佐。⑤乱：治理。⑥时宪：时：代词。宪：法。时宪：效法它。⑦钦若：钦：敬。若：顺。⑧惟口起羞：即不可轻出号令。⑨惟甲胄起戎：甲：铠甲。胄：首铠。即不可轻易用兵。⑩衣裳在笥：笥：箱子。在笥：指轻易不奖励功臣。此文未完，当是"衣裳在笥，省厥躬"，与下文互文见义。⑪干戈省厥躬：干戈：当谓干戈在库，与上文互文见义。省：通"眚"，灾祸，伤害。全句是说，干戈在库而不用来止暴禁兵，将伤害自身。⑫昵：亲近。⑬爵：爵位。⑭惟事事：惟：语首助词。事事：动宾结构，做事情。⑮启宠纳侮：启，开。宠，宠幸。纳：受。侮：侮辱。⑯耻过：以过错为耻。⑰攸居：攸：所。居：当担任。⑱醇：不杂。⑲黩：轻忽，轻慢。⑳惟服：惟：当。服：行。㉑罔闻于行：罔：不。闻于行：勉力于行。㉒忱：诚，信。㉓成德：盛德。

【译文】

傅说接受王命总理百官，于是向王进言说："啊！古代明王承顺天道，建立邦国，设置都城，树立侯王君公，又以大夫众长辅佐他们，这不是为了逸乐，而是用来治理人民。上天聪明公正，圣主效法它，臣下敬顺它，人民就顺从治理了。号令轻出会引起羞辱；甲胄轻用会引起战争；衣裳放在箱子里不用来奖励，会损害自己；干戈藏在府库里不用来讨伐，会伤害自身。王应该警戒这些！这些真能明白，政治就无不美好了。治和乱在于众官。官职不可授予亲近的人，当授予那些能者；爵位不可赐给坏人，当赐给那些贤人。考虑妥善而后行动，行动当适合它的时机。夸自己美好，就会失掉其美好；夸自己能干，就会失去其事功。做事情，就要有准备，有准备才没有后患。不要开宠幸的途径而受侮辱；不要以改过为耻而形成大非。这样思考所担任的事，政事就不会杂乱。轻慢对待祭祀，这叫不敬。礼神繁琐就会乱，这样，侍奉鬼神就难了。"王说："好呀！傅说。你的话应当实行。你如果不善于进言，我就不能勉力自己去做了。"傅说跪拜叩头，说道："不是知道它艰难，而是实行它艰难。王诚心不以实行为难，就真合于先王的盛德。我傅说如果不说，就有罪过了。"

【评析】

本篇的主旨为"随命"，即记录傅说为相以后向殷高宗的进言，其中包含了四个方面的内容。

第一，"明王奉若天道，建邦设都，树后王君公，承以大夫师长，不惟逸豫，惟以乱民"。这是傅说关于政府组织、人事制度安排的进言。其中"不惟逸豫，惟以乱民"，是针对当时权贵官吏贪图奢靡享受的现状提出的告诫，相当于后世的问责制。

第二，"惟天聪明，惟圣时宪，惟臣钦若，惟民从义。惟口起羞，惟甲胄起戎，惟衣裳在笥，惟干戈省厥躬"。这是傅说关于发布政令、用兵讨伐，以及赏罚制度的进言。其中，号令不可轻出、不可穷兵黩武、赏罚要分明等思想，一直为后世的贤相政治所继承。

第三，"黩于祭祀，时谓弗钦。礼烦则乱，事神则难"。这是傅说关于如何简化祭祀祭礼的进言。据有关史料显示，"殷人好鬼"，至武丁达到极

商书

盛。殷人的祭祀，常常包括大规模的杀殉和杀牲，这无论从人道角度还是对生产力的破坏角度而言，都是不可取的。因此，傅说同样借"鬼神"的口吻，从"鬼神"的角度，告诫武丁要简化祭祀。

第四，"非知之艰，行之维艰。"最后强调，臣僚要克服"知易行难"的惰性，国家的政令才能得到切实有效的贯彻实施。

说命下第十四

一

【原文】

　　王曰："来！汝说。台小子旧学于甘盘①，既乃遁于荒野②，入宅于河③。自河徂亳④，暨厥终罔显。尔惟训于朕志⑤，若作酒醴⑥，尔惟曲糵⑦；若作和羹⑧，尔惟盐梅。尔交修予⑨，罔予弃，予惟克迈乃训⑩。"说曰："王，人求多闻，时惟建事，学于古训乃有获。事不师古，以克永世，匪说攸闻⑪。惟学，逊志⑫务时敏⑬，厥修乃来⑭。允怀于兹，道积于厥躬。惟斆学半⑮，念终始典于学⑯，厥德修罔觉。监于先王成宪⑰，其永无愆⑱。惟说式克钦承⑲，旁招俊乂⑳，列于庶位。"

【注释】

　　①台：音怡，我。甘盘：殷之贤臣。②遁：回避。③宅：居。河：河洲。④徂亳：徂：往。亳：亳邑，商的国都。⑤训：顺。⑥醴（lǐ）：甜酒。⑦曲糵：酿酒的发酵剂，今称酒引子。⑧和羹：五味调和的羹汤。⑨交修：交：多次。修：治。⑩迈：行，履行。⑪攸闻：攸：所。闻：知。⑫逊志：逊：谦逊。谦逊其志。⑬时敏：时时努力。⑭来：通"徕"。伸展，增长。⑮斆（xiào）：教。⑯典：法，取法。⑰监：借鉴。⑱愆：过失。⑲式：用，因。⑳旁：广，普遍。俊乂：才能过人的人。

【译文】

　　王曰："傅说，我旧时，曾受学于贤臣甘盘，讲究做人修身的道理，既而先王要我熟悉民情，跑到荒野，居住在黄河边，又从黄河边来到亳，直到现在，品德、学业都不能有所进步。我现在就依仗你训导我，使我具有远大的志向，如果我要酿造酒醴，你是曲和糵；如果我要调羹汤，你是盐和梅，你要在各个方面训导我，不要因我学浅识薄就把我抛弃。我一定能实行你所教导我的话。"傅说说："王啊！一个人要想增长见识，建立事业，只有学习古人教导才会有收获，做事情不学习古圣垂训，而国家长治久安，我未曾听说过。而且要虚心勤奋，务必要时时刻刻努力，品德的完善自然会实现。相信这一点，修治之道就会在他身上积累下来。教是学的一半，自始至终不忘学习，不知不觉就会提高自身修养。借鉴先王的成法，用来修己治人，自然不会有一毫错了，王果真能这样，我也能敬奉王的美意。广求贤才，把他们安排在各个官位上，大家协助王做一个明君。"

二

【原文】

王曰："呜呼！说。四海之内，咸仰朕德①，时乃风②。股肱惟人③，良臣惟圣。昔先正保衡作我先王④，乃曰：'予弗克俾厥后惟尧舜，其心愧耻，若挞于市⑤。'一夫不获⑥，则曰：'时予之辜。'佑我烈祖⑦，格于皇天⑧。尔尚明保予⑨，罔俾阿衡专美有商⑩。惟后非贤不乂，惟贤非后不食⑪。其尔克绍乃辟于先王，永绥民⑫。"说拜稽首⑬曰："敢对扬天子之休命⑭！"

【注释】

①咸仰：咸：都。仰：敬仰。②风：教化。③股肱：股：指足。肱：指手。④保衡：指伊尹。作：兴起。这里用为使动词，使兴起的意思。⑤挞：鞭打。市：指闹市。⑥不获：获，得。⑦烈祖：烈：功业。有功业之祖，指成汤。⑧格：通假字。嘉许，赞美。⑨明保：明：勉力。保：持，扶持。⑩阿衡：伊尹。⑪食：用，录用。⑫绥：安。⑬稽首：拜跪而叩头至地。现在叫作叩头。⑭敢：表敬之辞。对扬：答扬。休命：美命，美好教导。

【译文】

王听了叹道："傅说啊！四海之内都仰望我的德行，这是承你的教诲。人有了股肱，能够运动，才能成人。君有良臣，能够辅佐，才能称圣。从前先代师长保衡，他辅佐我先王，常说道：'我不能使国君至尧舜，我心里很惭愧，就像被人在闹市上鞭挞一样。有一个百姓不得安其所，这是我的罪过。'因此他能帮助我烈祖成汤，使他德懋民安，一直能通上天。现在继保衡而起的是你，你辅佐我，不要使保衡一个人独擅美名在有商啊！人君没有贤人辅佐，不能治理天下，不是贤人，也不能食朝廷的俸禄。在你的辅佐下，我能比上先王，并永久使百姓安宁，果能如此。你就是有商的第二个保衡了。"傅说听了，感激地拜倒叩头道："王所说的是我的本分，哪敢不竭力报答，并宣扬天子的美名！"

【评析】

　　本篇的主旨为"遵命"，主要记录武丁和傅说这对明君贤臣琴瑟和谐的鱼水之情，总体来说，都是一些客套话，并没有太多实质内容。总观傅说辅佐武丁的政绩，主要体现在：建立了一整套完备的官僚制度和一支稳定而强大的军队，并初步确定了嫡长子继承制度。所有这一切，无疑对当时的生产力发展起到了极大的促进作用。据称，武丁在位59年，其壮年至晚年更是南征北战不倦，先后征服周边数十个方国，初步奠定了华夏一统的格局，这也使周初大规模分封成为可能。

高宗肜日第十五

【原文】

　　高宗祭成汤，有飞雉升鼎耳而雊，祖己训诸王，作《高宗肜日》、《高宗之训》。高宗肜日①，越有雊雉②。祖己③曰："惟先格④王，正厥事⑤。"乃训于王。曰："惟天监⑥下民，典厥义⑦。降年有永有不永⑧，非天夭⑨民，民中绝命⑩。民有不若⑪德，不听⑫罪。天既孚⑬命，正厥德，乃曰其如台⑭。呜呼，王司敬民⑮，罔非天胤⑯，典祀无丰于昵⑰。"

【注释】

　　①高宗肜（róng）日：祖庚祭祀武丁的那一天。②越：落下。雊（gòu）：野鸡叫。雉：野鸡。因为商人是以鸟作为自己的图腾的，所以在这里雉就具有了神鸟的象征意味。③祖己：人名，祖庚的贤臣。④格：正。⑤正：端正。事：政事，指祭祀的事。⑥监：视，引申为考察。⑦典：通"腆"，善，以为善。义：宜，指恰当地处理事情。⑧永：长，指长寿。⑨夭：夭折，指短寿。⑩中绝：中途断绝。⑪若：善。⑫听：顺从，依从。⑬孚：通"付"，交付，交给，给予。⑭乃：人称代词。如台：疑问代词，如何，怎么办。⑮王：泛指先王。司：嗣，嗣位。⑯胤：后代，后辈。⑰典祀：祭祀丰厚。昵：近亲。

【译文】

　　武丁祭祀成汤，有野鸡落到鼎耳上鸣叫。武丁认为不祥。臣子祖己于是安慰并委婉地劝告他放弃一些苛政，史官记述这件事，于是作《高宗肜日》、《高宗之训》。话说，高宗在祭祀的第二天，又举行祭祀，这时有飞来的野鸡在鼎耳鸣叫。祖己说："首先要端正王心，然后端正祭典。"于是训诫国王高宗。他说："上天考察下民，主要看他是否遵循义理行事。上天赐予人的寿命有长有短，不是上天有意缩短人的生命，而是臣民自己行为不合义理招致中途绝命的。臣民中有些人有不好的品德，有不顺从天意的罪过，上天便惩罚他以端正他的德行，他却说：'应该怎么办啊？'""啊！王呀，你要恭敬地对待上天赐予你的臣民，你们都是天的后嗣。王在祭祀的时候，自己先王父庙中的祭品不要过于丰盛。"

【评析】

该篇的主旨历来多有争议。其一认为，该篇为武丁某日祭祀成汤后所作。其一认为，该篇为祖庚追忆武丁某日祭祀成汤所作。《史记·殷本纪》说："帝武丁崩，子帝祖庚立。祖己嘉武丁之以祥雉为德，立其庙为高宗，遂作《高宗肜日》及《训》。"从其文、字顺的行文风格看，《高宗肜日》显然经过了后人的加工。因此导致了后世产生的许多歧义。本篇篇名取篇首四字，并没有总括全篇思想。祖己告诫殷王要"敬民"，提出"德""义"等范畴，虽然这些内容不一定属于那个时代，但写进《尚书》后，它们对后世产生了积极影响，则是显而易见的事实。

西伯戡黎第十六

【原文】

殷始咎周，周人乘黎。祖伊恐，奔告于受，作《西伯戡黎》。西伯既戡黎①，祖伊②恐，奔告于王。曰："天子，天既讫我殷命③。格人元龟④，罔敢知吉⑤。非先王不相⑥我后人，惟王淫戏用自绝⑦。故天弃我，不有康食⑧。不虞天性⑨，不迪率典⑩。今我民罔弗欲丧⑪，曰：'天曷不降威⑫？'大命不挚⑬，今王其如台⑭。"王曰："呜呼，我生⑮不有命在天。"祖伊反⑯，曰："呜呼，乃罪⑰多参⑱在上，乃能责命于天⑲。殷之即丧，指乃功⑳，不无戮㉑于尔邦。"

【注释】

①西伯：即周文王。文王居岐山，封为雍州伯，雍州在西，所以被称为西伯。勘（kān）是战胜。黎：殷王朝的属国，在今天山西长治境内。②祖伊：人名，是祖己的后代、商纣王的贤臣。③既：古汉语中表示完成的副词，已经。讫：终止。殷命：殷商的命数。④格人：能通晓天地吉凶的至人、贤人。格：到、至。元龟：大龟，古代占卜的用具。⑤罔敢：不能。罔，通"无"。知：觉察，感到。⑥相：辅佐，帮助。⑦淫戏：荒淫嬉戏。用：以。⑧康：宁的意思。食：动词，吃饭。⑨虞：度，考虑。天性：上天安民的性情。⑩迪：由，遵从。率典：常法。⑪罔弗欲丧：没有人不希望纣灭亡。罔：无，没有。⑫曷：疑问代词，何，为什么。降威：降下惩罚。⑬挚：至，到，来。⑭如台：如何，怎么办。⑮生：一生下来，生来。⑯反：反对，否定的。⑰罪：过错，失误，错误。⑱参：当作"累"，即多的意思。⑲乃：宁，难道，表示转折语气。责命于天：向上天祈求好运。责：求、讨。⑳指：指示。功：实际上是罪过的意思，相当于我们现在所说的反语。㉑戮：杀，灭亡。

【译文】

　　周族不断发展壮大，引起纣王的猜忌。纣王于是处处设防周伯姬昌。后来，周伯姬昌借机灭了商的属国黎国。商纣的大臣祖伊非常惊恐，于是跑来劝纣王提防周伯姬昌。史官记述这件事，作《西伯戡黎》。周文王灭了黎国之后，祖伊非常恐慌，急忙跑来告诉殷纣王。祖伊说："天子啊，上天恐怕要断绝我们殷商的国运了！那善知天命的人用大龟来占卜，觉察不到一点吉兆。这不是先王不力助我们这些后人，而是因为大王淫荡嬉戏自绝于天。因此，上天抛弃了我们，不让我们安居饮食。大王不测度天性，不遵循常法。现在我们的臣民没有谁不希望殷国灭亡，他们说：'上天为什么还不降下威罚呢？'天命不再属于我们了，大王现在打算怎么办呢？"纣王说："啊！我的命运难道不是早就由上天决定了吗？"祖伊反问道："啊！您的过错太多，上天已有所知，难道还能祈求上天的福佑吗？殷商行将灭亡，从您的所作所为就看得出来，您的国家能不被周国消灭吗？"

【评析】

　　西伯周文王打败了殷商的属国黎以后，纣王的诤臣祖伊惊慌失措地禀报纣王，史官记录下进谏的过程，取名《西伯戡黎》。在这篇君臣对话中，祖伊直言敢谏，正告纣王荒淫无度而怙恶不悛已遭致天怒人怨，直言不讳地指出殷命将终的危急情势，规劝纣王勤勉政事，努力为国家命运着想。文中"今我民罔弗欲丧，曰天曷不降威？"与《汤誓》中的"时日曷丧，予及汝皆亡"一样，反映了人民对暴君的无比怨恨。殷纣王是中国历史上有明确记载的暴君。殷商从高祖成汤开国算起，历经30世、600余年，传到了纣王，殷商的江山就在他的手上换了主人。

　　据说纣王本来并不是个等闲之辈，自幼便才思敏捷，能言善辩，而且体格魁梧，力大无比，可以把九头牛拉着向后退，单手托住宫殿大梁让人从容换掉梁柱而面不改色。他登上王位之时，也有过风调雨顺、国泰民安、四夷拱手、八方臣服的好时光，曾号令天下八百诸侯。他的弱点在于好色、奢侈、残暴。他在宠妃妲己的怂恿下，，筑"酒池肉林"取乐，造鹿台笙歌宴舞，以制造了刑具"炮烙"惩罚异己分子。妲己最后被周武王斩首辕门，纣王在鹿台点火自焚，死前曾说"天亡我也"。其实，这是咎由自取，罪有应得。

商书

微子第十七

一

【原文】

　　殷既错天命，微子作诰，父师、少师。微子若①曰："父师、少师②，殷其弗或乱正四方③。我祖厎遂陈于上④，我用沈酗于酒⑤，用乱败厥德于下⑥。殷罔不小大，好草窃奸宄⑦，卿士师师非度⑧，凡有辜罪，乃罔恒获⑨。小民方兴⑩，相为敌雠⑪。今殷其沦丧⑫，若涉大水⑬，其无津涯⑭。殷遂丧，越至于今⑮。"曰："父师、少师，我其发出狂⑯吾家，耄逊于荒⑰。今尔无指告⑱予，颠隮⑲，若之何其⑳？"

【注释】

　　①若：这样，于是。②父师、少师：都是官名。父师：指的是太师。少师：指太师的助手。③其：恐怕。或：克，能够。乱：治理。④我祖：指成汤。厎：定。遂：法。陈：列举。⑤我：指纣。用：因为。沈酗：沉湎，迷醉。酗：醉酒发怒。⑥用：此。乱：淫乱。败：败坏。厥德：指的是成汤之德。下：后世。⑦小大：群臣和民众。草窃：盗贼。草：这里解释为掠。奸宄：违法犯罪。⑧师师：众官。第一个"师"，指的是多。度：法度。⑨乃：却，表转折。恒获：严惩，惩罚。恒：常。获：得，指的是治罪。⑩方：并，一起。兴：兴起。⑪雠（chóu）：通"仇"，仇敌。⑫其：或许，大概。沦丧：灭亡，消亡。⑬若：好像，似乎。涉：徒步渡水。⑭其：殆，几乎，差不多。津：渡口。涯：水边、水岸。⑮越：语首助词。今：此，现在，今日。⑯我其发出狂：狂，《史记·宋世家》写作"往"，到，去。我放弃江山而出亡。发：出发。⑰家：住在家里。耄（mào）：年老。逊：退。荒：荒野。⑱指告：指点、告诉。⑲颠：颠覆，颠倒。隮（jī）：落、坠落。⑳若之何：如之何，怎么办。其：语气助词，在这里只是起到调节音节的作用。

【译文】

殷商已亡失天命,微子作言,告诉父师箕子、少师比干,史叙其事,作《微子》。于是微子说:"父师、少师啊!我们殷国恐怕没有办法治理四方了。我们的高祖成汤制定了常法在先,而纣王沉湎于酒色,败坏高祖的美德在后。我们殷国,无论大小官员都好为非作歹,卿士百官都不遵守法典。对那些犯罪的,也不加以逮捕和惩罚,人民受不了这些压迫,将要一起反抗我们,和我们成为仇敌了。现在我们殷国或许要灭亡了,好比涉渡大水,两岸茫无际涯,找不到渡口。我们殷国大概到了今天就要灭亡了!"又说:"父师、少师,我是出发到别处去呢,还是住在家中直到老年,甚至是退隐在荒野呢?如今你们若不指点我,将来我要是颠覆堕落了,那该怎么办呢?"

二

【原文】

父师若曰:"王子①,天毒降灾荒殷邦②,方兴沉酗于酒③。乃罔畏畏④,咈其耇长,旧有位人⑤。今殷民乃攘窃神祇之牺牷牲,用以容⑥,将⑦食无灾。降监⑧殷民,用乂雠敛⑨,召敌雠不怠⑩。罪合于一⑪,多瘠罔诏⑫。商今其⑬有灾,我兴受其败⑭。商其沦丧,我罔为臣仆⑮。诏王子出迪⑯,我旧云刻子⑰,王子弗出,我乃颠隮⑱。自靖⑲,人自献于先王,我不顾⑳行遯㉑。"

【注释】

①王子:指微子。他是帝乙的长子,所以就称他为王子。②毒:通"笃",厚,重。荒:虚。③方:并。兴:正在。④乃:却。畏畏:读为"畏威"。后一个"畏"是通假字,通"威"。惧怕天威的意思。⑤咈:违逆。长:老年人。旧有位人:旧时在位的大臣,老臣。⑥攘窃:偷窃,随手拿取、盗窃。牺:纯毛牲畜。牷(quán):健全的牲畜。牲:猪牛羊。容:宽容。⑦将:养。⑧降:下。监:视察。⑨乂:杀,除。雠(chóu):多。敛:聚敛,收集。⑩召:招致,惹来。怠:松懈,宽缓。⑪罪:有罪的人。⑫瘠:病。诏:显现、告诉。⑬其:或许,大概,表猜测。⑭兴:兴起。败:灾祸,灾难。⑮臣仆:奴隶。⑯迪:逃跑,逃走。⑰旧:很久以前。刻子:就是箕子。⑱我:指殷商。⑲自靖:自作主张。⑳顾:顾虑,考虑。㉑遯(dùn):通"遁"。

【译文】

父师说："王子啊！上天降下大祸给我们殷国，并正在使我们的国王沉湎于酒色，他却不怕上天的威严，不听从年长德高的大臣的劝告。现在我们殷国的小民，去盗窃祭神的贡物。这是因为他们衣食无着，虽则有罪，还是可以原谅的，他们把这些贡物拿去喂养或吃掉，不会有什么灾害。现在上天正在视察我们的殷民，我们的国王以杀戮和重刑大肆搜刮民财，虽然引起了人民的强烈反对，仍不宽缓。这些罪恶都是国王一人干出来的，小民受尽了疾苦而无处申诉。""商如今或许就要有灾祸了，我们都要受到灾难；商就要灭亡了，我不会去做敌人的臣仆。我曾经劝告过王子逃走，我早就说过王会害你的。王子假若不赶紧出走，我们就要彻底灭亡了。还是大家自作打算吧！每个人都可以按照自己的主张去献身于先王开创的事业，但我不考虑逃亡的事情。"

【评析】

宋微子，子姓，名启，世称微子、微子启。"微"是国号，"子"是爵位。他是帝乙的长子，纣王的同母庶兄。据《史记·殷本纪》和《宋微子世家》记载：周武王向东方进军，到了孟津之后，又回去了。纣王更加淫乱。微子屡次进谏，纣王不听。微子认为纣王不可谏阻了，想死或者出走，拿不定主意，于是同太师和少师商量，太师劝微子离开。

人一旦到了众叛亲离的地步，大概便不可救药了。微子身为纣王的长兄，照理说，胳膊肘肯定是向纣王弯的。他多次劝阻纣王，纣王不予理睬。自己的亲属尚且如此，何况外人呢？就微子而言，既然不能力挽狂澜，既然不能从根本上改变局面，出逃肯定是上策。

出逃本身是人生的一种出路，往往是迫不得已，表面上看似乎是消极的选择，实际上却是十分明智的。暴君专制，一时难以推翻，以出逃保存自己，等待契机出现。面对强大敌人的正面进攻难以抗拒，当然也可以用出逃来暂时回避，寻找别的办法来回击敌人。

沃丁第十八

【原文】

沃丁既葬伊尹于亳①，咎单遂训伊尹事②，作《沃丁》。（此为序，正文亡佚。）

【注释】

①沃丁：太甲的儿子。太甲死后，沃丁继承帝位。葬伊尹于亳。②咎单：殷商时的贤臣。训：说。

【译文】

沃丁把伊尹埋葬在亳以后，咎单就说起伊尹的事迹，作《沃丁》。

咸乂第十九

【原文】

伊陟相太戊①，亳有祥桑谷共生于朝②，伊陟赞于巫咸③，作《咸乂》四篇④。（此为序，正文亡佚。）

【注释】

①伊陟：伊尹的儿子。相：辅佐。太戊：殷中宗。沃丁弟弟太庚的儿子、继承哥哥雍已的帝位。②祥：吉凶的征兆。这里指不吉利的征兆。谷：楮。楮树，又叫谷树，叶子像桑。朝：朝廷。③赞：告诉，引荐。巫咸：古代的神巫。④乂：治理。

【译文】

伊陟辅佐大戊时，亳都的朝廷上出现了桑和楮合生在一起的不祥征兆。伊陟告诉巫咸，作《咸乂》四篇。

伊陟原命第二十

【原文】

太戊赞①于伊陟,作《伊陟》、《原②命》。(此为序,正文亡佚。)

【注释】

①赞:告诉。太戊当政时,出现了楮桑合生在一起的不吉祥征兆,显示太戊有过错。这里是太戊告诉伊陟将改过自新。②原:人名。

【译文】

太戊把自己将改过自新的打算告诉伊陟和原,作《伊陟》《原命》。

仲丁第二十一

【原文】

仲丁迁于嚣①，作《仲丁》。（此为序，正文亡佚。）

【注释】

①仲丁：殷中宗太戊的儿子。太戊死后，仲丁继承帝位。迁：迁移。这里是指迁都。

【译文】

仲丁把都城迁到嚣，作《仲丁》。

河亶甲第二十二

【原文】

河亶甲居相①，作《河亶甲》。（此为序，正文亡佚）

【注释】

①河亶甲：仲丁的弟弟。仲丁死后，弟外壬继位。外壬死后，河亶甲继位。相：地名，约在今河南内黄东南三十里。

【译文】

河亶甲居住在相地，作《河亶甲》。

祖乙第二十三

【原文】

祖乙圮于耿①，作《祖乙》。（此为序，正文亡佚。）

【注释】

①祖乙：河亶甲的儿子。河亶甲死后，祖乙继位。圮（yí）：被河水冲毁。耿：《史记·殷本纪》作"邢"，约在今河南龙门县东南十二里。

【译文】

祖乙在相地被河水冲毁以后，把国都迁到耿，作《祖乙》。

周书

《周书》是周代的政治文献汇编,分《泰誓》《牧誓》《武成》《洪范》等三十二篇。

泰誓上第一

一

【原文】

惟十有一年，武王伐殷，一月戊午，师渡孟津，作《泰誓》三篇。惟十有三年春①，大会于孟津②。王曰："嗟！我友邦冢君③越我御事庶士④，明听誓。惟天地万物父母，惟人万物之灵。亶聪明，作元后⑤，元后作民父母。今商王受，弗敬上天⑥，降灾下民。沉湎冒色⑦，敢行暴虐，罪人以族，官人以世⑧。惟宫室、台榭、陂池、侈服⑨，以残害于尔万姓。焚炙忠良⑩，刳剔孕妇⑪。皇天震怒，命我文考，肃将天威⑫，大勋未集⑬。肆予小子发⑭，以尔友邦家君，观政于商⑮，惟受罔有悛心⑯，乃夷居⑰，弗事上帝神祇⑱，遗厥先宗庙弗祀。牺牲粢盛⑲，既于凶盗⑳。乃曰：'吾有民有命！'罔惩其侮㉑。"

【注释】

①十有三年：有：又。十又三年，当指周武王十三年。②孟津：地名，一名盟津。在今河南孟津县东北，孟县西南。③冢君：大君。④越：与。御事：治理大臣。⑤亶（dǎn）：诚。元后：大君。⑥受：纣王名。⑦沉湎：沉醉于酒中。冒：贪。色：女色。⑧世：世袭。⑨台榭、陂池：都是游乐的地方。台：高台。榭：台上的厅屋。陂：堵住泽水的堤障。池：停水之处。⑩焚炙：焚烧。⑪刳（kū）剔：割剥，解剖。⑫文考：指周文王。将：行。⑬集：成。⑭小子发：武王名发。⑮观政：考察政事。⑯悛：改悔。⑰夷居：蹲着，形容傲慢不恭。⑱神祇：天神地神。⑲牺牲：指牛羊等祭品。粢（zī）：音咨，黍稷叫粢。盛（chéng）：祭品装在器皿中。⑳既：尽。㉑罔惩其侮：惩：改变。侮：轻慢。

【译文】

周武王十一年，武王挥师讨伐商纣，一月戊午，渡过孟津，作《泰誓》三篇，训诫诸军。周武王十三年春天，诸侯大会于河南孟津。武王说："啊！我的友邦大君和我的治事大臣、将士们，请清楚地听取我的誓言。天地是万物的父母，人是万物中的灵秀。真聪明的人就做大君，大君做人民的父母。现在商王纣不尊敬上天，降祸灾给下民。他嗜酒贪色，施行暴政，用灭族的严刑惩罚人，凭世袭的方法任用人。宫室呀，台榭呀，陂池呀，奢侈的衣服呀，他用这些东西来残害你们。他烧杀忠良，解剖孕妇。皇天动了怒，命令我的文考文王严肃进行上天的惩罚，可惜大功没有完成。从前我小子姬发和你们友邦大君到商邦考察政治，看到了商纣没有悔改的心，他竟然傲慢不恭，不祭祀上帝神祇，遗弃他的祖先宗庙而不祭祀。牺牲和粢盛等祭物，也被凶恶盗窃的人吃尽了。他却说：'我有人民有天命！'不改变他侮慢的心意。"

二

【原文】

"天佑下民，作之君，作之师，惟其克相上帝，宠绥四方。有罪无罪，予曷敢有越厥志①？同力，度德②；同德，度义。受有臣亿万③，惟亿万心；予有臣三千，惟一心。商罪贯盈④，天命诛之。予弗顺天，厥罪惟钧⑤。予小子夙夜祗惧⑥，受命文考，类于上帝⑦，宜于冢土⑧，以尔有众，厎天之罚⑨。天矜于民⑩，民之所欲，天必从之。尔尚弼予一人⑪，永清四海。时哉弗可失！"

【注释】

①越：失。厥志：指天的意志。②度：量度，衡量。③亿：十万。④贯盈：贯：串，穿物之串。盈：满。贯盈：像串之满，形容极多。⑤钧：平，等。⑥夙夜：早夜。指夜未明的时候。⑦类：祭天。以事类祭天，就叫类。⑧宜：祭社。冢土：大社坛。⑨厎：致，行。⑩矜：怜悯。⑪尚：表祈使语气。弼：辅佐。

【译文】

"上天帮助下民，为人民确立君主和师长，因为他们能够辅助上帝，爱护人民和安定天下。对待有罪和无罪的人，我怎么敢违反上天的意志呢？力量相同就衡量德，德相同就衡量义。商纣有臣亿万，是亿万条心，我有臣子三千，只是一条心。商纣的罪恶，像穿物的串子已经穿满了，上天命令我讨伐他。我如果不顺从上天，我的罪恶就跟商纣一样。我小子早夜敬慎忧惧。在文考庙接受了伐商的命令，我又祭告上帝，祭祀大社，于是率领你们众位，进行上天的惩罚。上天怜悯人民，人民的愿望，上天一定会依从的。你们辅助我吧！要使四海之内永远清明。时机啊，不可失去呀！"

【评析】

　　泰，《史记》写作"太"，《国语》写作"大"。泰、太、大，古代音同义同。"誓"是《尚书》中的一种体例，大致相当于今天的动员演说。《泰誓》的篇名和部分内容，在先秦文献里曾被多次引用，但《今文尚书》中已经没有这一篇。先秦百篇本《尚书》中原有《泰誓》，汉初伏生二十八篇本亡佚。汉武帝时，有河内（郡治在今河南沁阳）女子献上《泰誓》，后汉马融等怀疑它是伪作，所以没有传下来。其后，这三篇《泰誓》见于梅氏《古文尚书》，所以后人怀疑系梅氏伪造而非原作。

　　汉代以后，我国的典籍屡遭浩劫，我们现在看到的这篇《泰誓》，定型于唐太宗时期。自宋代以来，一直有人认为这些篇《泰誓》是汉唐之间伪造的，不是《尚书》原文，清代更有人逐句论述伪造的来由。关于《泰誓》的证实或证伪，未来的考古学成就或许能给我们带来更多的论据。

　　毋庸置疑的是，不管这篇《泰誓》是否伪造，至少自唐太宗时代起，这篇文章就成为官方确认的儒家经典的一部分，反映了官方所认可的我国古代中国的政治原则，而这种标准至少一直延续到了近代。事实上，这篇《泰誓》包含了先秦儒家和诸子关于政治正义的很多原则和观念，了解这些原则和观念，有助于我们了解那个时代普遍的思想倾向。

　　《史记·周本纪》载："武王遍告诸侯曰：'殷有重罪，不可以不毕伐。'乃遵文王，遂率戎车三百乘，虎贲三千人，甲士四万五千人，东以伐纣。十一年十二月戊午，师毕渡盟津，诸侯咸会，曰：'孳孳无怠！'武王乃作《泰誓》。"本篇即记述周武王十三年大会诸侯于孟津，武王告诫友邦诸侯和治事大臣的话。从内容、风格、逻辑来看，三篇文章大同小异，其主要功能都在于指控纣王的犯罪事实，以证明伐纣的正当性。

泰誓中第二

【原文】

惟戊午，王次于河朔①，群后以师毕会。王乃徇师而誓②。曰："呜呼！西土有众③，咸听朕言。我闻吉人为善，惟日不足④；凶人为不善，亦惟日不足。今商王受⑤，力行无度，播弃犁老⑥，昵比罪人⑦，淫酗肆虐⑧。臣下化之，朋家作仇，胁权相灭⑨。无辜吁天，秽德彰闻。惟天惠民，惟辟奉天⑩。有夏桀弗克若天，流毒下国。天乃佑命成汤，降黜夏命。惟受罪浮于桀⑪，剥丧元良，贼虐谏辅⑫。谓己有天命，谓敬不足行，谓祭无益，谓暴无伤。厥鉴惟不远⑬，在彼夏王。天其以予乂民，朕梦协朕卜⑭，袭于休祥⑮，戎商必克⑯。受有亿兆夷人⑰，离心离德；予有乱臣十人⑱，同心同德。虽有周亲⑲，不如仁人。天视自我民视，天听自我民听。百姓有过，在予一人⑳，今朕必往。我武惟扬，侵于之疆㉑，取彼凶残。我伐用张㉒，于汤有光。勖哉夫子！罔或无畏㉓，宁执非敌㉔。百姓懔懔，若崩厥角㉕。呜呼！乃一德一心，立定厥功，惟克永世㉖。"

【注释】

①次：驻扎。河朔：黄河以北。②徇：巡行。③西土有众：位于镐京西边的部族。④惟日不足：言将终日为之而犹为不足。⑤受：纣王之名。⑥犁：一作黎，通"耆"。犁老：就是耆老。⑦昵：亲近。比：近。⑧淫酗：淫：过度。酗：醉酒发怒。⑨胁：挟持。⑩辟：君。奉：承受。⑪浮：超过。⑫谏辅：谏议之大臣。⑬鉴：鉴戒。⑭协：符合。⑮袭：重复。休祥：吉庆。⑯戎商：戎：兵，引申为伐。戎商：讨伐殷商。⑰夷人：夷狄之人。⑱乱臣：治臣，拨乱之臣。⑲周亲：周：至。周亲：至亲的人。⑳百姓有过，在予一人：过：责怪。㉑侵于之疆：侵：攻入。之：其，指商国。㉒用张：要进行。㉓罔或无畏：罔：毋。或：有。无：不。畏：通"威"，威武。指要表现出雄赳赳气昂昂的样子。㉔宁执非敌：宁：

愿。执：持，保持。非：无。宁愿保持无敌之心。㉕若崩厥角：厥，顿下。角：额角、头角。厥角：谓顿首、叩头。若崩厥角：厥角若崩，叩头像山崩一样，形容人民希望的迫切。㉖惟克永世：以达到万世太平的目的。

【译文】

一月二十八日戊午，周武王驻兵在黄河之北，诸侯们率领各自的军队都来会合了。武王于是巡视军队并且告诫他们。武王说："啊！西方各位诸侯，请都听我的话。我听说好人做好事，整天地做还是时间不够；坏人做坏事，也是整天地做还是时间不够。现在商王纣，力行不合法度的事，放弃年老的大臣，亲近有罪的人，过度嗜酒，放肆暴虐。臣下也受到他的影响，各结朋党，互为仇敌；挟持权柄，互相诛杀。无罪的人呼天告冤，秽恶的行为公开传闻。

"上天惠爱人民，君主遵奉上天。夏桀不能顺从天意，流毒于天下。上天于是佑助和命令成汤，降下废黜夏桀的命令。纣的罪恶超过了夏桀，他伤害善良的大臣，杀戮谏诤的辅佐，说自己有天命，说敬天不值得实行，说祭祀没有益处，说暴虐没有害处。他的鉴戒并不远，就在夏桀身上。上天该使我治理人民，我的梦符合我的卜兆，吉庆重叠出现，讨伐商国一定会胜利。商纣有亿兆平民，都离心离德；我有拨乱的大臣十人，都同心同德。纣虽有至亲的臣子，却比不上我周家的仁人。

"上天的看法，出自我们人民的看法，上天的听闻，出自我们人民的听闻。老百姓责难我不能诛天残暴的人，责任在我身上，那么，我一定要依从民意前往讨伐。我们的武力要发扬，要攻到商国的疆土上，捉到那些残暴之徒；我们的讨伐要进行，这个事业比成汤的还辉煌呀！努力吧！将士们。不可出现不威武的情况，宁愿你们保持没有对手的思想。百姓危惧不安，他们向我们叩头求助，额头碰地的声音响得就像山崩一样呀！啊！你们要一心一德建功立业，就能够长久安定人民。"

【评析】

本篇可以看作是联军会师之后的鼓动演说。当务之急的，自然是理顺臣子讨伐天子的道义问题。所谓名不正则言不顺，言不顺则令不行，令不行则禁不止。本篇最重要的信息，是阐释了儒家传统的"革命"的观念：天子是承上天之"命"来管理人民的，上天设立君主，是为了给人民带来利益，因此，当君主残害人民的时候，他就失去上天的使命，成为"一夫"，而反对"一夫"的"革命"，是顺应天意和民意的行为。因此，讨伐暴君不是"弑君"。"革命"的典型，就是商汤讨伐夏桀，因此《易》经上说"汤武革命，顺乎天而应乎人"。

先秦时代，许多著名的儒家代表都为"汤武革命"辩护，孟子、荀子都是如此。齐宣王问孟子："汤放逐夏桀，武王伐纣，有这些事吗？"孟子回答说："有这样的记载。"齐宣王问："臣弑君是可以的吗？"孟子回答说："伤害仁德的人叫作'贼'，伤害道义的人叫作'残'。残贼之人叫作'一夫'。我只听说诛杀了'一夫纣'，没听说谁弑杀他的君主。"荀子说："诛暴国之君，若诛独夫。"汤武并非取得了天下，他们只是修其道、行其义，兴天下之利，除天下之害，天下人因此自愿跟从他们。

《论语》中没有记载孔子对汤武革命的直接评价。在评论周武王音乐的时候，孔子说："已经尽美了，但还没有尽善。"对于暴政下的人生百态，孔子说：微子逃走了，箕子装疯被囚而不肯同流合污，比干力谏而死，殷纣的时代，也有三个仁人。剩下的，一切尽在不言中。

汉代的董仲舒也为"汤武革命"辩护。他说："上天创造人民，并不是为了王，相反，上天设立王，是为了人民。因此，一个人的德行能够给人民带来和平和快乐，上天就授予他天子之位，一个人的恶行如果伤害了人民，上天就会夺去他的天子之位。"

自然，讨伐暴君的"革命"也是残酷的。《尚书·武成》篇记载周武王讨伐商纣王时"血流漂杵"。孟子不愿意相信这一点，他说："尽信《书》，不如无《书》。"我对于《武成》，只相信其中一部分而以，仁者在天下是没有敌人的，以"至仁"讨伐至"不仁"，怎么会"血流漂杵"呢？

泰誓下第三

【原文】

　　时厥明①，王乃大巡六师②，明誓众士。王曰："呜呼！我西土君子。天有显道，厥类惟彰③。今商王受，狎侮五常④，荒怠弗敬。自绝于天，结怨于民。斫朝涉之胫⑤，剖贤人之心，作威杀戮，毒痡四海⑥。崇信奸回⑦，放黜师保⑧，屏弃典刑⑨，囚奴正士。郊社不修⑩，宗庙不享，作奇技淫巧以悦妇人。上帝弗顺，祝降时丧⑪。尔其孜孜，奉予一人⑫，恭行天罚。古人有言曰：'抚我则后，虐我则仇。'独夫受洪惟作威⑬，乃汝世仇⑭。树德务滋，除恶务本，肆予小子诞以尔众士，殄歼乃仇。尔众士其尚迪果毅，以登乃辟⑮。功多有厚赏，不迪有显戮⑯。呜呼！惟我文考若日月之照临⑰，光于四方，显于西土。惟我有周诞受多方⑱。予克受，非予武，惟朕文考无罪；受克予，非朕文考有罪，惟予小子无良。"

【注释】

　　①厥明：戊午的一大早。②六师：六军。这里指会合河北的讨伐大军。③厥类惟彰：类：法则。惟：当。彰：彰明，使彰明。④狎侮：轻慢。五常：指父义、母慈、兄友、弟恭、子孝五种常教。⑤斫（zhuó）：杀戮。⑥痡（pū）：伤害。⑦回：邪。⑧黜：退。师保：太师、太保。⑨屏（bǐng）：除去。典刑：常刑。⑩郊社：郊：祭天。社：祭地。⑪祝：断然。⑫奉：帮助。⑬独夫：众叛亲离，孤独一人。受：纣王名。⑭世仇：大仇。⑮尚迪果毅：尚：庶几。果：果敢。毅：坚决。登乃辟：登：成就。辟：君。⑯迪：用，指用命。⑰文考：指文王。⑱诞受多方：诞：大。受：亲近。这句是说，广泛被多方诸侯所认可。

【译文】

　　时在戊午的天明，周武王大规模巡视六军，明告众将士。王说："啊！

我们西方的将士。上天有明显的常理，它的法则应当显扬。现在商王纣轻慢五常，荒废怠情无所敬畏，自己弃绝于上天，结怨于人民。斫掉冬天清晨涉水者的脚胫，剖开贤人的心，作威作恶，杀戮无罪的人，毒害天下。崇信奸邪的人，逐退师保大臣，废除常刑，囚禁和奴役正士。祭天祭社的大礼不举行，宗庙也不享祀。制造奇特荒淫新巧的事物来取悦妇人。上帝不依，断然降下这种丧亡的诛罚。你们要努力帮助我，奉行上天的惩罚！古人有言说：'抚爱我的就是君主，虐待我的就是仇敌。'独夫商纣大行威虐，是你们的大仇。建立美德务求滋长，去掉邪恶务求除根，所以我小子率领你们众将去歼灭你们的仇人。你们众将士要用果敢坚毅的精神来成就你们的君主！功劳多的将有重赏，不听命的将有明显的惩罚。啊！我文考文王的明德，像日月的照临一样，光辉普及四方，显著表现在西土，因此我们周国特别被众方诸侯所亲近。这次如果我战胜了纣，不是我勇武，是因为我的文考没有过失；如果纣战胜了我，不是我的文考有过失，是因为我这小子不好。"

【评析】

本篇可以看成是战前的誓师演说。聪明的将帅为了激发士气，首选自然是历数敌人的罪状，申明自己武装斗争的正当性。另外，由于本次东征属于联合作战，各个部族的实力和作战习惯都不一样，所以需要预先约束，申明纪律，这些都是本篇理所当然的内容。

据有关史料记载，直到这时候，纣王才停止歌舞宴乐，和一帮贵族大臣们商议对策。这时，殷商军队的主力还在其他地区作战，一时也调不回来，纣王只好将大批奴隶和俘获来的东南夷人武装起来，凑足了十七八万人开向牧野。可是，这些临时拼凑起来的人马刚与周军相遇，就掉转矛头引导周军杀向朝歌。纣王眼见大势已去，只好登上鹿台放火自焚。周武王赶到鹿台，用"轻吕"击刺帝辛的尸体，并亲自斩其头颅，悬旗示众。至此，商朝宣告灭亡。

牧誓第四

【原文】

　　武王戎车三百两，虎贲三百人，与受战于牧野，作《牧誓》。时甲子昧爽①，王朝至于商郊牧野②，乃誓。王左杖黄钺③，右秉白旄以麾④，曰："逖⑤矣，西土之人。"王曰："嗟，我友邦冢君，御事⑥：司徒、司马、司空⑦、亚旅、师氏⑧、千夫长、百夫长⑨，及庸、蜀、羌、髳、微、卢、彭、濮人⑩。称尔戈⑪，比尔干⑫，立尔矛⑬，予其誓。"

【注释】

　　①甲子：甲子日。昧爽：太阳还没有出来的时候。②商郊：商都朝歌的远郊。③杖：拿着。黄钺：是王权的象征。钺：斧子。④秉：执持，拿着。旄：旄牛尾。麾：通"挥"，指挥。⑤逖：遥远、远。⑥冢君：邦国的君主。御事：邦国的治事大臣。⑦司徒、司马、司空：官名。⑧亚旅、师氏：官名。亚旅：上大夫。师氏：中大夫。⑨千夫长、百夫长：官名。千夫长：师的主帅；百夫长：旅的主帅。⑩庸、蜀、羌、髳（máo）、微、卢、彭、濮（pú）人：当时西南方的八个诸侯国。庸：在今湖北房县境内。蜀：在今四川西部地区。羌：在今甘肃东南地区。髳：在今甘肃四川交界地区。微：在今陕西郿县境。卢：在今湖北南彰县境。彭：在今甘肃镇原县东。濮：在今湖北房山。⑪称：举。戈：戟。⑫比：排列。干：盾牌。⑬矛：兵器。

【译文】

　　周武王率战车三百辆，虎贲军三百人，以及数千诸侯联军，与商纣在牧野郊外大战，战前誓师即《牧誓》。在甲子日的黎明时刻，武王率领军队到了离商的都城朝歌郊外一个叫作牧野的地方，就在那里举行誓师大会。武王左手拿着黄色的青铜大斧，右手拿着指挥用的白色旗子，说："辛苦了，你们这些从西方远道而来从征的将士们。"武王说："啊！我们尊敬的友邦国君以及诸位官员和各部落从征的将士们！举起你们的戟，排好你们的盾，立好你们的兵器，我们的誓师大会就要开始了。"

二

【原文】

王曰："古人有言曰：'牝鸡无晨①。牝鸡之晨，惟家之索②。'今商王受惟妇③言是用，昏弃厥肆祀弗答④，昏弃厥遗，王父母弟不迪⑤。乃惟四方之多罪逋逃⑥是崇是长⑦，是信是使⑧，是以为大夫卿士⑨。俾⑩暴虐于百姓，以奸宄于商邑⑪。今予发，惟恭行天之罚⑫。今日之事，不愆⑬于六步七步，乃止齐焉⑭。夫子勖哉⑮。不愆于四伐⑯五伐六伐七伐，乃止齐焉。夫子勖哉。尚桓桓⑰如虎如貔⑱，如熊如罴⑲。于商郊⑳。弗迓克奔，以役西土㉑。勖哉夫子。尔所弗勖㉒，其于尔躬有戮㉓。"

【注释】

①牝（pìn）鸡无晨：晨：晨鸣。母鸡不报晓。这里指妇女不可参与朝政。②索：空，败落。③妇：指妲己。④昏：轻蔑，轻视，看不起。祀：祭名。答：问。⑤遗：仅存的。迪：用。⑥逋逃：就是逃走。逋：逃亡、逃跑。⑦是：就。崇：尊敬。⑧信：信任。使：用。⑨大夫卿士：官名。⑩俾（bǐ）：使。⑪奸宄（guǐ）：犯法作乱的意思。⑫发：武王的名。恭行：恭敬地执行。⑬愆（qiān）：过，指超过，越过。⑭止齐：止而齐，整顿军队。⑮夫子：将士。勖（xù）：勉力，认真地遵守。⑯伐：击打。⑰尚：副词，当。桓桓：威武的样子。⑱貔（pí）：豹一类的猛兽。⑲罴（pí）：熊的一种。⑳于：往。㉑迓：禁止。克：能够。役：帮助。西土：指的就是周。㉒所：若。㉓躬：身。戮：惩治。

【译文】

武王说："古人说过：'母鸡是不应当在早晨打鸣的。如果母鸡在早晨打鸣，这个家庭就要败落了。'现在商王纣只是听信妇人的话，轻蔑地抛弃了对祖宗的祭祀，对于祭祀的大事不闻不问。他昏庸无道，竟然对仅存的同宗的长辈和同宗的弟兄不加进用,反而只对四方许多逃亡的罪人崇敬、提拔、信任、使用,任用这些人做卿士大夫一类的官。他们残暴地对待百姓,在商的国都任意犯法作乱。现在我姬发恭敬地按照上帝的意志来讨伐商纣了。今天的这场战斗,在行进中不超过六步、七步就停下来,把队伍整顿一下。勇敢的战士们,努力吧!在刺杀中,不超过四次、五次、六次、七次,刺杀就停止下来,休整一下。努力吧!勇敢的战士们,要威武雄壮,像虎、豹、熊、罴一样勇猛,在殷商国都的郊外大战一场。不要杀掉殷商军队中前来投降的人,以便使这些人为我们服务。努力吧!勇敢的战士们。假如你们不努力作战,我就要惩罚你们!"

【评析】

牧野之战的战场在商朝都城朝歌(今河南淇县以南七十里处)。《牧誓》是周武王在牧野之战前的誓师辞。从那些整齐排比的句式看,这篇誓词经过了后人加工,但所记内容则是可信的。誓词记载伐纣时间在"甲子昧爽",这一点得到了利簋铭文的证实。誓词历数殷纣王三大罪状:听信妲己的意见;不留心祭祀神鬼、祖先;不重用比干、箕子和微子启等人;重用逃亡的罪人。这在当时足以称为弥天大罪,不容宽赦,单是其中一条就当诛伐。进而申明战场纪律,号召战士奋勇杀敌。正因为如此,周武王才会得到那么多人的拥护和支持,连遥远的西南方的八个诸侯国也前来助战。

从力量对比上看,周武王统率的五、六万军队显然不是纣王十七万大军的对手,但武王的军队是"仁义之师"。因此力量对比在冷兵器时代不一定是战争取胜的绝对因素,完全可以利用其他条件,变不利为有利,变弱小为强大。历史的经验的确值得注意。人心的向背是个永远不可忽略的关键因素。这次决战周武王大胜,殷王朝彻底覆灭,周武王建立周朝。所以《牧誓》就显得有极高的文献价值。

武成第五

一

【原文】

　　武王伐殷，往伐归兽，识其政事，作《武成》。惟一月壬辰，旁死魄①。越翼日，癸巳②，王朝步自周③，于征伐商④。厥四月，哉生明⑤，王来自商，至于丰⑥。乃偃武修文⑦，归马于华山之阳⑧，放牛于桃林之野⑨，示天下弗服⑩。丁未，祀于周庙，邦甸、侯卫，骏奔走，执豆、笾⑪。越三日，庚戌，柴、望⑫，大告武成。既生魄⑬，庶邦冢君暨百工，受命于周。

【注释】

①旁死魄：旁：广大。魄：也作"霸"，月光。旁死魄：月亮大部分无光。②越：及，到。翼：明。③周：指镐京。④于：往。⑤哉生明：哉：始。哉生明：月亮开始发光。⑥丰：文王时的都城。⑦偃武修文：偃：停止。修：修治。言停止武备，修治文事。⑧华山：旧说是西岳华山。阎若璩以为是商州洛南县东之阳华山，与桃林之野南北相望，壤地相接。阳：山的南面。⑨桃林：地名。阎若璩以为，即今河南灵宝县西至潼关广围三百里地。⑩服：使用。⑪豆、笾（biān）：古代的两种祭器。⑫柴望：柴：烧柴祭天。望：望祭山川之称。⑬既生魄：魄：一作"霸"。已经生出月光。

【译文】

　　武王战胜商纣取得正统地位以后，又多次往来征伐，天下渐次平静，于是放马南山，偃武修文。史官为记述这件事，作《武成》。一月壬辰日，月亮大部分无光。到明天癸巳日，武王早晨从周京出发，前往征伐殷国。四月间，月亮开始放出光辉，武王从商国归来，到了丰邑。于是停止武备，施行文教，把战马放归华山的南面，把牛放回桃林的旷野，向天下表示不再使用它们。四月丁未日，武王在周庙举行祭祀，建国于甸服、侯服、卫服的诸侯都忙于奔走，陈设木豆、竹笾等祭器。到第三天庚戌日，举行柴祭来祭天，举行望祭来祭山川，大力宣告周武王伐商的成就。月亮已经生出光辉的时候，众国诸侯和百官都到周京来接受王命。

二

【原文】

王若曰："呜呼，群后！惟先王建邦启土，公刘克笃前烈①，至于大王肇基王迹②，王季其勤王家③。我文考文王克成厥勋，诞膺天命④，以抚方夏⑤。大邦畏其力，小邦怀其德。惟九年，大统未集⑥，予小子其承厥志。底商之罪⑦，告于皇天、后土、所过名山、大川，曰：'惟有道曾孙周王发⑧，将有大正于商⑨。今商王受无道，暴殄天物⑩，害虐烝民⑪，为天下逋逃主，萃渊薮⑫。予小子既获仁人，敢祗承上帝，以遏乱略。华夏蛮貊，罔不率俾⑬，恭天成命⑭，肆予东征，绥厥士女。惟其士女，篚厥玄黄⑮，昭我周王⑯。天休震动，用附我大邑周。惟尔有神，尚克相予以济兆民，无作神羞！'

【注释】

①笃：管理。②大王：古公亶父，王季的父亲，文王的祖父。肇基：开始。肇基王迹：指大王迁居周原，深得民心。③王季：文王的父亲。④膺：受。⑤方夏：四方部落。⑥集：成。⑦底：致，传达。⑧有道：代纣是为民除害，故自称有道。曾孙：祭祀时诸侯自称曾孙。⑨正：同"政"。大政，大事，指军事。⑩天物：各种天然物资。⑪烝民：众民。⑫萃渊薮（sǒu）：萃：聚集。渊薮：鱼和兽聚居的地方。深水叫渊。薮：无水的泽。⑬华夏：指中原地区各国。蛮：古代泛指南方少数民族。貊（mò）：古代泛指北方少数民族。俾：从。⑭恭：奉行。⑮篚：竹筐，这里用作动词。玄黄：玄、黄二色的丝绸。⑯昭：出现。

【译文】

武王这样说："啊！众位君侯。我的先王建立国家，开辟疆土，公刘能够专心修治前人的功业。到了太王，开始经营王事，王季勤劳地经营王家事业。我的父亲文王能够成就其功勋，因而大受天命，安抚四方部落。大国畏惧他的威力，小国怀念他的恩德，诸侯归附九年而卒，大业没有完成。我小子将继承他的意愿。我把商纣的罪恶，曾经向皇天后土以及所经过的名山大川禀告说：'有道的曾孙周王姬发，将要讨伐商国。现在商王纣残暴无道，弃绝天下百物，虐待众民。他是天下逃亡罪人的主人和他们聚集的渊薮。小子我得到了仁人志士以后，冒昧地敬承上帝的意旨，以制止乱谋。华夏各族和蛮貊的人民，无不遵从，我奉了上天的命令，所以我向东征讨，安定那里的士女。那里的士女，用竹筐装着他们的黑色黄色的丝绸，求见我周王。他们被上天的赐福震动了，因而归附了我大国周啊！你等神明能够帮助我，来救助亿万老百姓，不要发生令神明羞恶的事！'

三

【原文】

"既戊午，师逾孟津。癸亥，陈于商郊，俟天休命。甲子昧爽①，受率其旅若林②，会于牧野。罔有敌于我师，前途倒戈，攻于后以北③，血流漂杵。一戎衣④，天下大定。乃反商政，政由旧。释箕子囚⑤，封比干墓⑥，式商容闾⑦。散鹿台之财，发钜桥之粟，大赉于四海⑧，而万姓悦服。"列爵惟五⑨，分土惟三⑩。建官惟贤，位事惟能⑪。重民五教⑫，惟食、丧、祭。惇信明义，崇德报功。垂拱而天下治⑬。

【注释】

①昧爽：天将明未明的时候。②旅：军队。③北：败走。④戎：兵，引申为征代。衣：通"殷"，指殷商。戎衣：讨代殷商。⑤箕子：纣王的叔父，曾进谏不听，便披发佯狂，降为奴隶。⑥比干：纣王的叔父。比干力谏纣王，堪称圣人。纣王听说圣人的心有七个孔，便剖开了他的心。⑦式：致敬。商容：商之贤人。⑧赉：赏赐。⑨五：指公、侯、伯、子、男五等爵位。⑩分土惟三：《孔传》："列地封国，公侯方百里，伯七十里，子男五十里，为三品。"⑪位事：安置官吏。⑫五教：指父义、母慈、兄友、弟恭、子孝五种常教。⑬垂拱：垂衣拱手。指沿袭前代的成法治理天下。

【译文】

"到了戊午日，军队渡过孟津。癸亥日，在商郊布好军阵，等待上天的命令。甲子日清早，商纣率领他如林的军队，来到牧野会战。他的军队对我军没有抵抗，前面的士卒反戈向后面攻击，因而大败，血流之多简直可以漂起木杵。一举讨伐殷商，而天下大安了。我于是反掉商王的恶政，政策由旧。解除箕子的囚禁，修治比干的坟墓，致敬于商容的里门。散发鹿台的财货，发放钜桥的粟，向四海施行大赏，天下万民都心悦诚服。"武王设立爵位为五等，区分封地为三等。建立官长依据贤良，安置众吏依据才能。注重人民的五常之教和民食、丧葬、祭祀，重视诚信，讲明道义，崇重有德的，报答有功的。于是武王垂衣拱手而天下安治了。

【评析】

武，指周武王灭商的武功。成，成就。本篇主要记叙周武王武功大成后的重要政事。《史记·周本纪》："命召公释箕子之囚。命毕公释百姓之囚，表商容之闾。命南宫括散鹿台之财，发矩桥之粟，以振贫弱萌隶。命南宫括、史佚展九鼎保玉。命闳夭封比干之墓。命宗祝享祠于军。乃罢兵西归。行狩，记政事，作《武成》"。

孔子曾说："周朝的道德，可说是最高的道德境界了。三分天下有其二，还能服侍殷朝。"这里所说的"服侍"，是赞美周能在殷纣王统治时期尽力做到臣子的道义。而《史记·周本纪》却说，西伯在禀受天命那年就已称王，并开始掌握裁断虞国、芮国诉讼的大权，接着修改法律、制度，制定历法，追尊古公亶父、公刘为先王。这种说法的错误，从唐朝梁肃到宋代欧阳修、苏东坡、孙明复都曾著文指出过。然而它的失实是从《武成》这部书开始的。

孟子说："我对于《武成》这部书，只取用其中的十分之二三就可以了。"现在考察这部书，其中"大王开始奠定王业的根基，文王诞生禀受天命，来安抚华夏四方"，以及武王自称"周武王姬发"等，都是殷纣王尚且还在位时的话。而且大王古公亶父的时候，还常常被戎狄胁迫追逐，哪有"开始奠定王业根基"的事呢？周文王当时只称西伯，怎么能说"诞生禀受天命"呢？所以《武成》这部书不可全信，还不只是像"血流漂杵"这种一两处失真的记载。至于该书体例编纂的错乱，倒是小问题了。

洪范第六

一

【原文】

　　武王胜殷杀受，立武庚，以箕子归，作《洪范》。惟十有三祀①，王访于箕子。王乃言曰："呜呼，箕子，惟天阴骘②下民，相协厥居③，我不知其彝伦攸叙④。"箕子乃言曰："我闻在昔，鲧陻洪水⑤，汨陈其五行⑥。帝乃震怒，不畀洪范九畴⑦，彝伦攸斁⑧。鲧则殛⑨死，禹乃嗣兴。天乃锡⑩禹洪范九畴，彝伦攸叙⑪。""初一曰五行，次二曰敬用五事⑫，次三曰农用八政⑬，次四曰协用五纪⑭，次五曰建用皇极⑮，次六曰乂⑯用三德，次七曰明用稽⑰疑，次八曰验用庶征⑱，次九曰向⑲用五福，威⑳用六极。"

【注释】

　　①十有三祀：指周文王建国后的第十三年，也是周武王即位后的第四年、灭商后的第二年。有：通"又"。祀：年。②阴骘（zhì）：庇护，保佑。③相：助。协：和。厥：代词，他们，指臣民。④彝伦：常理，法度。攸：所。叙：顺序，这里的意思是规范。⑤鲧（gǔn）：人名，夏禹的父亲。陻（yīn）：堵塞。⑥汨（gǔ）：乱。陈：列。行：用。五行指水火木金土这五种被人利用的物质。⑦畀（bì）：给予。畴：种类。九畴指治国的几种大法。⑧斁（dù）：败坏。⑨殛（jí）：诛，这里指流放。⑩锡：赐，给予。⑪叙：依照次序制定。⑫初一：第一。次：第。五事：貌、言、视、听、思五件事。⑬农：努力。八政：八种政事。⑭协：合。五纪：五种记时的方法。⑮建：建立。皇极：意思是指至高无上的法则。⑯乂：治理，指治理臣民。⑰稽：考察。⑱庶：多。征：征兆。⑲向：劝导。⑳威：畏惧，警戒。

【译文】

周武王诛灭商纣,立商纣的嫡子武庚继承殷祀,又将箕子从监牢里放出来。一日请教箕子,箕子为武王说《洪范》之道。史官为记述这件事,作《洪范》。话说,周文王十三年,武王拜访箕子。武王说道:"啊!箕子,上天庇护下民,帮助他们和睦地居住在一起,我不知道上天规定了哪些治国的常理。"箕子回答说:"我听说从前鲧堵塞治理洪水,将水火木金土五行的排列扰乱了。天帝大怒,没有把九种治国大法给鲧。治国安邦的常理受到了破坏。鲧在流放中死去,禹起来继承父业,上天于是就把九种大法赐给了禹,治国安邦的常理因此确立起来。第一是五行,第二是慎重做好五件事,第三是努力办好八种政务,第四是合用五种记时方法,第五是建立最高法则,第六是用三种德行治理臣民,第七是明智地用卜筮来排除疑惑,第八是细致研究各种征兆,第九是用五福劝勉臣民,用六极惩戒罪恶。"

二

【原文】

"一,五行。一曰水,二曰火,三曰木,四曰金,五曰土。水曰润下①,火曰炎上,木曰曲直②,金曰从革③,土爰稼穑④。润下作咸⑤,炎上⑥作苦,曲直⑦作酸,从革⑧作辛,稼穑⑨作甘。""二,五事。一曰貌⑩,二曰言,三曰视,四曰听,五曰思。貌曰恭,言曰从⑪,视曰明,听曰聪⑫,思曰睿⑬。恭作肃⑭,从作乂⑮,明作晢⑯,聪作谋⑰,睿作圣⑱。"

【注释】

①润:润湿。曰:语中助词。②曲直:能曲能直。③从:顺从。革:变化。④稼穑:播种和收获。⑤润下:指水。作:就。⑥炎上:指的是火。⑦曲直:指木。⑧从革:指金。⑨稼穑:这里指农作物。⑩貌:容貌、态度。⑪从:合理。⑫聪:听得清楚。⑬睿:通达,深远。⑭作:连词,则,就。肃:敬。⑮乂:治,和。⑯晢:知。⑰谋:谋划。⑱圣:圣明。思虑通达就是圣明。

【译文】

"一、五行:第一叫作水,第二叫作火,第三叫作木,第四叫作金,第五叫作土。水向下面润湿，火向上面燃烧，木可以弯曲或伸直，金在熔化后可以根据人的要求变成不同形状，土可以生长庄稼。向下面润湿的水，它的味道就是咸的；向上面燃烧的火，它的味道是苦的；可以弯曲或伸直的木，它的味道是酸的；在熔化后可以根据人的要求变成不同的形状的金，它的味道是辣的；土地上生长的庄稼，味道是甜的。"

"二、五方面的事情：一是态度，二是语言，三是观察，四是听闻，五是思考。态度要恭敬，言语要合乎道理，观察要清楚明白，听取意见要聪敏，思考问题要通达。态度恭敬，天下的人就会肃敬；言语合乎道理，天下就会大治；观察事物清楚明白，就不会受到蒙蔽；听取意见聪敏，就不会打错主意；考虑问题通达，就可以成为圣人。"

三

【原文】

"三，八政①。一曰食②，二曰货③，三曰祀④，四曰司空⑤，五曰司徒⑥，六曰司寇⑦，七曰宾⑧，八曰师⑨。""四，五纪。一曰岁，二曰月，三曰日，四曰星辰⑩，五曰历数⑪。"

【注释】

①八政：八种政务。②食：掌管农业。③货：货财，指的是工商业。④祀：掌管祭祀。⑤司空：管理居民的居住等工程。⑥司徒：管理教育。⑦司寇：治理盗贼。⑧宾：管理朝觐、礼宾事务。⑨师：管理军队事务。⑩星：指的是包括北斗、金木水火土等在内的二十八星宿。辰：指十二时辰。⑪历数：纪年的方式。

【译文】

"三、八方面的政务：一是农业生产，二是商业贸易，三是祭祀，四是管理臣民的居住交通，五是管理教育，六是管理司法，七是接待宾客，八是管理军务。"

"四、五种记时方法：一是年岁，二是每年的月数，三是每月的日数，四是观察星辰，五是推算历法算数。"

四

【原文】

"五，皇极。皇建其有极①，敛时五福②，用敷锡厥庶民③。惟时厥庶民于汝极④，锡汝保极⑤。凡厥庶民，无有淫朋⑥，人无有比德⑦，惟皇作极。凡厥庶民，有猷有为有守⑧，汝则念⑨之。不协于极，不罹于咎⑩，皇则受⑪之。而康而色⑫，曰予攸⑬好德，汝则锡之福⑭。"

【注释】

①建：立，设立。极：中道，法则，原则。②敛：收取，集中。时：代词，这。五福：五种幸福，就是长寿、富贵、康宁、美德和善终。③敷：普遍，全部。锡：通"赐"，赏赐，施予。④惟：只。于：重视。⑤锡：赐，贡献。保：保持，保住。⑥淫朋：私下结成的小集团。⑦人：指官员。比德：串通一气。比：勾结。⑧有猷有为有守：意思是百姓中的贤能的人。猷：计谋，谋略。为：作为。守：操守。⑨念：经常地思考。⑩罹：陷入。咎：罪过，过失。⑪受：成，宽容。⑫康：平，和。色：容貌温润。⑬攸：指任用，建立。⑭福：爵禄，好处。

【译文】

"五、至高无上的原则：天子应当建立起至高无上的原则。要把这五种幸福集中起来，一并赏赐给臣民。这样，臣民就会对天子所建立起来的原则表示拥护，天子也就能够要求他的臣民遵守以下原则。向您贡献保持最高法则的方法：凡是臣民，都不允许结成私党为非作歹。只要官员不结成私党，就会把天子所建立的原则作为最高准则。凡是有计谋、有作为、有操守的臣民，您要注意他们。虽然他们的作为有时不合于最高原则，但只要还没有达到犯罪的程度，天子就应当宽容他们。假如有人态度谦恭地告诉你：'我所爱好的就是你所建立的道德规范。'你就应当赏赐他一些好处。"

五

【原文】

"时人斯其惟皇之极①。无虐茕独，而畏高明②，人之有能有为，使羞其行③，而邦其昌。凡厥正人④，既富方谷⑤，汝弗能使有好于而家⑥，时人斯其辜⑦。于其无好德，汝虽锡之福，其作汝用咎⑧。无偏无陂⑨，遵王之义⑩。无有作好⑪，遵王之道；无有作恶，尊王之路。无偏无党⑫，王道荡荡。无党无偏，王道平平⑬。无反无侧⑭，王道正直。会⑮其有极，归其有极。曰，皇⑯极之敷言⑰，是彝是训⑱，于帝其训⑲。凡厥庶民极之敷言，是训是行，以近天子之光。曰，天子作民父母，以为天下王。"

【注释】

①斯：将，把。惟：思。②茕（qióng）独：指鳏（guān）寡孤独、没有依靠的人。高明：位高而显赫的人。③羞：进，贡献。行：好多行为。④正人：拥有官位的人。⑤方：常常。谷：俸禄。⑥好：善，贡献。家：家国。⑦辜：罪，归罪于。⑧作：使，让。用：施以。咎：责怪。⑨无：不要。偏：不正，偏袒。陂：差错，偏颇。⑩义：法，原则。⑪好：私好，偏好。⑫党：结为朋党。⑬平平：平坦、通畅的样子。⑭反：违反、违背。侧：倾侧，意思是违法。⑮会：能够。⑯皇：君。⑰极之敷言：就是天子所说的话。敷：陈述，述说。⑱彝：常法，法度。训：遵守。⑲于：句首语气词。训：顺从。

【译文】

"这样，人们就会把天子所建立的道德规范当作至高无上的准则而加以遵守了。不要虐待那些无依无靠的孤独者，然而，对于那些明智显贵的人却要敬畏。人们中间有能力、有作为的人，便应当让他们继续发挥其才能，提高其德行：这样，邦国就会昌盛。凡是担任官职的人，都应当给他们以丰厚的俸禄，使他们又富又贵。如果你不能让臣下为家国作出贡献，这样的臣下就会怪罪您了。对于那些不喜欢你所建立的道德规范的人：你虽然赏赐给他许多好处，但他一定还会给你带来许多灾害。不应当有任何的偏颇，要完全遵照你所建立的规范行事；不要有任何私人爱好，要完全遵照你所确定的道路行进；不要为非作歹，要根据你所指出的正路要求自己。没有偏私，没有朋党，道路就是广阔的；没有朋党，没有偏私，道路就是通畅的；不要违反王道，不要违犯法度，道路就是正直的。要任用那些能够按照王道准则办事的人为官吏，以便使臣民都能遵守王道的最高准则。所以说，天子所宣布的至高无上的准则，就是要经常遵守的法令，就是天子的教导，这个教导是符合上帝的意旨的。凡是臣民都应当把天子所宣布的准则当作最高准则，只要按照这个最高准则行事的，就算是亲附天子的。所以说，天子应当像做臣民的父母一般，来做天下臣民的君主。"

六

【原文】

"六，三德。一曰正直，二曰刚克①，三曰柔克②。平康③正直，强弗友④刚克，燮友⑤柔克。沉潜⑥刚克，高明⑦柔克。惟辟作福，惟辟作威，惟辟玉食⑧，臣无有作福作威玉食。臣之有作福作威玉食，其害于而家，凶于而国。人用侧颇僻，民用僭忒⑨。"

【注释】

①刚克：就是以刚克。克：战胜，取胜。②柔克：以柔顺克制之。③平康：和平安顺的人。平：平和。康：安静。④强弗友：强硬而不可亲近的人。友：亲近，友善的。⑤燮（xiè）友：柔和而可亲的人。燮：和，柔和。⑥沉潜：意思是强制，压制。⑦高明：位高而显赫的人。⑧玉食：美味佳肴。⑨僭（jiàn）：越轨，超过，逾越。忒：恶，邪恶。

【译文】

"六、三种治理臣民的办法：一是能够端正人的是非观念思想，二是以刚取胜，三是以柔取胜。要想使邦国平稳安康，就必须端正人的是非观念思想。对于那些强硬而不持友好态度的人，必须用强硬的办法制服他；对于那些态度柔和可亲的人，就要用怀柔的办法联络他。对于智识低下愚蠢的人，要用强硬的办法制伏他；对于高贵而明智的人，要用怀柔的办法联络他。只有君主才可以有造福于人之权，只有君主才有加人以刑罚之权，只有君主可以享用美食。臣下则没有权力造福于人、惩罚人、享用美食。臣下假若有造福于人、惩罚人和享用美食的权力，那就会对王室带来危害，给国家带来凶灾。这是因为臣下有了这些权力，就必定偏邪不正，民众也就会不守本分而走上邪恶之路。"

七

【原文】

"七，稽疑。择建立卜筮①人，乃命卜筮②。曰雨，曰霁，曰蒙，曰驿，曰克，曰贞，曰悔③，凡七。卜五，占用二，衍忒④。立时人⑤作卜筮。三人占，则从二人之言。汝则有大疑，谋及乃心，谋及卿士，谋及庶人，谋及卜筮。汝则从⑥，龟从，筮从，卿士从，庶民从，是之谓大同。身其康强，子孙其逢⑦吉。汝则从，龟从，筮从，卿士逆，庶民逆，吉。卿士从，龟从，筮从，汝则逆，庶民逆，吉。庶民从，龟从，筮从，汝则逆，卿士逆，吉。汝则从，龟从，筮逆，卿士逆，庶民逆，作内⑧吉，作外⑨凶。龟筮共违于人，用静吉，用作凶。"

【注释】

①卜筮：卜：用龟甲来占卜吉凶祸福。筮：古代占卜用的蓍草。②命卜筮：下令他们进行占卜。命：让，下令，命令。③雨：兆之体气如雨。霁：晴。蒙：雾天。驿：色泽光明。克：如祲气之色相交错。贞：内卦。悔：外卦。④衍：估测。忒：变化，改变。⑤时人：这样的人，指卜筮的官员。⑥从：同意。⑦逢：相当于"繁"，昌盛，繁盛。⑧作内：指在内部做事。⑨作外：指在外部做事。

【译文】

"七、解决疑难的方法：选择善于卜筮的人，分别让他们用龟甲卜卦或用蓍草占卦，这样的人选定之后，便命令他们进行卜筮。卜筮的征兆如下：一、兆形像雨一样；二、兆形像雨后初晴时云气在空中一样；三、兆形像雾气蒙蒙；四、兆形像不连贯的云气；五、兆相交错；六、内卦；七、外卦，共有七种。前五种用龟甲卜卦，后两种用蓍草占卦，对卦爻的意义，要认真地加以研究以弄清所有变化。任用这些人从事卜筮时，三个人占卜，应当信从其中两个人的判断。假如你遇到了重大的疑难问题，首先你自己要多加考虑，其次和卿士商量，再次和庶民商量，最后问及卜筮。你自己同意，龟卜同意，筮占同意，卿士同意，庶民同意，这就叫大同。这样，你的身体一定会健康强壮，你的子孙也一定会昌盛。你自己同意，龟卜同意，筮占同意，卿士不同意，庶民不同意，也是吉利的。卿士同意，龟卜同意，筮占同意，你自己不同意，庶民不同意，也是吉利的。庶民同意，龟卜同意，筮占同意，你自己不同意，卿士不同意，也是吉利的。你自己同意，龟卜同意，筮占不同意，卿士不同意，庶民不同意，这样，就只对内吉利，对外就不吉利了。如果龟卜不同意，筮占不同意，即使你自己同意，卿士同意，庶民同意，也不可轻举妄动，安静地守着就吉利，有所举动就不吉利了。"

八

【原文】

"八，庶征。曰雨，曰旸①，曰燠②，曰寒，曰风，曰时五者来备，各以其叙③，庶草蕃庑④。一极备⑤凶，一极无⑥凶。曰休征。曰肃，时雨若⑦。曰乂，时旸若。曰晢，时燠若。曰谋，时寒若。曰圣，时风若。曰咎征，曰狂⑧，恒雨若。曰僭⑨，恒旸若。曰豫⑩，恒燠若。曰急⑪，恒寒若。曰蒙⑫，恒风若。曰，王省惟岁，卿士惟月，师尹惟日。岁月日时无易⑬，百谷用⑭成，乂用明，俊民用章⑮，家用平康。日月岁时既易，百谷用不成，乂用昏不明，俊民用微⑯，家用不宁。庶民惟星。星有好⑰风，星有好雨⑱。日月之行，则有冬有夏⑲。月之从星，则以⑳风雨。"

【注释】

①旸：日出或者晴天。这里指晴天。②燠（yù）：暖。③叙：次序，这里指时序。④蕃：茂盛的。庑（wǔ）：芜，草木丰盛，繁茂。⑤一：指雨、旸、燠、寒、风五种现象中的一种。极备：极多。极：过度。⑥极无：极缺。⑦若：好像。⑧狂：猖狂，傲慢。⑨僭：差错。⑩豫：安逸享受。⑪急：炎热。⑫蒙：昏暗，寒冷。⑬岁月日时无易：年、月、日之间不发生异常的变化。在这里是对君臣关系的一种隐喻。⑭用：因。⑮俊民：有才能的人。俊：杰出。章：通"彰"，显明，指任用。⑯微：隐没，不显。⑰好：喜好。⑱星有好雨：有的星好雨的意思。⑲日月之行，则有冬有夏：这是对臣子的要求。⑳以：用。

【译文】

"八、各种不同的征兆：一是雨，二是晴，三是暖，四是寒，五是风。假若这五种现象，都能按照一定的规律发生，那么各种草木就会茂盛地生长，庄稼也会丰收。假若其中一种现象过多，年成就不好；一种现象过少，年成也会不好。各种好的征兆：天子办事谨慎，就会有雨水按时降下来；天子的政治清明，就会有充足的阳光；天子办事明白，炎热的气候就会按时到来；天子能够深谋远虑，寒冷的气候也会应时而至；天子通达事理，风也就会按时产生。各种坏的征兆：天子的行为狂妄，大雨就会下个不停；天子办事出了差错，天气就会干旱不雨；天子贪图安逸享受，天气就会经常炎热；天子办事浮躁，天气就会经常寒冷；天子办事不精明，风就会刮个不停。天子有了过失，就会影响一年；卿士有了过失，就会影响一月；官吏有了过失，就会影响一天。年、月、日都不发生异常的变化，各种庄稼便都会茂盛地生长，政治就会清明，贤能的人，就会得到任用，国家也就会平安无事。假如日、月、年发生了异常的变化，许多庄稼就长不好，政治就昏暗，贤能的人就得不到任用，国家就紊乱。庶民好比星，有的星好风，有的星好雨。由于日月的运行，便产生了冬天和夏天。假若月亮离开太阳而顺从于星，那么接近箕星就多风，接近毕星就多雨。"

九

【原文】

"九，五福。一曰寿，二曰富，三曰康宁，四曰攸①好德，五曰考终命②。六极：一曰凶短折③，二曰疾，三曰忧，四曰贫，五曰恶④，六曰弱。"

【注释】

①攸：遵行。②考终命：老而善终。考，通"老"。③凶：没有到换牙就死去。短：不到二十岁就死去。折：没有结婚就死去。这些都是短寿的说法。④恶：邪恶。与攸好德相反。

【译文】

"九、五种幸福：一是长寿，二是富裕，三是健康安宁，四是遵行美德，五是年老而得善终。六种惩罚：一是横死而夭折，二是生病，三是忧愁，四是贫穷，五是邪恶，六是懦弱。"

【评析】

　　《洪范》原是商代贵族政权总结出来的统治经验。"洪"的意思是"大","范"的意思是"法"。"洪范"即统治大法。相传为周灭商后第二年,箕子向周武王陈述"天地之大法"的记录,提出了帝王治理国家必须遵守的九种根本大法,即"洪范九畴"。它有自己的一套体系,其中第五畴"皇极"(君主统治准则)是全部统治大法的中心,其他各畴大都是为了建立好这一"皇极"所施的各种统治手段与方法。它的中心思想是,倡导一种基于上帝意志的神权政治论,强调按照神的旨意建立最高统治准则——"皇极",以保障"天子作民父母,以为天下王"。

　　在这种神意政治前提下,君主要注意自己的貌、言、视、听、思等"五事"(第二畴),以引起"休徵",而避免"咎徵"(第八畴);并遵循岁、月、日、星辰、历数的"五纪"常理,以处理政纪(第四畴);君主向上请示神意的手段是"卜、筮"(第七畴),向下统治臣民的手段是"刚克""柔克""作威""作福"(第六畴),也就是利用"六极"作威,利用"五福"作福(第九畴)。这样一篇反复向君主提出行动规范的统治经验,其用意在于以此来神化君权,并提高君主自身的警惕性。这一"大法"受到周王朝统治者的高度重视,并加以奉行。对后人影响极大。

旅獒第七

【原文】

惟克商，遂通道于九夷八蛮①。西旅厎贡厥獒②，太保乃作《旅獒》③，用训于王。曰："呜呼！明王慎德，西夷咸宾④。无有远迩，毕献方物⑤，惟服食器用。王乃昭德之致于异姓之邦⑥，无替厥服⑦；分宝玉于伯叔之国，时庸展亲⑧。人不易物⑨，惟德其物⑩！德盛不狎侮⑪。狎侮君子，罔以尽人心；狎侮小人，罔以尽其力。不役耳目，百度惟贞⑫。玩人丧德，玩物丧志。志以道宁，言以道接。不作无益害有益，功乃成；不贵异物贱用物，民乃足。犬马非其土性不畜⑬，珍禽奇兽不育于国。不宝远物，则远人格⑭；所宝惟贤，则迩人安。呜呼！夙夜罔或不勤⑮！不矜细行⑯，终累大德。为山九仞，功亏一篑。允迪兹⑰，生民保厥居⑱，惟乃世王。"

【注释】

①九夷八蛮：夷：指古代东方各民族。蛮：指古代南方各民族。九和八：都是形容它的多。②西旅：西方的旅国。厎：至。③太保：官名，这里指召公。④宾：服从，归顺。⑤方物：土特产。⑥德之致：指心甘情愿上贡。⑦替：废弃。服：职务。⑧展亲：展示亲爱之情。⑨人不易物：易：轻易。人不轻视那些物品。⑩惟德其物：德：动词，看作德。只有德行才是被人看重的东西。⑪狎侮：狎：轻易。侮：侮慢。⑫百度：百事的节度。贞：正，适当。⑬土性：土生，土产。性：通"生"。⑭格：来。⑮夙夜：早晚。罔：无。或：有。⑯矜：慎。⑰允迪兹：允：信。迪：施行。⑱保：安。

【译文】

武王胜商以后，便向周围众多的民族地区开通了道路。西方旅国来贡献那里的大犬，太保召公于是写了《旅獒》，用来劝谏武王。召公说："啊！圣明的王敬重德行，所以四周的民族都来归顺。不论远近，都贡献各方的物产，但只是些可供衣食器用的东西。明王于是昭示这些贡品给异姓的国家，使他们不要荒废职事；分赐宝玉给同姓的国家，用这些东西展示亲爱之情。人们都不敢轻视那些物品，而是以德来看待那些东西。德盛的人不轻易侮慢他人。轻易侮慢官员，就不可以使人尽心；轻易侮慢百姓，就不可以使人尽力。不被歌舞女色所役使，百事的处理就会适当。戏弄人就丧德，戏弄物就丧志。自己的意志，要依靠道来安定；别人的言论，要依靠道来接受。不做无益的事来妨害有益的事，事就能成；不重视珍奇物品，百姓的用物就能充足。犬马不是土生土长的不养，珍禽奇兽不收养于国。不宝爱远方的物品，远人就会来；所重的是贤才，近人就安了。啊！早晚不可有不勤的时候。不注重细行，终究会损害大德，比如筑九仞高的土山，工作未完只在于一筐土。真能做到这些，则人民就安其居，而周家就可以世代为王了。"

【评析】

周武王灭商以后，西方旅国向武王进献大犬。太保召公害怕武王玩物丧志，劝谏武王建立王业必须慎德，不宝远方的珍物，应当重视贤能，安定国家，保护百姓。史官记叙了召公的话，写成《旅獒》。从全篇的内容来看，它主要阐述了德治的理念与方法，因而可以视为一篇德治主义的政治宣言。

召公的德治思想的原点是：德可以服人，即"明王慎德，四夷咸宾"。它的意思是，君主如果注重自己的德性，就可以对天下形成相当强烈的感召力。四夷之人，都会因为君主的德性而心悦诚服。这个意思，虽然在《尚书》中并非第一次出现，但是，召公的表达更为简明扼要。召公的这句话，已经在君主德性与"四夷咸宾"之间，建构了一种对应关系：君主德性的标志，就是"四夷咸宾"。那么，反过来说，如果"四夷咸宾"，就表明君主的德性已经达到了一个理想的高度与厚度。

在确立了"以德服人"的原则之后，召公进一步论述了德性与器物的关系。召公认为，四夷选送的贡品，应当是实用的器物，不能是奢侈的玩物。而且，当君主收到贡物之后，应当明白那是自己的德性所致，因此，应当把这些贡物分别赐给其他异姓的诸侯，以弘扬、传播自己的德性，同时又可以督促这些异姓诸侯各尽职守。同时，君主还要把宝石玉器分别赐予同姓的诸侯，以表示自己不在乎这些东西，自己看重的是亲亲之道。在此，召公还特别强调，物因人贵，物贵由人，如果是有德之君所赐之物，则可称为贵重之物。倘若是无德之君所赐之物，则没有什么价值，也没有什么意义。因此，一个君主，如果要让自己的赏赐产生应有的激励功能，唯一的办法就是提高自己的德性修养。

既然德性如此重要，那么，提升德性之路该如何走？修炼德性的方法是什么？对此，召公的回答是：第一，不为轻慢之事，不以轻慢待人。如果轻慢了君子，君子就不会尽心为国家服务；对小人也不能轻慢，否则，小人就不会为国家尽力。第二，不以声色自娱。玩弄人的，必丧其德；玩弄物的，必丧其志。第三，不看重那些奇珍异宝，不要想着占有远方的财物，远方的人就会前来归化。尊重贤能之人，就会天下太平。第四，君主应当从早到晚，随时以德性约束自己的言行，任何细微的地方都不能放过，否则，大德必为小过所累。

金縢第八

一

【原文】

　　武王有疾，周公作《金縢》。既克商二年，王有疾，弗豫①。二公曰②："我其为王穆卜③。"周公曰："未可以戚我先王④。"公乃自以为功⑤，为三坛同墠⑥。为坛于南方，北面，周公立焉。植璧秉圭⑦，乃告太王、王季、文王⑧。

【注释】

　　①豫：安详。②二公：指太公和召公。③穆：恭敬。④戚：读为祷，告事求福。⑤功：质，今言抵押。自以为功：即以身作抵押。⑥三坛：太王、王季、文王各为一坛。墠（shàn）：祭祀的场地。⑦植：古字通"置"。璧：圆形的玉。圭：上圆下方的玉。古代祈祷要用圭、璧等。⑧太王：武王的曾祖。王季：武王的祖父。文王：武王的父亲。

【译文】

　　周武王生病，周公作《金縢》为他祈祷。周灭商后的第二年，武王生了重病，身体不安。太公、召公说："我们为王恭敬地卜问吉凶吧！"周公说："不可以向我们先王祷告吗？"周公就把自身作为抵押，清除一块土地，在上面筑起三座祭坛，又在三坛的南方筑起一座台子。周公面向北方站在台上，放着玉，拿着圭，就向太王、王季、文王祷告。

二

【原文】

　　史乃册①祝曰："惟尔元孙某②，遘厉虐疾③。若尔三王，是有丕子之责于天④，以旦代某之身。予仁若考能⑤，多材多艺⑥。能事鬼神，乃元孙不若旦多材多艺⑦，不能事鬼神。乃命于帝庭⑧，敷佑四方⑨，用能定尔子孙于下地⑩，四方之民，罔不祇畏⑪。呜呼，无坠天之降宝命⑫，我先王亦永有依归。今我即命于元龟⑬，尔之许我，我其以璧与圭归，俟尔命⑭。尔不许我，我乃屏璧与圭⑮。"乃卜三龟，一习吉⑯。启籥见书⑰，乃并是吉。公曰："体⑱，王其罔害。予小子新命于三王⑲，惟永终是图。兹攸俟⑳，能念予一人㉑。"公归，乃纳册于金縢之匮中。王翼日乃瘳㉒。

【注释】

　　①史：史官。册：写册书。②惟：语气助词。元：长。某：指周武王姬发。③遘（gòu）：遇到。厉：危。虐：恶。④是：这时。丕子：布席，举行祭祀，先须布席，所以布席就是助祭。⑤仁若：柔顺。考：《史记》写作"巧"。⑥材、艺：都指技术。⑦乃元孙：你们的长孙。⑧乃：始，初。命：见命，被命。⑨敷：普遍。佑：读为有。⑩下地：人间。⑪祇：敬。⑫坠：丧失。宝命：指命于帝庭敷佑四方的使命。⑬即命：就而听命。⑭归：收藏。⑮屏（bìng）：收藏。⑯一：都。习：重复。⑰启：开。籥：藏兆书的锁钥。书：占卜的书。⑱体：兆形。⑲命：祷告。⑳攸：所。俟：期待。㉑予一人：周公自称。㉒翼日：明日。瘳：病好了。

【译文】

　　史官就写了策书，祝告说："你们的长孙姬发，遇到险恶的病。假若你们三位先王这时在天上有助祭的职责，就用我姬旦代替他的身子吧！我柔顺巧能，多才多艺，能奉事鬼神。你们的长孙不如我多才多艺，不能奉事鬼神。而且他在天帝那里接受了任命，施德四方，因此能够在人间安定你们的子孙，天下的老百姓也无不敬畏他。唉！不要丧失上帝降给的宝贵使命，我们的先王也就永远有所归依。现在，我来听命于大龟，你们允许我，我就拿着璧和圭归向你们，等待你们的命令；你们不允许我，我就收藏璧和圭，不敢再请了。"于是卜问三龟，都重复出现吉兆。打开藏书的锁钥查书，竟然都是吉利。周公说：“根据兆形，王会没有危险。我新向三位先王祷告，只图国运长远。现在期待的，是先王能够俯念我的诚心。"周公回去，把册书放进金属束着的匣子中。第二天，周武王的病就好了。

三

【原文】

武王既丧①，管叔及其群弟乃流言于国②曰："公将不利于孺子③。"周公乃告二公曰："我之弗辟④，我无以告我先王。"周公居东二年⑤，则罪人斯得⑥。于后，公乃为诗以贻王，名之曰《鸱鸮》⑦。王亦未敢诮公⑧。秋⑨大熟，未获，天大雷电以风⑩，禾尽偃⑪，大木斯拔⑫，邦人大恐。王与大夫尽弁，以启金縢之书⑬，乃得周公所自以为功代武王之说⑭。二公及王乃问诸史与百执事⑮，对曰："信⑯。噫⑰，公命我勿敢言。"王执书以泣曰："其勿穆卜。昔公勤劳王家，惟予冲人弗及知⑱。今天动威，以彰周公之德。惟朕小子其新逆⑲，我国家礼亦宜之。"王出郊，天乃雨，反风，禾则尽起⑳。二公命邦人，凡大木所偃，尽起而筑之㉑，岁则大熟。

【注释】

①丧：死。武王克殷二年，天下未宁而崩。②管叔：名鲜。群弟：指蔡叔、霍叔。③孺子：年幼的人，指成王。④辟：摄政为君。⑤居东：居在东土，指东征。⑥罪人：指武庚和三叔等。斯：乃。⑦鸱鸮（chī xiāo）：猫头鹰。今存《诗·豳风》中。⑧亦：只，只是。诮：责备。⑨秋：指"周公居东二年，罪人斯得"以后的秋天。⑩以：与，和。⑪偃：倒伏。⑫斯：可能为"荆"的误写。⑬弁：礼帽，这里是戴上礼帽的意思。⑭说：祷告的祝词。⑮百执事：许多办事官员。⑯信：确实。⑰噫：唉，叹词。⑱冲人：年幼的人。⑲新：也写作"亲"。逆：迎接。⑳起：立起，伸起。㉑筑：用土培根。

【译文】

武王死后，管叔和他的几个弟弟就在国内散布谣言，说："周公将会对成王不利。"周公就告诉太公、石公说："我不摄政，我将无法向我先王汇报。"周公东征两年，就捕获了发动叛乱的人。后来，周公写了一首诗送给成王，叫它为《鸱鸮》。结果，成王不同意，也不敢责备周公。秋天，百谷成熟，还没有收获，天空出现雷电与大风。庄稼都倒伏了，大树都被拔起，国人非常恐慌。周成王和大夫们都戴上礼帽，打开金属束着的匣子，于是得到了周公以自身为质、请代武王的祝辞。太公、召公和成王就询问众史官以及许多办事官员。他们回答说："确实的。唉！周公告诫我们不能说出来。"成王拿着册书哭泣，说："不要敬卜了！过去，周公勤劳地为王室工作，我这年轻人来不及了解。现在上天动怒，来表彰周公的功德，我小子要亲自去迎接，我们国家的礼制也应该这样。"成王走出郊外，天就下着雨，风向也反转了，倒伏的庄稼又全部站了起来。太公、召公命令国人，凡大树所压的庄稼，要全部扶起来，又培好根，这一年的收成特别好。

【评析】

武王胜商后第二年，得了重病。当时天下尚未安定，殷民心怀不服。武王一身关系天下的安危，所以周公亲自请于太王、王季和文王，求以自己代替武王去死。祝告的册书收藏在金属束着的匣中。武王死后，成王年幼，周公代理政事，管叔、蔡叔放出流言说周公将不利于成王。因此成王也怀疑周公，骨肉之间发生了隔阂。周公东征，取得辉煌的胜利，又写了《鸱鸮》诗，想感动成王，成王仍然没有醒悟，可见隔阂之深。后来因一次偶然的天灾，成王打开金縢之匣，发现了周公请求代替武王死的册书，深深受到感动。史官看到金縢匣中的册书作用这样重大，于是记录了这件事来表彰周公的忠诚。为了突出金縢中册书的作用，于是名叫《金縢》。

大诰第九

一

【原文】

武王崩，三监及淮夷叛，周公相成王，将黜殷，作《大诰》。王若①曰："猷，大诰尔多邦，越尔御事②。弗吊③，天降割④于我家，不少延⑤。洪惟我幼冲人⑥，嗣无疆大历服⑦。弗造哲⑧，迪民康⑨，矧曰其有能格知天命⑩。已⑪，予惟小子，若涉渊水，予惟往求朕攸济⑫。敷贲。敷前人受命⑬，兹不忘大功。予不敢闭于天降威⑭。用宁王遗我大宝龟，绍天明⑮。"

【注释】

①王：指摄政王周公，武王死后，武王的儿子诵年幼，周公暂代天子之位。若：表示是暂时代理。②猷：哟，叹词。多邦：指的是众诸侯国。越：连词，与，和。御事：治事大臣。御：治。③弗吊：就是指很不幸。吊：善。④割：灾害，灾难。⑤延：间断，停息。⑥洪惟：句首发语词。我：第一人称代词，我或者我们的。幼冲人：未成年的，这里指的是成王。冲：稚嫩的。⑦大历服：伟大久远的事业，也就是说王业。历：久。服：事。⑧造：遭遇，遭受。哲：明智的人。⑨迪：引导，启发。康：安。⑩矧：况且，何况。格知：就是感到、知道、了解的意思。格：动词，至。⑪已：叹词，相当于"唉"。⑫攸：所。济：就是渡。⑬贲（bì）：三足龟。敷前人：辅佐前人。敷：辅助，帮助，辅佐。⑭闭：隐藏，藏着，隐瞒。威：可畏的事，指灾难。⑮绍：明，显明。天明：即天命，就是天意。"明"是"命"的假借字。

【译文】

武王病逝以后，成王年幼，周公摄政。三监不服，联合武庚、淮夷叛乱。周公大怒，打算废掉武庚的名位，于是作《大诰》训示群臣。王这样说：

"啊！我要郑重地向你们这许多诸侯之国，以及你们的众官员们，发布指示和命令。不幸得很！天把大祸降给了我们的国家，这灾祸正在继续发展，一刻也没有停息。于是我这个年轻人，便承继了无限重大的君主的任务。我不够明智，尚且不能率领民众走上安康之路，又怎么能说可以感动上天并因而知道天命了呢？唉！我的处境就好像渡过深渊那样危险，我只好到上帝那里去寻找渡过难关的办法了。摆下占卜用的大龟吧，让它来宣布辅佐我们的前辈是如何在上帝那里接受任命的，这样的大功，是不应当忘记的。我不敢隐藏上天的威严意旨，用文王遗留给我们的大宝龟进行占卜，我们就可以问明白上帝的用意了。"

二

【原文】

"即命①曰：有大艰于西土，西土人亦不静。越兹蠢②。殷小腆诞敢纪其叙③。天降威④，知我国有疵⑤，民不康，曰予复，反鄙⑥我周邦。今蠢，今翼⑦日，民献有十夫予翼⑧，以于敉宁武图功⑨。我有大事，休⑩。朕卜并吉，肆予告我友邦君，越尹氏、庶士⑪御事曰，予得吉卜，予惟以尔庶邦于伐殷逋播臣⑫。尔庶邦君越庶士御事，罔不反曰：艰大，民不静。亦惟在王宫邦君室⑬越予小子考翼⑭，不可征，王害⑮不违卜。"

【注释】

①即命：用大宝龟来占卜。即：就。命：问。②越：在，于。兹：这时。蠢：想要动的意思。③小腆：谓武庚。腆：主。纪其叙：安抚好他们的残余势力。纪：组织。叙：余，剩下的。④天降威：天降下可怕的事，指武王死了。威：通"畏"，可怕的事。⑤疵：毛病，引申为困难，指的是成王年幼，周公被疑。⑥鄙：鄙视，轻视，看不起。⑦今蠢、今翼：意思是说现在发动起叛乱了。蠢：动。翼：通"翌"，翌日，明天。⑧日：近日。献：通"贤"，指贤人。予翼：即翼予，帮助我。翼：帮助，协助。⑨敉（mǐ）：通"弥"，终，达成，完成。图：谋。功：功业。⑩大事：战争方面的事，战事。休：美，吉利。⑪肆：所以，因此。越：与，和，以及。尹氏：史官。庶士：众士。⑫惟：谋，打算。以：与。于：往，去。逋播臣：指禄父。逋：逃亡，逃跑。播：散，散布。⑬惟：在。王宫邦君室：指管叔蔡叔等。⑭越：句首语气词。予小子：诸侯们的自称。

考：长辈。翼：思虑，想。⑮害：通"曷"，何，为什么。

【译文】

"用大宝龟来占卜结果就得到卜辞，说：西方要有很大的灾难，西方人也不会平静。于是这时阴谋叛乱的人就更加蠢蠢欲动。殷商的余孽竟然胆敢组织他们的残余妄图恢复他们的统治地位。上帝给我们降下了灾难。他们知道我们国家因为这种灾难，人民很不安宁，居然说要复辟商纣的国脉，反而更加看不起我们周国，现在他们发动叛乱了。有的地方的人民响应他们这种叛乱。但只要有十个人做我的助手，我就可以平定叛乱，完成文王、武王所力图达到的功业。我现在要发动平定叛乱的战争，这样做究竟好不好呢？我的占卜告诉我，这样做是吉利的！因此，我要对我们友邦的国君以及各位官员、众士说：'我得到了吉利的卜兆，我打算要率领你们去讨伐殷国那些逃亡叛乱的人。'可是，你们这些国君和你们的许多官吏，都来反对我的意见，说：'困难太大了，民心也很不稳定，还要考虑那些发动叛乱的人，有的就出在王宫里面和邦君的家里，并且是我们的长辈，不应当去讨伐他们。王啊！你为什么不违背占卜呢？'"

三

【原文】

"肆①予冲人永思艰，曰：呜呼，允蠢鳏寡②，哀哉。予造天役③，遗大投艰于朕身④越予冲人，不卬自恤⑤。义尔邦君，越尔多士尹氏御事，绥予曰⑥，无毖于恤⑦，不可不成乃宁考图功⑧。已，予惟小子，不敢替上帝命⑨。天休⑩于宁王，兴我小邦周，宁王惟卜用，克绥受兹命⑪。今天其相民，矧亦惟卜用。呜呼，天明畏，弼我丕丕基⑫。"王曰："尔惟旧人⑬，尔丕克远省⑭，尔知宁王若⑮勤哉。天閟毖我成功所⑯，予不敢不极⑰卒宁王图事。肆予大化诱⑱我友邦君。天棐忱辞⑲，其考㉒我民，予曷其不于前宁人图功攸终㉑。天亦惟用勤毖㉒我民，若有疾，予曷敢不于前宁人攸受休毕㉓。"

【注释】

①肆：今，现在。②允：诚，真的。蠢：动，惊动。鳏（guān）寡：指单身

男女。③造：遭受。役：役使。④遗：给。投：掷。艰：困难的事。⑤越：句首语气词。予：我，我们。恤：忧虑，顾虑。⑥义：宜，应当，应该。绥：安慰，劝解。⑦无：不要。毖：畏慎，恐惧。⑧宁考：指文王。图功：大业。⑨替：废弃，废去。⑩休：嘉奖，恩惠于。⑪克：能够。绥：安。⑫丕：大。基：事业。⑬惟：是。旧人：老臣。⑭省：省识，省察。⑮若：怎么样。⑯閟（bì）：慎重，谨慎。毖：给予。所：名词，道，办法。⑰亟：通"亟"，快速，迅速。⑱化诱：教导，教育劝导。⑲棐（fěi）：辅助，帮助。忱辞：诚恳或真实的话，指宝龟所显示的吉兆。⑳考：成就，事业，功业。㉑于：往，到，去。攸：通"猷"，谋求。终：完成。㉒勤：辛劳。毖：给，向。㉓休：善，美。毕：完成。

【译文】

"现在我应当为我们年幼的国王慎重地考虑出征的困难。唉！实在是这样，一旦真的发动战争，就要惊扰千家万户，甚至包括无夫无妻的人在内，这多么令人悲哀啊！我们遭到天灾，上帝把非常严重的困难，投到我以及我们幼主的身上，我不能只为自身的安危忧虑。我猜想你们各位国君和你们的官吏们，也应会这样劝告我：'不应当过分地操劳于自己的安危，应当去完成你的父亲文王所力图成就的功业。'"

"唉！我想我是文王的儿子，我不敢废弃上帝的命令。上天嘉奖文王，使我们这个小小的周国兴盛起来，文王通过占卜，继承了上帝所授予的大命。现在上帝命令臣民帮助我们，何况我们又通过占卜了解到了上帝的这番用意呢？唉！上帝的这种明确的意旨，人们应该敬畏，还是帮助我把我们的统治大大地加强吧！"

王说："你们是曾经辅佐过文王的老臣，你们能够很好地省察一下遥远的过去吗？你们知道文王是如何的勤劳吗？上帝把取得成功的办法秘密地告诉我们，我不敢不尽一切努力来快速完成文王所力图成就的事业。所以，我就用这番伟大的道理，教育劝导你们各位诸侯国君，上帝那些诚恳的表示赞助的言辞，说明上帝将要成就我们的臣民，我为什么不去继承文王的事业，而去争取最后的胜利呢？"

"上帝也因此经常辛劳地向我们发出命令，好像要去掉自己身上疾病那样迫切，我怎敢不去努力地完成文王从上帝那里所接受的神圣的事业呢？"

四

【原文】

王曰："若昔朕其逝①，朕言艰日思②。若考作室，既厎③法，厥子乃弗肯堂，矧肯构④。厥父菑⑤，厥子乃弗肯播⑥，矧肯获。厥"考翼"，其肯⑦曰，予有后，弗弃基。肆予曷敢不越卬敉宁王大命⑧。若兄考⑨，乃有友⑩伐厥子，民养⑪其劝弗救。"王曰："呜呼，肆⑫哉，尔庶邦君越尔御事。爽邦由哲⑬，亦惟十人迪⑭知上帝命。越天棐忱⑮，尔时罔敢易法⑯，矧今天降戾⑰于周邦。惟大艰人，诞邻胥伐于厥室⑱，尔亦不知天命不易。"

【注释】

①若昔：从前。其：将要。逝：往。②艰日思：艰难的日子的想法。③厎：定。④堂：基，这里作动词用，打基础。矧（shěn）：何况，下文"矧肯获"中的"矧"也是这个意思。构：构筑，盖房子。⑤菑（zī）：新开垦土地。⑥播：播种。⑦考翼：考虑。其：岂，难道，通常用在反问句的开头。⑧越卬：在我自己。越：在。敉（mǐ）：结束，完成。⑨考：终，死。⑩友：群，成群。⑪民养：就是人民之长，指诸侯和官员。民：人。养：长。⑫肆：努力，尽力。⑬爽：明，圣明。哲：哲人。⑭迪：启迪，引导。⑮越：和，与。棐忱：辅助诚信的人。⑯时：代词，是，这。易：更改。法：天意或者是天命。⑰戾：定，指定命。⑱大艰人：大发难的人，指三监和武庚。诞：通"延"，引诱、勾结。邻：邻国。胥：相。

【译文】

王说："在过去，我曾经跟随武王到东方讨伐殷国，所以我想说些艰难日子里的想法。譬如父亲要盖房子，已经确定了房子的盖法，可是他的儿子却不肯去奠定房子的地基，何况是盖房子呢？他的父亲把地耕好，他的儿子却不肯播种，何况是收获庄稼呢？做父亲的是敬重自己的事业的，他考虑后难道会说'我的后代，不会毁掉我的事业'吗？所以，我怎敢不在我执掌大位期间亲自去讨伐叛乱，完成文王从上帝那里接受的大命呢？又好比当父兄的死了，如果有邻国讨伐他的子弟，难道那些统治他们的侯王能够劝阻他们不去救助自己的子弟吗？"王说："唉！努力吧，各位诸侯国君以及你们的官吏们。要把国家治理好，就必须依靠圣明的哲人，现在也有十个人引导我们知道天命和天帝辅助诚信之人的道理,你们不能轻视这些!何况现在天帝已经给周国降下了福祉呢!那些发动叛乱的人却勾结殷人来讨伐自己的同宗。你们不知道上帝的大命是不能违背的吗?"

五

【原文】

"予永念曰:天惟丧殷,若穑夫①,予曷敢不终朕亩。天亦惟休②于前宁人,予曷其极③卜。敢弗于从,率宁人有指疆土④,矧今卜并吉。肆朕诞以尔东征⑤。天命不僭⑥,卜陈惟若兹⑦。"

【注释】

①穑(sè)夫:农夫。②休:奖励,造福。③极:放弃。④于:往,去,到。从:重,再。率:循行,遵行。有指:美好。指:旨,美。⑤诞:语中助词。以:率领。⑥僭:逾越。⑦陈:示。若:顺从。兹:如此,这。

【译文】

"我常常这样考虑:天是一定要让殷彻底灭亡的,好像农夫一样,我怎么敢不努力完成田亩里的耕作呢?天曾经造福于我们的祖先,我怎么还需要屡次占卜呢?怎么敢不去遵从原来那吉兆而依照祖先的遗规来保有这疆土呢?更何况我所占卜的都是吉兆呢?因此我要率领你们去东征。天的命令是不会有差错的,卜兆所表现出来的就是这样。"

【评析】

公元前1063年,商纣王的儿子武庚串通"三监",联络淮夷,起兵叛周。一时间内忧外患,周王朝有临深渊履薄冰之忧。就在这个时候,周公不避嫌疑,挺身而出,辅佐成王。经过耐心的解释和说服,终于达到了王室内部的团结,并力排众议,毅然出兵东征,这在周初是一件大事。《大诰》就是周公所做的战前动员,周公的谈话有两个主要内容。

《大诰》首先分析当时国家所面临的困难和解决困难的方法。困难有两个方面:一是武王之死以及王室内部的猜忌;二是武庚等发动叛乱,图谋复辟。二者交织在一起，使得当时周朝所面临的形势极为严峻。针对这种情况，周公主张武力解决，并通过占卜肯定了这个主张。其次对反对武力平叛的诸侯臣下进行说服教育，这是动员所要达到的主要目的，因此所占的篇幅更大。

对于武力平叛，周的统治集团内部的反对意见非常多，可以说是占了上风。理由主要有两条，一是当时民心动摇，局势混乱，平叛的困难太大。二是叛乱分子中有些是王室内部的人，甚至是长辈，不应该讨伐他们，因此劝说周公不顾占卜的结果，取消东征。为了说服反对派，争取诸侯国的支持，周公从不同角度反复论证了武力镇压的必要性。针对反对派所谓的困难太大，周公指出武力平叛是必要的，为了完成文王留下的未竟的事业，便不能被困难吓倒，也不能过多考虑自身的安危，这是用使命感来激励反对派。接着周公又动情地指出群臣都是文王的旧臣，应当知道文王的勤劳，言下之意是既然是臣子，那就应该倾尽全力去完成文王的未竟事业。

他还强调这次占卜所使用的是文王所遗留下来的大宝龟，而且占得吉兆，暗示东征一定会像当年武王伐纣一样取得巨大胜利。谈话还两次用种庄稼作比喻，说明后人应当继承前人的遗业和除恶务尽的重要性，说理形象生动。文章中有不少比喻都很质朴，也有很强的说服力："予惟小子，若涉渊水，予惟往求朕攸济。若兄考，乃有友伐厥子，民养其劝弗救？"以涉深水为喻，以父子亲情为喻，生动亲切，质朴动人，代表了早期先秦散文的艺术成就。作者感情诚挚、深厚，从字里行间可以体会出周公的满腔赤诚。

微子之命第十

【原文】

成王既黜殷命，杀武庚，命微子启代殷后，作《微子之命》。王若曰："猷①！殷王元子②。惟稽古，崇德象贤③。统承先王，修其礼物，作宾于王家，与国咸休，永世无穷。呜呼！乃祖成汤克齐圣广渊④，皇天眷佑，诞受厥命。抚民以宽，除其邪虐。功加于时，德垂后裔⑤。尔惟践修厥猷⑥，旧有令闻。恪慎克孝，肃恭神人。予嘉乃德，曰笃不忘⑦。上帝时歆⑧，下民祗协，庸建尔于上公，尹兹东夏⑨。钦哉！往敷乃训，慎乃服命⑩，率由典常，以蕃王室⑪。弘乃烈祖⑫，律乃有民⑬，永绥厥位，毗予一人⑭。世世享德，万邦作式，俾我有周无斁⑮。呜呼！往哉惟休⑯，无替朕命⑰。"

【注释】

①猷（yóu）：叹词。表赞美，相当于"哟"。②元子：长子。微子是殷王帝乙的长子，纣的庶兄，所以称他为殷王长子。③崇德：崇重有德的人。象贤：效法贤人。④齐圣广渊：齐：肃敬。圣：明通。广：广大。渊：深远。⑤垂：流传。⑥践修：履行。古代履叫践，行叫修。猷：道。⑦曰笃不忘：曰：谓。笃：纯厚。⑧歆：享受祭祀的香气。⑨东夏：东夏地区，指宋国。⑩服命：服：职位。命：使命。这里指上公的职位和使命。⑪蕃：通"藩"，屏障，保卫。⑫烈祖：烈：功业。烈祖：有功烈之祖，指成汤。⑬律：规律，规范。⑭毗（pí）：辅助。⑮俾：服从。斁（yì）：厌倦。⑯往哉惟休：去你的封国，修德为政。⑰替：废弃。

【译文】

成王杀掉武庚，命武庚的庶兄微子启继承殷祀，作《微子之命》告诫微子启。成王这样说："哟！殷王的长子。稽考古代，有尊崇盛德、效法先贤的制度，就是说，继承先王的传统，施行他的礼制文物，做王家的贵宾，跟王家同样美好，世代绵长，无穷无尽。啊呀！你的祖先成汤，能够肃敬、圣明、广大、深远，被皇天顾念佑助，承受了天命。他用宽和的办法安治臣民，除掉邪恶暴虐之徒。功绩施展于当时，德泽流传于后裔。

"你履行成汤的治道，老早有美名。谨慎能孝，恭敬神和人。我赞美你的美德，以为纯厚而不可忘。上帝依时享受你的祭祀，下民对你敬爱和睦，因此立你为上公，治理这块东夏地区。要敬重呀！前去发布你的政令。谨慎对待你的上公职位与使命，遵循常法以保卫周王室。宏扬你烈祖的治道，规范你的人民，长久安居上公之位，辅助我一人。这样，你的世子孙会享受你的功德，万邦诸侯会以你为榜样，服从我周王室而不厌倦。啊！前去吧，要好好地干！不要废弃我的诰命。"

【评析】

《微子之命》是周成王对微子的诰命。微子，亦称宋微子，是纣王的兄长，武庚的伯父。武庚因为叛乱被周王室诛杀之后，周成王决定任命微子作为殷商宗族的继承人，把他封于"东夏"之国，亦即后来的宋国。

作为一篇典型的官样文章，周成王在讲话中首先肯定了微子的品质，说他崇尚德性，效法先贤，是周王室的贵宾。接着又夸奖微子的祖先商汤，说商汤圣明无边。然后又夸奖微子，说他是商汤美德的继承人，因而，应当居于上公的地位。最后提出希望，要求微子在东夏之国恪守职责，辅佐周王室，争取做各路诸侯的榜样等等。但是，通过这篇文章，我们却可以理解，什么叫贵族气象与贵族精神。

微子作为商汤宗族的继承人和商汤宗庙的守护者，可谓标准的贵族。虽然这个家族在政治上不再居于至尊地位，但就当时的观念来看，他们的身份与血统依然是高贵的。这个特点，在周成王的致辞中，已经可以体现出来。微子作为贵族精神、贵族气象的象征，他被册封到宋国之后，也把这种贵族精神、贵族气象带到了宋国。

那么，到底何谓贵族精神、贵族气象？大致说来，具有某种理想主义精神，信守某些由来已久的古老教条，珍视精神方面的价值，偏向于某种精英主义的立场，有时候会显得有些古板、迂腐、不切实际，诸如此类的精神，可以视为贵族精神、贵族气象。

譬如，《韩非子》中记载的宋襄公，就体现了这样的贵族精神与贵族气象：有一年，宋襄公与楚国人在泓水一带打仗，宋军已经排好了队列，但楚军还没有准备好。这时候，宋国有人向宋襄公提出，趁楚军没有排好队列之机马上发起攻击，楚军必败。但是，宋襄公回答说，楚军还在渡河，我们就发起进攻，有损于道义。一直等到楚军完全准备好之后，宋襄公才鸣鼓而攻之。结果宋军大败，襄公也身负重伤，三天后就死了。

韩非子讲这个故事，意在讽刺宋襄公不知应变，结果吃了大亏。在韩非子的眼里，死守教条的宋襄公是一个很不明智的负面典型。但是，韩非子没有意识到，这个失败了的宋襄公，正是贵族精神、贵族气象的活化石，而韩非子则代表了一种与贵族精神完全相反的实用主义。

宋襄公的失败，在某种层面上，标志着从殷商经过微子传下的贵族精神的破产，取而代之的新观念，则是公孙固以及后来的商鞅、韩非子、李斯等法家人物所代表的实用主义。从微子到宋襄公一脉相承的贵族精神和理想主义，则逐渐转化成了儒家学派的基本理念。所谓孔孟之道，在很大程度上，其实就是宋襄公所代表的贵族精神的历史遗留物。宋襄公的失败最为明显，其实，孔子与孟子无论是在身前身后，几乎也没有成功过。正如后来的朱熹在回答陈同甫时所言："其间虽或不无小康，而尧舜三王、周公、孔子所传之道，未尝一日得行于天地之间也。"

康诰第十一

一

【原文】

　　成王既伐管叔、蔡叔，以殷余民封康叔，作《康诰》、《酒诰》、《梓材》。惟三月哉生魄①，周公初基作新大邑于东国洛②，四方民大和会。侯甸男邦，采卫百工，播民和见③，士④于周。周公咸勤⑤，乃洪大诰治⑥。王若曰⑦："孟侯⑧，朕其弟，小子封⑨。惟乃丕显考文王⑩，克明德慎罚⑪，不敢侮鳏寡、庸庸⑫、祗祗⑬、威威⑭、显民⑮。用肇造我区夏⑯，越我一二邦，以修我西土⑰。惟是怙冒闻于上帝。帝休⑱，天乃大命文王。殪戎殷⑲，诞受厥命，越厥邦厥民⑳。惟时叙㉑，乃寡兄勖㉒。肆汝小子封，在兹东土㉓。"

【注释】

　　①三月：周公摄政第四年的三月，也就是成王四年的三月。哉生魄：就是新月出现的时候。哉：开始。魄：指新月。②基：造。新大邑：新的大都市。③侯甸男：侯服甸服男服是九服的三种。工：官员。播民：殷商的遗民。和见：会见。《周书·谥法》：和，会也。④士：事，服役。⑤咸：全。勤：慰劳，犒劳。⑥洪：代替。治：道理，治理国家的原则。⑦王：指的是摄政王周公。若：这，这样。⑧孟侯：指康叔。孟：长，为诸侯长。⑨其：之。封：康叔名。⑩乃：代词，你的。丕显考：伟大光明的父亲。丕：大。显：明。⑪克：能够。明德：崇尚德教。慎罚：谨慎地使用刑罚。⑫庸庸：任用可以胜任的人。庸：用。⑬祗祗：尊敬可敬的人。祗：敬。⑭威威：威慑可威慑的人。威：威慑。⑮显民：就是显之于民。显：显著。⑯用：因此，所以。肇：开始。造：缔造，建立。区夏：小夏。周邦自称夏。周邦原居陕西西部，地域不广，所以称为小夏。区：小的意思。⑰越：连词，与，和，从。修：治。⑱是：这个。怙：德行。冒：通"勖"，勉励，鼓励。休：高兴，喜。⑲殪（yì）：死，这里指灭亡。

戎殷：大殷。⑳越：连词，与，和。㉑时：承。叙：绪，事业。㉒寡兄：指周武王，因为古代天子都称自己为孤或寡，所以此处才这么说。㉓东土：就是指的卫国。

【译文】

成王诛灭管叔、蔡叔以后，将殷的遗民封康叔，并作《康诰》、《酒诰》、《梓材》，告诫康叔要厚德爱民，不要沉溺于酒色。成王四年三月，新月出现的时候，周公开始打算在东方的洛水营造新的大都市，四方的臣民都到这里集合。诸侯、百官以及殷商的遗民，都来营建洛邑，为周王室服务，因此都被召见。周公为了慰劳他们，便代替成王发表训话，告诉他们治理国家的大道理。王这样说道："诸侯的领袖，我的弟弟，年幼的封。只有你那英明的父亲——文王能够崇尚德教而谨慎地使用刑罚，不去欺侮那些无依无靠的人，任用那些应当受到任用的人，尊敬那些应当受到尊敬的人，镇压那些应当受到镇压的人，并显之于民。这样，开始缔造了我们小小的夏国，并且影响逐渐扩大，从我们一两个小国，逐步治理扩大到天下的三分之二。这些地方连同我们的本土——西方都治理得很好。因此，这种勤奋的德行，被上帝知道了，上帝非常高兴，就命令文王灭掉殷，代替殷接受上帝赐予的大命，来统治他的国家及其臣民。我们的大兄——武王继承了文王的事业，更加勤奋，因此，你这年幼的封，才被封在这商的旧地——东土之上。"

二

【原文】

王曰："呜呼，封，汝念哉。今民将在祇遹乃文考①，绍闻衣德言②。往敷求于殷先哲王，用保乂民③。汝丕远惟商耇成人，宅心知训④。别求闻由古先哲王，用康保民⑤。宏⑥于天，若德裕乃身⑦，不废在王命⑧。"王曰："呜呼，小子封，恫瘝乃身⑨，敬⑩哉。天畏棐忱⑪，民情大可见。小人难保，往尽乃心。无康好逸豫⑫，乃其乂民。我闻曰，怨不在大，亦不在小。惠不惠⑬，懋不懋⑭。""已，汝惟小子，乃服惟宏。王应保殷民⑮，亦惟助王宅⑯天命，作新民⑰。"

周书

·173·

【注释】

①在：考虑，思考。祗：敬。遹（yù）：遵从。乃：代词，你，指康叔。文：指文王。考：父。②绍：继。闻：旧闻。③敷：普遍，广。保：安。乂：养。④丕：即大。惟：思。商：指殷商。耇（gǒu）：老。宅：度，猜测。知：了解。训：顺从。⑤别：另外的，其他的。康保：安定。⑥宏：大。⑦若德：顺从之德。裕：指导。⑧废：废弃。在：完成。《尔雅·释诂》："在，终也。"⑨恫（dòng）：痛，使动用法。瘝（guān）：病，使动用法。⑩敬：慎重。⑪畏：通"威"，威严。棐（fěi）：辅助，帮助，辅佐。忱：诚，真。⑫豫：安乐，安逸。⑬惠：顺服，依从。⑭懋：勉励。⑮服：职责，责任。应保：受命安抚。⑯宅：定，安。⑰作：改造。新：革新。

【译文】

王说："啊！封呀，你要好好考虑我所告诫你的那些话！现在臣民都在观察你，看你是否恭敬地遵循你光荣的先父——文王的传统。你要明审地清醒地听取殷的有德之人的言论，去广泛地寻求殷代已故的明哲之王的治国安邦的经验，用来安定你所管辖的民众。你要十分注意考察殷商遗老的思想动态，要认真分析他们究竟在想些什么，从而总结出一些普遍性的道理。此外，你还应当普遍地探求古代明智圣王的遗规，来丰富自己的经验，从而来安定和保护民众。只有这样，你才能被天所保佑。你要能够把美德充裕在你的身体里，这样你就不会荒废王命。"

王说："唉！年幼的封啊！治理国家就好像医治自身病痛一样，可要小心谨慎啊！上帝是威严的，它是不是诚心地帮助你，往往要通过臣民的情绪表现出来。小人是难以治理的。到那里，一定要尽你所有的力量，不要贪图安逸享受，只有这样，才能治理好你的臣民。我听说：'民怨的可怕不在大，也不在小。如果认真对待，民怨虽大也不可怕；如果不认真对待，民怨虽小，也是可怕的。'唉！你虽然是个年轻的人，但你的责任是重大的。我们国王接受上帝的命令来治理殷民，你应当帮助国王，按照上帝的意旨来改造革新殷民。"

三

【原文】

王曰："呜呼，封，敬明乃罚①。人有小罪，非眚②，乃惟终③，自作小典，式尔④，有⑤厥罪小，乃不可不杀。乃有大罪，非终，乃惟眚灾⑥，适⑦尔，既道极厥辜⑧，时乃不可杀。"王曰："呜呼，封，有叙时⑨，乃大明服⑩，惟民其敕懋和⑪。若有疾，惟民其毕弃咎⑫。若保赤子⑬，惟民其康⑭乂。""非汝封刑人⑮杀人，无或刑人杀人，非汝封又曰，劓刵⑯人，无或劓刵人。"王曰："外事⑰，汝陈时臬，司师⑱，兹殷罚有伦⑲。"又曰："要囚⑳，服念㉑五六日，至于旬时，丕蔽㉒要囚。"

【注释】

①敬：小心谨慎。明：严明。②非眚（shěng）：故意的。眚：过失。③终：经常。④式：用，故意。尔：如此。⑤有：虽然。⑥眚灾：因为过失造成的灾祸。⑦适：偶然。⑧道：指法律。极：尽。辜：罪过。⑨有：能。叙：按照。时：代词，这。⑩明：顺。服：诚服。⑪敕：告诫，勉励。和：和睦。⑫毕：尽，全。咎：罪恶。⑬赤子：儿童，很小的孩子。⑭康：安定。⑮刑人：给人施加刑罚。⑯劓（yì）：割鼻的刑。刵（ěr）：古时割掉耳朵的刑罚。⑰外事：判断案件的事。⑱陈：公开宣布。臬：法度。司：治理，管理。师：多，在这里指民众。⑲伦：法度，法则。⑳要囚：动宾结构，囚禁犯人。㉑服念：思考，考虑。《诗·关雎》传："服，思之也。"㉒丕：乃。蔽：判断、审查。

【译文】

王说："啊！封呀，要谨慎地使你的刑罚。假若有人犯了小罪，但他不认错，还继续触犯法律，这说明他是故意犯罪，这样，他所犯的罪即使很小，也不可不把他杀掉。如果有人犯了很大的罪，但他不坚持错误，并且知道悔过，这说明他是偶然犯罪，这样，在按照法律来研究他的罪过时，是不应当主张把他杀掉的。"

王说："唉！封啊！假如能按照这些道理来使用刑罚，臣民就会顺服，他们就会辛勤地从事生产，并且相互勉励不去犯上作乱。应当像医治自己疾病一样，尽力让臣民完全抛弃各自的错误。应当像护理小孩一样，尽力把臣民治理好，都能得以安康。""并不是你封在惩罚人、在杀人，那是上帝的意旨，要按照上帝的意旨去办，不要专断地根据自己的意愿去惩罚人、杀人。还应当说，不是你封在割人家的鼻子和耳朵，那也是上帝的意旨，要根据上帝的意旨去办，而不要武断地根据自己的意愿去割人家的鼻子和耳朵。"

王说："判断案件，你要公开宣布这就是你施用刑罚的准则，这就是按照殷商时代的刑法来治理众民的。"又说："在考察犯人的供词时，要考虑五天到六天，甚至要考虑十天，一定非常慎重地去审查犯人的供词。"

四

【原文】

王曰："汝陈时臬，事罚①。蔽殷彝②，用其义刑义杀③。勿庸以次汝封④，乃汝尽逊，曰时叙⑤，惟⑥曰未有逊事。已，汝惟小子，未其有若汝封之心⑦。朕心朕德，惟乃知。""凡民自得罪⑧，寇攘奸宄⑨，杀越⑩人于货，暋⑪不畏死，罔弗憝⑫。"

【注释】

①事罚：施行刑罚。事：动词，从事，进行。②蔽殷彝：蔽以殷法，用殷法判断案件。彝：法，法度，原则。③其：代词。义：宜，合理。④勿庸：不用。次：通"恣"，依从，顺从。⑤乃：若，假若。逊：按照，顺从。⑥惟：宜，应当。⑦未：没有。若：顺从。⑧自得罪：因此获罪。自：由，因。⑨寇：入室抢劫。奸：在内部作乱。宄：在外部作乱。⑩越：抢劫。⑪暋（mǐn）：强硬蛮横。⑫罔弗憝（duì）：没有人不怨恨的。憝：怨恨。

【译文】

王说："你宣布了这些施用刑罚的准则以后，就可以进行惩罚了。在根据殷商刑法来判罪时，一定要采用它的这种原则：凡是应该受到惩罚的就一定要加以惩罚，凡是应该杀掉的就一定要把他杀掉，不要按照你康叔封的想法来做。你应当完全做到小心谨慎，你要说这是遵照上帝的意旨行事的，还要说，你没有一件事不是小心谨慎的。唉！你虽然是个年轻人，但没有比你封的心地更好的了。我的愿望，我的治理民众的德政，也只有你才能够了解。""凡是民众因此犯罪，比如各种各样的盗贼、杀人并抢劫财物的歹徒，这些人强硬蛮横而不怕死，对于他们应当坚决惩治，因为没有人不怨恨他们的。"

五

【原文】

王曰："封，元恶大憝①，矧惟不孝不友②。子弗祗服③厥父事，大伤厥考心。于父不能字④厥子，乃疾⑤厥子。于弟弗念天显⑥，乃弗克恭厥兄。兄亦不念鞠子哀⑦，大不友于弟。惟吊兹⑧，不于我政人得罪⑨，天惟与我民彝大泯乱⑩。曰：乃其速由文王作罚⑪，刑兹无赦。""不率大戛⑫，矧惟外庶子训人惟厥正人越小臣诸节⑬，乃别播敷⑭，造民⑭大誉，弗念弗庸，瘝厥君⑮，时乃引⑯恶，惟朕憝。已，汝乃其速由兹义率⑰杀。"

【注释】

①元：大，极。大憝（duì）：被人大恨。②矧：也。孝：对待父母善。友：对待兄弟善。③祗：恭敬地。服：做。④字：喜爱，疼爱。⑤疾：厌恶、讨厌。⑥天显：即指天伦。⑦鞠子：幼子。哀：痛苦，悲哀。⑧吊：至。兹：代词，这样的。⑨于：到。政人：当官执政的人。⑩泯：就是灭的意思。乱：混乱。⑪由：用，引申为按照。⑫率：循，遵守。戛：法，法律。⑬庶子：官名。训人：官名。越：连词，和、与。诸：即多的意思。节：也是官名，即有符节的官。⑭别：另外的。播敷：散布，传播。造：鼓动。⑮瘝：病，伤害。厥：代词，他们的。⑯引：增长，助长。⑰率：捕捉，捉拿。

【译文】

王说："封啊，那种罪大恶极的人，也是不孝顺不友爱的人。做儿子的不恭敬地按照他父亲的要求做事，这样就会使他的父亲大为伤心；于是做父亲的就不会疼爱他的儿子，反而讨厌他的儿子；做弟弟的，不去考虑上帝的权威，这样的人也不会恭敬地对待他的兄长；做兄长的也不为他幼小的弟弟缺乏教养而悲哀，对他弟弟的态度很不友好。民众到了这种不孝不恭不慈不友的地步，还不到我们执政者这里来认罪，这样，上帝赐予我们的统治民众的大法，便会遭到严重的破坏。你就应该迅速地按照文王所制定的刑法，对这些人严加惩罚而不要稍有宽恕。""不遵循国家的大法，也是由我们的官员造成的。那些各级的掌权者以及他们的下属官员，另搞一套，欺骗民众，树立个人的声誉，对于国家的大法根本不放在眼里，不去遵照执行，煽动民众仇恨他们的君主。这就助长了民众的罪恶行为，我是特别讨厌这种人的。唉！你就应当迅速地根据这些罪恶，按照国家的法律捕捉他们并杀掉。"

六

【原文】

"亦惟君惟长①，不能厥家人，越厥小臣外正。惟②威惟虐，大放③王命，乃非德用乂。汝亦罔不克敬典④，乃由裕民⑤，惟文王之敬忌⑥，乃裕民。曰：我惟有及⑦。则予一人以怿⑧。"王曰："封！爽惟民迪吉康⑨。我时其惟殷先哲王德⑩，用康乂民作求⑪。矧⑫今民罔迪不适，不迪则罔政⑬在厥邦。"王曰："封！予惟不可不监⑭，告汝德之说于⑮罚之行。今惟民不静，未戾厥心⑯，迪屡未同⑰。爽惟天其罚殛⑱我，我其不怨。惟厥罪无在大，亦无在多，矧曰其尚显闻于天⑲。"

【注释】

①君、长：即指诸侯。②惟：做。③放：放弃，违背。④典：法，法律。⑤乃：往，去。由裕：教育引导。由：根据，依据。⑥敬忌：敬和忌，谓赏善罚恶。⑦及：继承，沿袭，这里指的是继承文王。⑧怿（yì）：高兴，欣喜。⑨爽惟：用在句首的语气词。迪：启迪，引导。吉：善，安。康：宁。⑩其：语气助词。惟：思考，思索。⑪求：通"逑"，法则。⑫矧：何况，况且。⑬罔：无。政：在这里指的是善政。⑭监：同"鉴"，借鉴。⑮于：与。⑯戾：定，安定。厥：代词，他们的。⑰屡：屡次，多次。同：从。⑱殛：诛。⑲矧：何况。尚：还。闻：了解。

【译文】

"也有这种情况，那就是诸国的君长们，他们虽然是统治民众的人，却不能教育他们的家人和他们亲近的小臣们，以及地方上的官员们。放纵这些人在民众中间作威作福，暴虐民众。这就完全违背了王的命令。像这样的人，不是用施加恩惠的办法就可以治理好的。""你对国家的大法，没有不尊重的，你应当根据国家的大法去教育众民，只有你才能像文王那样心怀尊敬和畏惧，从而把民众治理好。应当告诉臣民：'我是在努力地继承文王的传统。'你能够这样做，我是非常高兴的。"

王说："封啊，只有民众沿着我们所要求的轨道，国家才会安康，我们应当考虑殷商过去圣明国王的德政，只有把民众治理好，才能实现国家的安康，这才是最终目的。何况现在的民众，如果没有人去引导他们，他们就不会向善；不去引导他们，我们国家的治理就搞不好。"王说："封啊，我们应该总结经验教训，我要告诉你如何施用德政，如何施用刑罚。现在天下的臣民还很不安定，他们的心还没有完全服从我们，虽然我们对他们屡次教育，但他们还是不服从我们的统治，这是上帝对我们的惩罚，我们是不应当表示怨恨的。对待民众的罪过，不要去考虑大小，也不要去考虑多少，应当按照上述办法分别对待，妥善处理，何况说这些罪过，都是要为上天所了解呢？"

七

【原文】

王曰："呜呼，封，敬哉。无作①怨，勿用非谋非彝，蔽时忱②。丕则敏德③，用康乃心④，顾乃德。远乃猷⑤裕，乃以⑥民宁，不汝瑕殄⑦。"王曰："呜呼，肆⑧汝小子封，惟命不于常⑨，汝念哉，无我殄享⑩。明乃服命⑪，高⑫乃听，用康乂民。"王若曰："往哉，封，勿替⑬敬，典⑭听朕告，汝乃以殷民世享⑮。"

【注释】

①作：造，产生。②蔽：遮蔽，隐蔽。忱：诚的意思。③丕则：于是，就。敏德：意思是推行德政。敏：勉力。④康：安定。乃：代词，指殷民。⑤猷：通"繇"，徭役。⑥裕：富。以：用。⑦瑕：病，责备。殄（tiǎn）：绝，灭绝。⑧肆：尽力。⑨命：这里指的是天命。常：永久不变的。⑩殄：断绝。享：享有。⑪明：明确。乃：代词，你的。服命：责任和使命。⑫高：大或者广。⑬替：舍弃。⑭典：常。⑮以：与。世享：世世代代统治殷国。

【译文】

王说："唉！封啊！要小心谨慎地治理你的国家。不要产生埋怨的情绪，不要采用那些错误的方法，以及不符合国家大法的措施，从而隐蔽了你的这种诚心。于是要因时制宜，推行德教，要经常稳定你的思想，经常总结经验教训，看看你的措施是否符合德政。对于治民之道，你要深思而行，这样，你才能使民众安定富裕，他们也就无法找到你的过错把你推翻。"

王说："唉！尽力吧！现在我要告诉你这年幼的封，要想到上帝的大命是会变化的，你要好好地考虑啊！不要因为你没有把国家治理好而断绝了我们对祖先的祭祀，要明确并努力承担你的责任，广泛听取我给你的教导，只有把众民治理好，我们的国家才能得到安康。"

王这样说："去吧！封，不要丢掉了应当谨守的法典，要常听我对你的告诫，只有这样，才能和殷民们一起世世代代奉行祭祀。"

【评析】

与《大诰》一样，这也是一篇可靠的周代早期文献。诰词开篇提出"明德慎罚"的原则，然后告诫卫康叔为什么要遵循和怎样遵循这个原则，全篇充满着训诫的色彩。诰词从内容上可以分为五部分：第一部分，文王、武王明德慎罚，从而得到了上天的垂爱；第二部分，如何明德保民；第三部分，如何慎用刑罚；第四部分，如何以德化民；第五部分，如何听从教命。明德慎罚原则可以用六个字来概括——"庸庸，祗祗，威威"。

用今天的话说，就是任用值得任用之人，尊敬那些可敬之人，处罚那些必须处罚的人。我们可以发现这样几个要点：施用刑罚不能只看罪行，还要看动机，重罚故意犯罪且不思悔改者，适当处罚过失犯罪且愿意悔改者；惩罚罪犯像治病救人；执政者亲自掌握刑罚，确保刑罚的权威性；对判决要慎重，多考虑；不能用自己的意愿来代替刑罚。

周公的这些观点很有点现代意味，并且是有意识地把刑罚作为维护统治的手段。值得注意的是，周公强调不能用"人治"来代替"法律"，也就是要讲究规则，按规则办事，不管统治者个人是否喜欢，犯了规就得处罚。周公推行"德政"，辅之以法律手段，使他获得了开明君主的美名。可惜的是，他还没有开明到打破等级观念，未提出在法律面前人人平等。

酒诰①第十二

一

【原文】

　　王若曰："明大命于妹邦②。乃穆考文王，肇国在西土③。厥诰毖庶邦庶士越少正御事朝夕曰④：'祀兹⑤酒。惟天降命。肇⑥我民，惟元祀⑦。天降威⑧，我民用大乱丧德⑨，亦罔非酒惟行⑩。越小大邦用丧，亦罔非酒惟辜⑪。'""文王诰教小子有正有事⑫，无彝酒⑬。越庶国⑭，饮惟祀，德将无醉⑮。""惟曰我民迪小子，惟土物爱⑯，厥心臧⑰。聪听祖考之彝训⑱，越⑲小大德。"

【注释】

　　①《酒诰》是周公命令康叔在卫国宣布戒酒的告诫之辞。殷商贵族嗜好喝酒，王公大臣酗酒成风，荒于政事。周公担心这种恶习会造成大乱，所以让康叔在卫国宣布戒酒令，不许酗酒，规定了禁酒的法令。②王：指周公。明：颁布，昭告。妹邦：指殷商的故土。③穆考：指文王。文王世次当穆，所以称穆考。肇：开始，开创。西土：即指周朝。④厥：代词，指文王。诰毖（bì）：教导，告诫。毖：通"必"。庶：众，多。少正：副长官。御事：办事的官员。御：治理。⑤兹：才，就。⑥肇：敏，劝勉。⑦惟：只，只有。元祀：大祀。元：大。⑧威：惩罚。⑨用：因。大乱：造反，反叛。⑩罔：无。惟：为了。⑪辜：罪过，过错，错误。⑫小子：在这里指的是文王的子孙后代们。有正有事：即指各级官员。⑬无：不要。彝：经常。⑭越：于。庶国：指的是在各个封地任职的诸侯国的国君。⑮德将：以德相助。将：协助。⑯迪：开导，启迪。小子：指子孙。土物：由土里长出来的农产品或者庄稼。爱：爱惜。⑰臧（zāng）：善，美好的。⑱聪：明听。祖考：即指文王。彝：法度。⑲越：发扬。

【译文】

　　王说："我要在这殷商的旧都向你明确地颁布教令了。你那可敬的父亲——文王，在西方缔造了我们的国家。他曾经从早到晚告诫诸侯国君及其官吏们说：'只有在祭祀的时候，才可以用酒。想一下上帝所下达的意旨吧！当上帝开始为我们臣民造酒的时候，就是为了那盛大的祭祀啊。上帝降下惩罚了，是因为我们的众民胆敢犯上作乱，丧失了他们应当遵守的道德，究其原因，无非是以酒乱行。有些诸侯国灭亡了，那也是众民饮酒过度带来的灾害。'"

　　"文王告诫他的子孙以及官员们不许经常饮酒，同时也要求诸侯国君，只有在祭祀的时候才可以饮酒，在饮酒的时候，要严格要求自己，以德相助，以免喝醉了。""文王还说，要经常教导我的臣民及子孙，要他们经常想到土地上生长的庄稼是应当爱惜的，这样他们的心地就会善良了。一定要很好地听取我们的前辈所留下的这些教训，无论德行大小都要发扬。"

二

【原文】

　　"小子惟一妹土①。嗣尔股肱②，纯其艺黍稷③，奔走事④厥考厥长。肇⑤牵车牛，远服贾用⑥，孝养厥父母。厥父母庆⑦，自洗腆⑧，致⑨用酒。""庶士有正越庶伯君子⑩，其尔典听朕教⑪。尔大克羞耇惟君⑫，尔乃饮食醉饱。丕惟曰尔克永观省⑬，作稽中德⑭，尔尚克羞馈祀⑮。尔乃自介用逸⑯，兹乃允惟王正事之臣⑰。""兹亦惟天若元德⑱，永不忘在王家⑲。"

【注释】

　　①小子：指殷的遗民，与下文"庶士有正"相对。惟：只。②嗣：用，尽力。股肱：脚和手。③纯：专一地，专心致志地。艺：种植，耕种。④事：动词，赡养，侍奉。⑤肇：勉力。⑥服：从事，进行。贾用：贸易，买卖。⑦庆：高兴，喜悦。⑧洗：洁，这里专指准备。腆：丰盛的膳食。⑨致：可以。⑩庶士、有正、越庶伯、君子：对官员的统称。越：和，与。伯：邦伯。君子：在位官员。⑪其：希望，表祈使语气。典：经常，常常。⑫克：能够，可以。羞：进献。耇（gǒu）：老人。惟：与。⑬丕：语气助词，没有实在意义。省：反省，反

思。⑭作稽：举止行为。中德：中正之德。中：符合、合乎。⑮羞：进，进入。馈祀：国君举行的祭祀。⑯介：通界，限制。用逸：指饮酒作乐。⑰允：诚。惟：是。正：治理。⑱若：善，美好的，赞美。元德：大德。⑲忘：使其不忘。在：于。

【译文】

"殷商旧都的殷民们，从今以后，你们要尽手足之力辛勤劳动，专心致志地种好庄稼，要侍奉你们的父兄，以及为你们的官长奔走效劳。在农事完毕以后，你们就可以赶快牵着牛车，到外地从事贸易，以孝敬赡养你们的父母。你们的父母一定会高高兴兴地自己动手准备丰盛的饭食，在这时，你们就可以饮酒了。""官员们，希望你们要经常听取教导。只要你们能够很好地孝敬长辈和国君，你们就不但饭可以吃得饱，酒也可以喝得足了。这样，就可以说你们是能够长久地省察自己的行为，使自己的言行举止合乎我们的道德标准。这样，你们也就基本上可以参与国王所举行的祭祀，你们也就可以向上帝祈求饮酒作乐了。这就是说你们都是为国王所信任并为国王办理各种政务的官员。""你们要能够按照上帝所规定的大德行事，时刻不忘自己作为国王的臣下的身份。"

三

【原文】

王曰："封，我西土棐徂①。邦君御事小子，尚克用文王教，不腆②于酒。故我至于今，克受殷之命。"王曰："封，我闻惟③曰，在昔殷先哲王迪，畏天显小民④，经德秉哲⑤。自成汤咸至于帝乙⑥，成王畏。相惟御事，棐有恭⑦，不敢自暇自逸，矧曰其敢崇⑧饮。越在外服⑨，侯甸男卫邦伯。越在内服，百僚庶尹惟亚惟服⑩宗工越百姓里居⑪，罔敢湎⑫于酒。不惟不敢，亦不暇。惟助成王德显，越⑬尹人祇辟⑭。"

【注释】

①棐徂（cú）：辅助，帮助，协助。②腆：厚，丰厚的。③惟：有。④迪：引导。天显：天威。⑤经：修、行。秉哲：持敬。秉：持。哲：通"悊"，尊敬。

⑥成汤：殷商的开国君主。咸：通"覃"，延续。帝乙：商纣王的父亲。⑦成王：有成就的王。棐：辅助。恭：恭敬。⑧崇：多，尽。⑨越：过。外服：外官，指诸侯。⑩百僚：百官。庶尹：众长。亚：次，副官。服：任事的官。⑪宗工：宗室官员。百姓里居：住在家里的退休官员。⑫湎：沉湎。⑬显：显扬。⑭祗：教。辟：法。

【译文】

王说："封呀，我们西方土地上帮助过的国家的那些国君、众官员和年轻人们，都能够遵从文王的教训，不去过度地喝酒，所以我们到今天，才能够代替殷来接受上帝所赐予的大命。"王说："封啊！我听到这种说法：从前殷商圣明的国王都是引导小民敬畏上帝的，小民都能够遵从道德，对统治者表示敬仰。从成汤到帝乙的王业之所以有成就，就是因为小民对上帝和统治者表示敬畏并能辅助，官吏们各尽其职，办理政务非常谨慎，丝毫不敢擅自贪图享受，何况是尽情饮酒呢？在京城以外的诸侯国君，在朝内的各种官吏和宗室贵族，大家都不敢成天喝酒，不单是不敢这样做，也是没有闲暇这样做。他们所考虑的只是怎样帮助国王成就显赫的功业，以及使各种官吏都对国王表示敬畏。"

四

【原文】

"我闻亦惟曰：在今后嗣王①酗②身③，厥命罔显，于民祗④保越怨，不易⑤。诞惟厥纵⑥淫泆⑦于非彝，用燕⑧丧威仪，民罔不盡⑨伤心。惟荒腆于酒，不惟自息乃逸⑩。厥心疾很⑪，不克畏死⑫。辜在商邑⑬，越殷国灭，无罹⑭。弗惟德馨香祀⑮，登闻于天⑯。诞惟民怨⑰，庶群自酒⑱，腥闻在上。故天降丧于殷⑲，罔爱于殷，惟逸。天非虐，惟民自速辜⑳。"

【注释】

①后嗣王：指纣王。嗣：继承。②酗：尽情地饮酒。③身：自身。④显：明。民祗：臣民的痛苦。祗：通"疧"，病，痛苦，悲哀。⑤保：安。越：于。⑥诞：大。惟：为。纵：沉湎。⑦泆（dié）：通"佚"，放荡。⑧燕：通"宴"，宴饮。江声说："纣为酒池肉林，使男女裸而相逐其间。故言大放纵淫泆

于非法，以燕饮丧其威仪。"⑨盨（xì）：伤痛。⑩乃：代词，你的。逸：过失，错误。⑪疾：恶毒的。很：凶狠。⑫不克畏死：不怕死亡的威胁。⑬辜：罪过，这里是动词用法，作恶的意思。商邑：商的国都。⑭无罹：不忧。罹：忧虑，担忧。⑮惟：有。馨香：远闻的芳香。⑯登：升。⑰诞：大。⑱自酒：尽情地饮酒。⑲丧：灭亡之祸。⑳速：招致，惹来。

【译文】

"我还听到这样一种说法：殷代距今最近的最后继位的那位王，就胡乱地饮酒作乐，因而他的命令就不为民众所理会，他却在那里安然度日，对民众的苦难无动于衷，一点也不肯改过。他只是放纵地过度享乐而不遵守法度，由于过度宴饮而丧失了自己应有的威仪风度。对于他的所作所为，民众没有不悲痛伤心的。在这种情况下，他依然过度地沉湎于酒，自己不肯停息，只顾寻欢作乐。他的心肠险恶凶狠，为了享乐而不惜去死。他的罪恶在商邑尽人皆知，他对于殷的灭亡丝毫也不忧愁。他不考虑完善他的品德，让仁德闻达于上天，只是肆无忌惮地任凭民众怨恨。在商邑，大群的人聚集在一起饮酒，腥气一直冲到天上，所以天降下丧亡之祸给殷。上天之所以降下灭亡之祸给殷，这完全是殷人过度享乐的缘故。上天并不是暴虐的，只是人们自己招致祸害。"

五

【原文】

王曰："封，予不惟若兹多诰①。古人有言曰：人，无于水监②，当于民监。今惟殷坠厥命。我其可不大监抚于时③。""予惟曰：汝劼毖殷献臣④，侯甸男卫。矧太史友，内史友，越献臣百宗工⑤。矧惟尔事⑥，服休服采⑦。矧惟若畴⑧，圻父薄违⑨，农父若保⑩，宏父定辟⑪。矧汝，刚制于酒⑫。"

【注释】

①惟：思，想。若兹：如此，这样。②无：不要。监：察看，审察。③其：难道，表示反诘语气。监抚：察看。④劼（jié）：谨慎小心。毖（bì）：劝解。献：通"贤"。⑤矧：又。太史、内史：都是史官。太史记事，内史记言。友：同僚。越：与，和，连词。百宗工：许多尊贵的官员。⑥尔事：服侍你的近臣。⑦服休：管理游宴的官员。服采：管理朝祭的官员。⑧若畴：你的三卿。畴：同

"寿"。三寿，三卿。⑨圻（qí）父：管理军事的司马。薄：讨伐。违：违抗，不遵守。⑩农父：管理农业的司徒。若：顺从。保：养。⑪宏父：管理法律的司空。辟：法度。⑬矧（shěn）：又。刚：强。制：制止，断绝。

【译文】

王说："封啊！我不仅用这些道理告诫你，还希望你认真考虑古人的遗教：'人，不要把水当镜子来察看，而应当把臣民当镜子来察看。'现在殷商已经丧失了上帝降给他的大命，我难道还敢不根据殷商灭亡的历史事实认真地总结经验教训？""我经过一番认真地考虑之后，要这样告诉你：'你要慎重地训诫殷商的遗臣和诸侯国君，以及记事记言的史官，还有原来殷商朝内的许多贤臣。还要告诫你的部下以及你的管理游宴休息和朝祭的近臣，还有你的三种大臣：讨伐叛乱的司马、管理农业生产的司徒、主持司法事务的司空，加上你本人，都要采取严厉手段强行戒酒！'"

六

【原文】

"厥或诰曰①：群饮，汝勿佚②。尽执拘③以归于周，予其杀④。又惟殷之迪，诸臣惟工⑤，乃湎于酒，勿庸杀之⑥，姑⑦惟教之。有斯明享⑧，乃不用我教辞，惟我一人弗恤，弗蠲⑨乃事时同于杀⑩。"王曰："封，汝典听朕毖⑪，勿辩⑫乃司民⑬湎于酒。"

【注释】

①或：有的。诰：通"告"，报告。②佚：放纵。③执拘：逮捕，缉拿。④其：将要。杀：周初严禁群饮，违者杀。⑤迪：辅佐，辅助。惟：与。⑥勿庸：不用，不要。⑦姑：暂且，姑且。⑧明享：明显的优待。⑨惟：于。恤：怜惜。蠲（juān）：免除罪过。⑩事时：治理这些人。事：治，治理，管理。时：代词，是，这些。⑪典：常。毖：劝诫。⑫辩：使，让。⑬司民：治民的官员。

【译文】

"假若有人报告你说：'有一群人在饮酒。'你就不要放纵他们，要把他们尽快逮捕并押送到我这里来，我要把他们杀掉。假若是原来殷商的旧臣以及掌管手工业生产的百工过分饮酒,就不要杀掉他们而应当教育他们。有了这样明确的教令之后,假如有人仍然敢于不遵从我的这些教令,对我的威严不感到畏惧,不使自己的政务清明,对于这样的人也要和上述的人一样把他们杀掉。"王说:"封呀,你要时常牢记我的告诫,不要使你所管辖的臣民沉湎于酒。"

【评析】

《酒诰》也是周公告诫少弟康叔的训词。周公平定武庚叛乱后,封少弟康叔于殷都故地。殷人嗜酒,酗酒成风,周公担心周人也染上这一恶习,于是正告康叔要严禁酗酒。全文可以分为三部分:第一部分,正面阐述戒酒的意义,宣布戒酒是文王和上帝的旨意;第二部分,从正反两方面总结戒酒兴邦、酗酒误国的历史教训;第三部分,明确宣布禁酒令。《酒诰》不但具有重要的史料价值,对后世社会生活的指导意义也是不言自明的。

人们是怎样发明酒这种神奇的玩意儿的,还不是很清楚,至少在商代,酿酒饮酒之风就已经风行,商纣王造过酒池肉林以取悦妲己。周公发布的这篇戒酒令,让人想到在那个时候。人们对酒的偏好已到了难以收拾的地步,尤其是王公贵族和政府官员,酗酒误国,酗酒丧国,放纵得失去了控制,人们狂欢得忘乎了所以,因此才要严令禁酒。不过,这个禁酒令是很有节制的。也就是说,它不彻底、不一律禁酒,因为酒要用于祭祀天地、神灵、祖先这些重大仪式,要用于孝敬国君、父母、兄长,因此要网开一面。

梓材第十三

一

【原文】

王曰①："封，以厥庶民暨厥臣，达大家②。以厥臣达王惟邦君③。汝若恒④。越曰，我有师师⑤，司徒，司马，司空⑥，尹旅⑦。曰：予罔厉杀人⑧。亦厥君先敬劳⑨。肆徂，厥敬劳⑩。肆往奸宄，杀人，历人⑪，宥⑫。肆亦见厥君事⑬，戕败人⑭，宥。"

【注释】

①王：指周公。②以：由。达：至。大家：指卿大夫。③王：侯王。邦君：国君。④若恒：顺从常典，就是不要变动。⑤越：语首助词。曰：谓。师师：众位官长。⑥司徒、司马、司空：都是官名。⑦尹：正，指大夫。旅：众，指众士。⑧厉：杀戮无罪的人叫厉。⑨敬劳：尊敬慰劳。⑩肆：努力。徂：行，谓施行。⑪肆往：往日，以往的事。奸宄：犯法作乱。历：俘虏。⑫宥：宽恕，赦免。⑬见：泄露。⑭戕：残害。

【译文】

王说："封啊，从殷的老百姓和他们的官员到卿大夫，从他们的官员到诸侯和国君，你要顺从常典治理他们。告诉我们的各位官长、司徒、司马、司空、大夫和众士说：我们不滥杀无罪的人。各位邦君也当以敬重慰劳为先，努力去做那些敬重慰劳人民的事吧！往日，内外作乱的罪犯、杀人的罪犯、虏人的罪犯，要宽恕；往日，泄露国君大事的罪犯、残坏人体的罪犯，也要宽恕。"

二

【原文】

"王启监①，厥乱为民②。曰③：'无胥戕④，无胥虐。至于敬寡⑤，至于属妇⑥，合由以容⑦。'王其效邦君越御事⑧，厥命曷以⑨，引养引恬⑩。自古王若兹，监罔攸辟⑪。惟曰：若稽田⑫，既勤敷菑⑬，惟其陈修⑭，为厥疆畎⑮。若作室家，既勤垣墉⑯，惟其涂墍茨⑰。若作梓材⑱，既勤朴斫⑲，惟其涂丹雘⑳。"

【注释】

①王：泛指君王。启：建立。监：诸侯。公侯伯子男各监一国，所以诸侯称为监。②乱：《论衡·效力篇》引作"率"。率：大都。厥乱为民，大都为民。③曰……以下：都是王者建监的诰词。④胥：相。⑤敬寡：就是鳏寡。无依无靠的人。敬：通"鳏"。⑥属妇：即孕妇。⑦合由以容：同样教导和宽容。合：同。由：教导。以：和。容：宽容。⑧效：教。见《尚书正读》。⑨厥：其。⑩引：长。恬：安。⑪攸：所。辟：通"僻"，偏也。⑫惟：思考。稽：治理。⑬敷：布，指播种。菑：新开垦的土地。⑭陈修：治理。⑮疆：田界。畎：田间水沟。⑯垣：低墙。墉：高墙。⑰涂：终，完成。墍(xì)：仰涂，涂上泥土。茨：用茅盖屋。⑱梓材：美材。⑲朴：去掉木皮。斫(zhuó)：砍削。⑳涂：完成。丹雘：朱色涂料，这里指用朱色涂料涂饰。

【译文】

"王者建立诸侯，大都在于教化人民。他说：'不要互相残害，不要互相暴虐，至于鳏夫寡妇，至于孕妇，同样要教导和宽容。'王者教导诸侯和诸侯国的官员，他的诰命是用什么呢？就是长养百姓，长安百姓。自古君王都像这样监督，没有什么偏差！我想：好像种田，既已勤劳地开垦、播种，就应当考虑整治土地，修筑田界，开挖水沟。好比造房屋，既已勤劳地筑起了墙壁，就应当考虑完成涂泥和盖屋的工作。好比制作梓木器具，既已勤劳地剥皮砍削，就应当考虑完成彩饰的工作。"

周书

三

【原文】

"今王惟曰①：先王既勤用明德②，怀为夹③，庶邦享作④兄弟方来⑤，亦既用明德。后式典集⑥，庶邦丕享⑦。皇天既付中国民越厥疆土于先王。肆王惟德用⑧，和怿先后迷民⑨。用怿先王受命⑩。已，若兹监⑪。惟曰：欲至于万年⑫，惟王子子孙孙永保民⑬。"

【注释】

①王：王家。惟：思考。②用：施行。③怀：来。夹：通"郏"，洛邑。④享作：享献和劳作。⑤方：方国。⑥后：指诸侯。式：用，依。典：常例。集：朝会。⑦丕：乃。⑧肆：今。⑨和怿：和悦。先后：指导。迷民：不服从的殷民。⑩怿：终，完成。⑪监：治理。⑫惟：思考。欲：将。⑬惟：与，和。

【译文】

"现在我们王家考虑：先王既已努力施行明德，来管理洛邑，各国都来进贡任役，兄弟邦国也都来了。又是因为已经施行了明德，诸侯就依据常例来朝见，众国才来进贡。上天既已把国家的臣民和疆土都付给先王，今王也只有施行德政，来和悦、教导殷商那些迷惑的人民，用来完成先王所受的使命。唉！像这样治理殷民，我想你的统治将保持万年，王的子子孙孙将永远保有殷民。"

【评析】

《梓材》是周公对康叔的政治训示，目的是向康叔传授为政之道、治国之术。"梓"本来是指一种优质木材，是一种树木的名称，但是，也可以理解为木匠这种职业——就像治土器的称为陶、治金器的称为冶一样，治木器的即为梓。因此，作为本文标题的"梓材"，既可以理解为一种优质的木材，也可以理解为"梓人治材"，即木匠制作木器。它的言外之意是，为政之道就像梓人治材。

《梓材》中，周公提出的为政之道涉及三个方面：首先，要根据常情、常理、常法治理民众，即"若恒"；其次，要宽待以前的违法犯罪者；再次，要"明德"，要充分依靠德性，才能实现长治久安的政治目标，这就仿佛木匠制作木器，砍削架接后，还要涂上油漆，才能让木器发挥作用。在这里，周公把"梓人治材"当作了君主治国的一个原型和隐喻。言外之意，君主治国也是一种职业，与制作木器的木匠一样，都应当认认真真去做。周公提出的这三项政治原则，有一个最大公约数，为了实现治理的有效性，必须夯实政权的伦理基础。

就整体的风格而言，周公的"若恒论"，在一定意义上也是一种消极的政治主张。这种为政之道侧重于放任主义，强调主政者要尊重被治理者的传统与习惯，不能把个人好恶、主观意志过多地强加于人，与西方文化中的"消极自由主义"有一定的共通之处，至少是共享了某些政治观念。

周公不仅强调"若恒"，而且还强调宽待过去的违法犯罪者。他要求康叔之下的各级官员："要宽恕那些曾经为非作歹的人，那些杀死、伤害、掠夺过他人的人，以及那些泄露过国君机密的人。"对这些人实行宽大处理，体现了周公在主观上对于"德政"的追求。从实际效果来看，这种轻刑化的政策，还有助于提升整个社会对于新政权的认同感。

周公进一步提出，这种"宽和"的刑事政策，也许还值得在政治学、法理学上予以更深入的分析：要建立有效的统治秩序，到底应当选择重刑主义还是轻刑主义？在老子、庄子看来，刑罚越重，罪犯越多，人们动辄得咎，天下就越不能得到治理。但是，在商鞅、韩非子看来，"威罚"是实现统治秩序的利器，因此，应当更多地借助于"严打"。

不过，片面地强调"重刑"或"威罚"，也许并不是一种妥当的刑事政策，更非高明的为政之道。在当代中国的法政实践中，以往侧重于"严打"，现在则转向"宽严相济"。这种新的刑事政策，既受到了"刑法谦抑主义"的影响，但更多的考虑也许还是出于"为政之道"。因为，任何一个政权，任何一种政治秩序，倘若全面依赖于暴力、依赖于枪杆子，恐怕也不是一种最恰当的选择。

最后，周公还提出了一个政治命题：以"明德"保持政权的长治久安。周公认为，先王打下了江山，相当于木匠把木材砍削成了器具，但是，这只是"万里长征走完了第一步"。对于木匠来说，还需要在新做成的木器上刷上涂料，以防止木器受到腐蚀，以保证木器经久耐用。对于新的政权来说，则需要走向完美的德政。

周公强调"明德""德性"对于一个政权长治久安的意义，并把它比作木匠在木器上刷涂料，用现在的理论话语来解释，实际上就是要加强政权的伦理依据和道义基础。中国上古时代，出现了那么多天子、诸侯、摄政，为什么周公的影响超越于同侪？一个重要的原因就在于，周公看到了伦理资源、道义基础对于一个政权生死存亡的意义。

召诰第十四

一

【原文】

　　成王在丰,欲宅洛邑,使召公先相宅,作《召诰》。惟二月既望①,越② 六日乙未,王朝步自周③,则至于丰④。惟太保先周公相宅⑤,越若来三月⑥, 惟丙午朏⑦。越三日戊申,太保朝至于洛,卜宅⑧。厥既得卜⑨,则经营⑩。越 三日庚戌⑪,太保乃以庶殷攻位于洛汭⑫。越五日甲寅⑬,位成⑭。

【注释】

　　①二月:成王七年二月。既望:指的是阴历的十六。②越:至,到。③王: 成王。步:行。周:指镐京,在今西安市西南。④丰:文王庙在丰邑,意思是到 丰邑祭告文王。⑤太保:官名,当时召公曾做太保。先周公:先于周公,意思就 是在周公的前面。相:视察,观看。宅:居住的地方。⑥越若:句首语助词。 来三月:二月后的三月。⑦朏(fěi):新月初现光明,即指农历每月初三。⑧卜 宅:卜问住址。⑨得卜:得到吉卜。⑩经营:规划,计划。⑪庚戌:三月七日。 ⑫以:率领。庶殷:众殷民。攻位:划定宗庙、宫室、朝市的位置。攻:管理、 治理。洛汭(ruì):洛水流入黄河的地方。汭:河流的汇合处。⑬甲寅:三月十一 日。⑭位成:位置确定了。

【译文】

　　成王在丰镐,准备营建东都洛邑,于是让召公带人去洛邑勘察地貌风 水,临行前作《召诰》,告诫召公一些注意事项。成王七年二月中旬,乙未这 天,成王早晨从周出发,到了丰镐。太保召公在周公之前到洛地勘察宫室宗庙 的基地。到了三月初三,新月露出光辉。又过了三日,到戊申这一天,太保在

周书

· 193 ·

早晨到了洛地，占卜宫室、宗庙的基地。在占卜中得到吉兆，便开始营建。又过了三天，到庚戌这天，太保便率领许多殷民在洛水入黄河处营建宗庙宫室的基地。过了五日，到甲寅这天，基地建成。

二

【原文】

若翼日乙卯①，周公朝至于洛，则达观于新邑营②。越三日丁巳③，用牲于郊④，牛二。越翼日戊午⑤，乃社⑥于新邑，牛一，羊一，豕一。越七日甲子⑦，周公乃朝用书⑧，命庶殷侯、甸、男邦伯。厥既命殷庶，庶殷丕作⑨。

【注释】

①若：等到。翼日：明日，第二天。乙卯：三月十二日。②达观：视察。达：通。营：所经营的区域。③丁巳：三月十四日。④郊：南郊。周代祭天在都城的南郊。⑤戊午：农历三月十五。⑥社：祭祀土神。⑦甲子：农历三月二十一。⑧书：分配任务的册书。⑨丕：大。作：动工。

【译文】

到了次日，也就是乙卯日的清晨，周公到了洛地，全面视察了新邑营建的情况。又过了三天，到了丁巳日，举行祭天的郊祭典礼，用了两头牛。到了次日——戊午这一天，又举行社祭的典礼于新邑，用了一头牛、一只羊和一只猪。又过了七天，到了甲子日的清晨，周公便用文书命令殷遗民的庶众，以及侯、甸、男、邦伯等诸侯国君，营建洛邑。周公既然已经发布了对殷遗民庶众的命令，于是这些庶众便大举动工。

三

【原文】

太保乃以庶邦冢君出取币①，乃复入锡②周公，曰③："拜手稽首，旅王④若公。诰告庶殷越自乃御事⑤。呜呼，皇天上帝，改厥元子⑥兹大国殷之命⑦。惟王受命，无疆惟休⑧，亦无疆惟恤⑨。呜呼，曷其奈何勿敬⑩。""天既遐⑪

终大邦殷之命，兹殷多先哲王在天，越厥后王后民⑫，兹服厥命⑬。厥终⑭，智藏瘝在⑮。夫知保抱携持厥妇子⑯，以哀吁⑰天，徂厥亡⑱，出执⑱。呜呼。天亦哀于四方民，其眷命用懋⑲，王其疾敬德⑳。"

【注释】

①以：与、和。冢君：大君。币：表示敬意的玉和帛之类的礼物。②锡：进献，进。③曰：指的是召公说的话，前面省略了主语召公。④拜手稽首：古代的一种恭敬跪拜礼。旅王：向王陈述。旅：陈述，述说。⑤若：顺从、依从。自：用。⑥元子：首子，指天子。郑玄说："言首子者，凡人皆天之子，天子为之首耳。"⑦兹：通"已"，完成、终止。命：指的是治理天下的使命。⑧休：吉祥，美好的。⑨恤：忧患，忧虑。⑩曷其：奈何，都是怎么的意思。此处连在一起使用，是为了加强语气。⑪遐：远，久。⑫越：语首助词，没有实在意义。⑬服：受。厥：其。命：福命。⑭厥终：后王之终，就是纣的末年。⑮智藏瘝（guān）在：这句话的意思是说纣王末年，明智的人都退隐了，害人的人掌权了。瘝：病，指害人的人。⑯夫：泛指人们。保：护，还有说法指的是婴儿的衣服。⑰吁：呼告，呼唤。⑱徂：通"诅"，诅咒的意思。执：通"蛰"，这里指困境。⑲眷：眷顾，注视。懋（mào）：通"贸"，转移，改变。⑳疾：加速，加快。

【译文】

太保和诸侯国的国君取出礼品，再进贡赠予周公，并说："请接受我们的礼拜，请让我们把向王陈述的意见陈述给你。然后又把这些意见写成命令，发布给殷民和那些治事诸臣。啊！上天上帝，更改了殷国的大命，不再让他统治天下。我们周王接受了上天的大命，无限美好，但也有无限的忧虑，为什么不应该有所警惕呢？""上天既然已经结束了大国殷的大命，这殷国的许多圣明的先王还在天上。后来到了殷纣，一开始他和臣民都还能勤勉地根据先王的命令行事。待到纣的末世，有本领的人都匿藏起来，小民都离家行役，人民痛苦到了极点。有了家室的成年男子，都抱着他们的婴儿，携带着他们的妻子，在一起悲痛地呼唤苍天，诅咒殷纣，希望他快点灭亡，以求跳出灾难的深渊。啊！上天也哀怜四方小民，他看到这种情形，便把大命由商转移给我周。王啊！希望你赶快敬重德行！"

四

【原文】

"相①古先民有夏,天迪,'从子保②',面稽天若③,今时既坠④厥命。今相有殷,天迪格保⑤,面稽天若,今时既坠厥命。今冲子嗣⑥,则无遗寿耇⑦,曰其稽我古人之德⑧,矧⑨曰其有能稽谋自天。""呜呼。有王虽小,元子哉。其丕⑩能諴于小民。今休⑪。王不敢后⑫,用顾畏于民碞⑬,王来绍⑭上帝,自服于土中⑮。"

【注释】

①相:观察,察看。②迪:启迪,引导。从:顺从,依从。子保:意思是说像儿子一样的养护。③面:近、向。天若:上天的命令。④坠:丧失,失去。⑤格保:嘉保。⑥冲子:未成年的人,这里是指成王。冲:稚。⑦遗:多余。寿耇:拥有好德行的老年人。⑧曰:语首助词。古人:先祖。⑨矧:何况,况且。⑩丕:大的意思。⑪休:美事,喜事。⑫后:迟缓,延误。⑬用:由,因。民碞:就是民险,意思是小民难以治理。⑭绍:卜问。⑮服:治理,管理。土中:指洛邑,因为洛邑在九州的中心,所以才这么说。

【译文】

"看那古代的夏人,上天让那些深知天理的人来开导他们;这些人往往能够当面咨询上天的意见,由于夏的后代国王不能遵从上天的意旨行事,上天便废弃了他们的大命。现在再来看看殷人,上天让那些深知天命的人来开导他们,这些人往往能够当面咨询上天的意见,现在也由于殷的后代国王不能够遵从上天的意旨行事,上天便废弃了他们的大命。如今年幼的成王继承了王位,还没有老成可靠的人辅佐他,没有人能考究古人的道德,更何况是能够当面咨询上天意见的人呢!啊!王虽然年纪小,但毕竟是天子!要能够使卑微的民众们融洽,那就是十分美好的事情了。王之所以做事情不敢迟缓,唯恐延误,是因为他顾忌和畏惧百姓们的言论。王来卜问于上帝,想得到吉兆来治理中原。"

五

【原文】

"旦①曰：其作大邑，其自时配皇天②，毖祀于上下③。其自时中乂④；王厥有成命⑤，治民今休。王先服殷御事⑥，此介于我有周御事⑦。节⑧性，惟日其迈⑨。""王敬作所⑩，不可不敬德。""我不可不监⑪于有夏，亦不可不监于有殷。我不敢⑫知曰，有夏服⑬天命，惟有历年⑭。我不敢知曰：不其延⑮。惟⑯不敬厥德，乃早坠厥命。我不敢知曰，有殷受天命，惟有历年。我不敢知曰，不其延。惟不敬厥德，乃早坠厥命。"

【注释】

①旦：周公的名。②自时：从此。配皇天：意思就是祭天时用周的祖先配天受祭。③毖（bì）：谨慎，小心。上下：指天神和地神。④时中：指的是洛邑。乂：治理。⑤厥：用于句中的助词。成命：定命。⑥先：尚，重视。服：用。⑦此介：亲近的意思。介：通"迩"，近。⑧节：和。⑨惟：乃。迈：进，增进，加强。⑩所：居住的地方，此指新邑。⑪监：借鉴，鉴于。⑫敢：表示敬意的副词。⑬服：受。⑭历年：就是永年。历：久，长。⑮其：助词。延：延长。⑯惟：通"为"，因。

【译文】

"周公说过：'赶快营建大邑，从此以后祭天时，便能够以先祖后稷配享，谨慎地祭祀天神和地神了，从此便可以居于天下之中而治理国家了。成王已经打定了这样的主意，治理小民便可以大获成功了。'王先治理殷国的遗臣，使他们能够亲近我们并和我周国治事诸臣一样为国效劳，要节制、改造他们的性情，使他们天天有所进步。""成王在新邑也应恭敬谨慎，以身作则，不可不敬重德行。""我们不能不以夏为鉴戒，也不能不以殷为鉴戒。我不敢想象，夏、殷接受上天的大命能够经历长久，我也不敢想象他们不能经历长久。我所知道的是因为他们不敬重德行，才早早地丧失从上天那里接受来的大命。"

六

【原文】

"今王嗣①受厥命,我亦惟兹二国命,嗣若②功。""王乃初服③。呜呼。若生④子,罔不在厥初生,自贻哲命⑤。""今天其命哲,命吉凶⑥,命历年。知⑦今我初服,宅⑧新邑,肆惟王其疾敬德⑨。王其德之用,祈天永命。"

【注释】

①嗣:继承。②若:代词,他们。③初服:初处理政务。服:任事,治理。④生:养,教养。⑤贻:传。哲:明。命:给,给予。⑥吉凶:偏义复词,实际上指的是吉祥。⑦知:闻知,知道。⑧宅:动词,居住。⑨肆:现在。疾:加速,加快。

【译文】

"现在成王承受了上天赐予的大命,我也希望你们能够想一想这两个国家兴亡的原因,接受他们的教训,继承他们的大功。""成王刚刚治理国家。啊!这好比刚刚成人的少年,成功与失败无不在他们这个时候,必须自行选择明智的道路向前走。""现在上天把大命赐予那些明智而有道德的人,至于降下的是吉是凶,给予的时间是长是短,这都是很难预料的。我所知道的是成王刚刚治理国家,居住在新邑。现在的希望是成王能够赶快敬重德行。王啊!只有根据道德行事,才能祈求天命的长久。"

七

【原文】

"其惟王勿以小民淫用非彝,亦敢殄戮,用乂民,若有功。其惟王位在德元①,小民乃惟刑用于天下②,越王显③。上下勤恤④,其曰,我受天命,丕⑤若有夏历年,式勿替有殷历年⑥。欲王以⑦小民受天永命。"拜手稽首曰:"予小臣⑧敢以王之雠民百君子,越友民⑨,保⑩受王威命明德。王末有成命⑪,王亦显⑫。我非敢勤⑬,惟恭奉币⑭,用供王能祈天永命⑮。"

【注释】

①其：庶几。以：使。淫：过度。彝：法。亦敢：亦不敢。珍：灭。位：立。元：首。②刑：取法，效法。用：行。③越：发扬。显：明显。④上下：这里指的是君臣。⑤丕：语首助词，没有实在的意义。⑥式：应当，应该。替：止。⑦以：连词，与，和。⑧予小臣：是召公的谦称。⑨雠（chóu）民：指殷的遗民。百君子：指的是殷的众多官员。越：和、与。友民：依从周的臣民。⑩保：安。⑪末：终。成命：定命，指建都洛邑的决定。⑫亦显：指成王也与文王、武王、周公一样功德显赫。⑬勤：慰劳，犒劳。⑭币：表示敬重之意的玉帛之类。⑮供：进献。能祈：善祈，即用德行来祈求。

【译文】

"希望成王不要和小民一起放纵自己的行为而不遵法度，也要敢于用刑杀的办法治理小民，这样才能获得成功。希望成王居于天子之位而有圣人的大德，小民在下面便能够自行按照法度行事，发扬王的美好的品德了。君臣上下，时常把忧虑放在心里，这样才可以说：我们接受上天的大命，才能够像夏那样经历久远的年代，才不至于经历像殷那样的年代。我们希望成王以小民的安乐使上天高兴，以便从上天那里接受永久的大命。"召公跪拜并叩头说："我这小臣，要和殷的遗臣遗民、众官员们，以及我们周的臣民们，共同保卫王从上天那里接受下来的威严的大命和光明的美德。王终于宣布了经过深思熟虑而决定的命令，这就使王的美德更加突出。我并不是敢于慰劳王，只不过是恭敬地奉上礼品，以供王祈求上天赐予永久的大命。"

【评析】

《召诰》，即召公发表的诰词。其基本背景是，已经成年的周成王开始亲自执政，召公受成王的委托，主持新都洛邑的修建，在经营洛邑的过程中，召公发表了这篇诰词。在诰词中也提到了周公，因为周公也参与了洛邑的兴建。

对于这篇诰词，王国维给予了很高的评价。他在《殷周制度论》中说："此篇乃召公之言，而史佚书之以诰天下。文武周公所以治天下之精义大法，胥在于此。"换言之，这篇诰词是对文王、武王、周公政治哲学的集中阐述。既然如此，这篇诰词所蕴藏的"精义大法"到底是什么呢？答案是"敬德"。

周书

在诰词中，召公首先总结了殷商灭亡的教训：坏人当道，智者隐退，民众困苦，上天可怜民众，就夺取了殷商治理天下的资格。接下来，召公得出结论：殷商因为不敬德，所以失去了天命。再往前追溯，夏桀同样是由于不敬德而失去了天命。因此，我们姬周王朝，尤其是年轻的周成王，只有敬德，推行德政，才能永葆天命。

　　在这里，我们可以看到两种不同的"德"：第一，它是某种宗族所独有的一种内在力量；第二，它是任何人都可以修炼的一种道德力量。比较这两种不同的"德"可以发现：第一种"德"，主要是天赋的、神圣的，它是特定的宗族或集团（譬如姬周王室）所具备的一种内在规定性。第二种"德"是世俗的，由于任何人（譬如齐宣王）都有"不忍人"之心，都有善端，因而，任何人都有"德"。

　　本篇诰词所记载的时代，正值姬周初年，姬周宗族所具有的德，可谓上天赋予的、神圣的"德"。如果说，召公所理解的"德"主要是第一种"德"，那么，到了孟子时代，姬周王室早已势微，其神圣性已经不复存在，取而代之的是诸侯争霸。在这种"战国"背景下，任何诸侯都不能宣称自己就是天命的承担者，都不能宣称自己拥有第一种"德"，这时候，孟子作为哲学家所宣扬的伦理意义上的第二种"德"就应运而生了。

洛诰第十五

一

【原文】

召公既相宅，周公往营成周，使来告卜，作《洛诰》。周公拜手稽首①曰："朕复子明辟②。王如弗敢及天基命定命③，予乃胤保大相东土④，其基作民明辟⑤。予惟乙卯⑥，朝至于洛师⑦。我卜河朔黎水⑧，我乃卜涧水东、瀍水西⑨，惟洛食⑩；我又卜瀍水东，亦惟洛食。伻来，以图及献卜⑪。"王拜手稽首曰："公不敢不敬天之休⑫，来相宅，其作周匹⑬休。公既定宅，伻来⑭，来视予卜⑮，休。恒吉⑯，我二人共贞⑰。公其以予万亿年敬天之休⑱。拜手稽首诲言⑲。"

【注释】

①拜手稽首：古代最敬的礼节。②朕：我。复：告诉。子：您，指成王。明辟：明法，指治洛的光辉措施。③王如弗敢：言成王谦逊。及：参预。基命定命：打算告诉我的安定之命。基：谋。命：告。定命：指作洛。④胤：继。保：太保，即召公。东土：指洛邑。⑤其：乃。基：商量。作：振作，鼓舞。⑥乙卯：成王七年三月十二日。⑦洛师：洛邑。⑧河朔：黄河的北方。黎水：卫河和淇水合流到黎阳故城叫黎水。黎阳故城在今河南浚县东北。⑨涧水：发源于河南渑池县，到洛阳西南流入洛水。瀍（chán）水：源于洛阳西北，至洛阳东流入洛水。⑩惟：仅。食：指吉兆。⑪伻：使。伻来：使成王来洛。图：谋。⑫休：美好，指好的指示。⑬周匹：镐京的匹配。⑭伻来：使我来。⑮视予卜：视：示。示我以卜。⑯休：喜。恒吉：并吉。恒：遍。⑰贞：当，承当。⑱其：庶几。以：与。⑲诲：教诲。

【译文】

召公在洛邑勘察完毕以后,东都正式开建,周公前往洛邑亲自监工,并占卜凶吉,作《洛诰》向成王汇报情况。周公跪拜叩头说:"我告诉您治理洛邑的重大政策。王谦逊,似乎不敢按照上帝指示给您的安定天下的方略举行即位大典,我就继太保之后,全面视察了洛邑,就商定了鼓舞老百姓的重大政策。我在乙卯这天,早晨到了洛邑。我先占卜了黄河北方的黎水地区,我又占卜了涧水以东、瀍水以西地区,仅有洛地吉利。我又占卜了瀍水以东地区,也仅有洛地吉利。于是请您来商量,且献上卜兆。"成王跪拜叩头,回答说:"公不敢不敬重上帝赐给的福庆,亲自勘察地址,将营建与镐京相配的新邑,很好啊!公既已选定地址,使我来,我来了,又让我看了卜兆,我为卜兆吉祥而高兴。让我们二人共同享承这一吉祥。愿公领着我永远敬重上帝赐给的福庆!跪拜叩头接受我公的教诲。"

二

【原文】

周公曰:"王,肇称殷礼①。祀于新邑。咸秩,无文②。予齐百工③,伻从王于周④。予惟曰⑤:'庶有事⑥。'今王即命曰⑦:'记功,宗以功作元祀⑧。'惟命曰⑨:'汝受命笃弼⑩,丕视功载⑪,乃汝其悉自教工⑫。'""孺子其朋,孺子其朋,其往⑬。无若火始焰焰,厥攸灼叙⑭弗其绝厥若。彝及抚事如予⑮,惟以在周工往新邑⑯,伻向即有僚⑰,明作有功⑱,惇大成裕⑲,汝永有辞⑳。"公曰:"已㉑。汝惟冲子惟终㉒。汝其敬识百辟享㉓,亦识其有不享。享多仪,仪不及物,惟曰不享㉔。惟不役志于享。凡民惟曰不享,惟事其爽侮㉕。乃惟孺子颁㉖,朕不暇听。"

【注释】

①肇:始。称:举行。殷礼:会见众诸侯之大礼。②咸:都。秩:次序,引申为安排。文:通"紊",乱。③齐:率领。百工:百官。④周:指镐京。⑤惟:思。⑥庶:大概,也许。事:指祭祀。⑦即:就。⑧宗:宗人,管礼乐的官。以:率领。元祀:大祀。⑨惟:有。⑩受命:接受武王的顾命。笃:通"督",督导。弼:辅助。⑪功载:记功的书。⑫乃:于是。悉:尽心。教工:

指导工作。⑬孺子：指成王。朋：古凤字，引申有奋起、振奋义。⑭焰焰：微小的样子。攸：所。灼：烧。叙：绪，残余。⑮及：汲汲，努力。抚事：主持国事。⑯在周工：在镐京的官员。⑰向即：趋就。有僚：官职。⑱明：勉力。⑲惇大：惇：厚，重视。重视大的。成裕：裕：大，指大事。成裕：完成大事。这里指举行祭祀和殷礼。⑳辞：赞美之辞。㉑已：唉。㉒惟：为。冲：幼。惟终：思终，思完成前人之功。㉓百辟：众诸侯。享：享礼，朝见的礼节。㉔多仪：重视礼仪。仪不及物：物有余而礼不足。曰：谓。㉕役志：用心。爽：差错。侮：轻慢。㉖颁：分，分担。

【译文】

周公说："王啊，开始举行殷礼接见诸侯，在新邑举行祭祀，都已安排得有条不紊了。我率领百官，使他们在镐京听取王的意见，我想说：'您或许可以去举行祭祀。'现在王命令道：'记下功绩，宗人率领功臣举行大祭祀。'王又命令道：'你接受先王遗命，督导辅助，你全面查阅记功的书，然后你要悉心亲自指导这件事。'王啊！您要振奋，您要振奋，要到洛邑去！不要像火刚开始燃烧时那样气势很弱，那燃烧的余火，决不可让它熄灭。您要像我一样顺从常法，汲汲主持政事，率领在镐京的官员到洛邑去。使他们各司其职，勉力建立功勋，重视大事，完成大业。您就会永远获得美誉。"周公说："唉！您虽然是个年轻人，该考虑完成先王未竟的功业。您应该认真考察诸侯的享礼，也要考察其中也有不该享受享礼的。享礼注重礼节，假如礼节赶不上礼物，应该叫作不享。因为诸侯对享礼不诚心，老百姓就会认为可以不享。这样，政事将会错乱怠慢。我急着想您来分担政务，我没有闲暇管理这么多啊！"

三

【原文】

"朕教汝于棐民①，彝汝乃是不蘉②，乃时惟不永哉③。笃叙乃正父，罔不若予④，不敢废乃命⑤。汝往敬哉。兹予其明农哉⑥。彼裕我民⑦，无远用戾⑧。"王若曰："公，明保予冲子⑨。公称：丕显德⑩，以予小子扬文武烈⑪，奉答天命，和恒四方民⑫，居师⑬。惇宗将礼⑭，称秩元祀⑮，咸秩，无文⑯。惟公德明光于上下⑰，勤施于四方，旁作穆穆⑱，迓衡不迷⑲，文武勤教⑳。予冲子夙夜毖祀㉑。"王曰："公功棐迪㉒笃，罔不若时㉓。"

【注释】

①于：以。棐：辅助。②彝：法。乃：若。霧（máng）：勉力。③时：善，指善政。永：远，推广。④笃：通"督"，督察。叙：铨叙，升降。正：长官。父：同姓长官。⑤废：废弃。乃：你的。⑥明农：都是勉的意思。⑦彼：往。裕：教导。⑧无：语首助词用；因此。戾：至。⑨明：勉力。⑩称：发扬。⑪以：使。扬：继续。烈：事业。⑫和恒：双声连语，和悦的意思。⑬师：洛师，洛邑。⑭惇：厚。宗：尊。将：大。惇宗将礼：即尊重大礼。⑮称：举行。秩：安排。元祀：大祀。⑯文：紊乱。⑰上下：指天地。⑱旁：普遍。穆穆：美，指美政。⑲逆：一作"御"，逆，衡：通"横"。迷：乱。御衡不迷：言遭横逆而心不乱。⑳文武：文武百官。㉑毖：谨慎。㉒功：善。棐迪：辅导。㉓笃：信。若：顺。时：承。

【译文】

"我教给您辅导百姓的法则，您假如不努力办这些事，您的善政就不会推广啊！像我一样监督考察您的官员，他们就不敢废弃您的命令了。您到新邑去，要认真啊！现在我们要奋发努力啊！去教导好我们的百姓。远方的人因此也就归附了。"王这样说："公啊！请努力保护我这年轻人。公发扬伟大光显的功德，使我继承文王、武王的事业，奉答上帝的教诲，使四方百姓和悦，居在洛邑，隆重举行大礼，办理好盛大的祭祀，都有条不紊。公的功德光照天地，勤劳施于四方，普遍推行美好的政事，虽遭横逆之事而不迷乱。文武百官努力实行您的教化，我这年轻人就日夜慎重祭祀好了。"王说："公善于辅导，我真的无不顺从。"

四

【原文】

王曰："公，予小子其退，即辟于周①，命公后②。四方迪乱未定③，于宗礼亦未克敉④，公功。迪将⑤其后，监我士师工⑥，诞保文武受民⑦，乱为四辅⑧。"王曰："公定⑨，予往已⑩。公功肃将祗欢⑪，公无困哉。我惟无斁其康事⑫，公勿替刑，四方其世享⑬。"

【注释】

①退：退回镐京。即辟：就君位。周：镐京。②后：后续，继续。指继续治洛。③迪：教导。乱：治理。④宗礼：宗人礼典。敉（mǐ）：通"弭"，完成。⑤功：善。迪将：教导和扶持。⑥士、师、工：各级官员。⑦诞：语首助词。受民：所受之民。⑧乱：率，语助词。四辅：帮助天子的四位大臣，在前面的叫"疑"，后面的叫"丞"，左面的叫"辅"，右面的叫"弼"。统称四辅。⑨定：止，留下来。⑩往：往镐京。已：矣。⑪功：善。肃：快速。将：行。祗欢：敬和，指敬和殷民的事。⑫斁（yì）：厌倦，懈怠。康事：学习政事。⑬替：止，停止。刑：通"型"，示范。享：朝享。

【译文】

王说："公啊！我这年轻人就要回去，在镐京就位了，请公继续治洛。四方经过教导治理，还没有安定，宗礼也没有完成，公善于教导扶持，要继续监督我们的各级官员，安定文王、武王所接受的殷民，做我的辅佐大臣。"王说："公留下吧！我要往镐京去了。公要好好地迅速地进行敬重和睦殷民的工作，公不要让我陷入困境呀！我当不懈地学习政事，公要不停地示范，四方诸侯将会世世代代来到周国朝贡了。"

五

【原文】

周公拜手稽首曰："王命予来承保乃文祖受命民，越乃光烈考武王弘①朕恭②。孺子来相宅③，其大惇典殷献民④，乱为四方新辟⑤，作周恭先⑥。曰⑦其自时中乂，万邦咸休⑧，惟王有成绩。予旦以多子越御事笃前人成烈⑨，答其师⑩，作周孚先⑪。'考朕昭子刑⑫，乃单文祖德⑬。""伻来毖殷⑭，乃命宁予以秬鬯二卣⑮。曰：明禋，拜手稽首休享⑯。予不敢宿⑰，则禋于文王、武王。惠笃叙⑱，无有遘自疾⑲，万年厌于乃德，殷乃引考⑳。王伻殷，乃承叙万年㉑，其永观朕子怀德㉒。"

【注释】

①越：发扬。烈：业，有功。考：先父。弘：大，宏大。②恭：奉行，指奉

行继续治洛的命令。③相宅：视察洛邑。④其：通"基"，谋。惇典：惇厚和守法。献：贤。⑤乱：语助词。辟：法。⑥周恭：周家的法。恭，通"共"，法。先：先导。⑦曰：这里是周公追述在相宅时申告成王的话。⑧休：庆幸，喜欢。⑨多子：指众卿大夫。笃：理。前人成烈：烈：业。前人事业。武王倡议宅洛，所以说治洛是前人事业。⑩答：合，集合。师：众人。⑪周孚：孚：通"郭"。周郭，周家之城郭，指洛邑。⑫考：成。昭：通"诏"，告。刑：法，指上文"其自时中乂……作周孚先"三十四字。⑬单：大，光大。⑭伻：使者。愍：慰劳。⑮安：问安，问候。秬鬯（jù chàng）：黑黍酿香酒。卣（yǒu）：酒器。⑯禋（yīn）：祭祀。休：庆幸。享：献。⑰宿：经过一宿。⑱惠：惟。笃：厚，大。叙：顺。⑲有：或。遘：遇。自：即鼻之烂余，"鼻（罪）疾"连文。⑳厌：饱。乃：能够。引：长。考：成功。㉑承叙：承顺。㉒朕子：吾子，指成王。怀：安，指安定人民。

【译文】

周公跪拜叩头说："王命令我到洛邑来，继续保护您的先祖文王所受的殷民，宣扬您光明有功的父亲武王的伟大，我奉行命令。王来视察洛邑的时候，要使殷商贤良的臣民都惇厚守法，制定了治理四方的新法，作了周法的先导。我曾经说过：'要是从这九州的中心进行治理，万国都会喜欢，王也会有功绩。我姬旦率领众位卿大夫和治事官员，经营先王的成业，集合众人，作修建洛邑的先导。'实现我告诉您的这一法则，就能发扬光大先祖文王的美德。您派遣使者来洛邑慰劳殷人，又送来两卣黍香酒问候我。使者传达王命说：'明洁地举行祭祀，要跪拜叩头郑重地献给文王和武王。'我祈祷说：'愿我很顺遂，不要遇到罪疾，万年饱受您的德泽，殷事能够长久成功。''愿王使殷民能够顺从万年，长久看到您的安民的德惠。'"

六

【原文】

戊辰①，王在新邑烝②祭，岁③。文王骍牛一④，武王骍牛一。王命作册逸祝册⑤，惟告周公其后⑥。王宾杀禋咸格⑦。王入太室⑧祼⑨。王命周公后，作册逸诰⑩。在十有二月⑪。惟周公诞保文武受命⑫，惟七年⑬。

【注释】

①戊辰：戊辰日。②烝：冬祭。③岁：报告岁事。④骍：赤色。⑤作册：官名。逸：人名。⑥其：将。后：后续治洛。⑦王宾：助祭的诸侯。杀：杀牲。禋：祭祀。格：至。⑧太室：清庙中央之室。⑨祼：灌祭。⑩诰：告天下。⑪十有二月：记周公治洛之月。⑫保：担任。⑬惟七年：在成王七年。

【译文】

戊辰这天，成王在洛邑举行冬祭，向先王报告岁事，用一头红色的牛祭文王，也用一头红色的牛祭武王。成王命令作册官名字叫逸的宣读册文，报告文王、武王，周公将继续住在洛邑。助祭诸侯在杀牲祭祀先王的时候都来了，成王命令周公继续治理洛邑。名字叫逸的作册官在十二月将这件大事告谕天下。在成王七年，周公留居洛邑担任文王、武王所受的大命。

【评析】

《洛诰》之"洛"，指新建的东都洛邑。《洛诰》记载了周成王与周公有关洛邑的几段对话。对话的政治背景主要包括两个方面：第一，周公已经还政于成王；第二，东都洛邑已兴建完成。在这种情况下，周公希望成王从旧都镐京移居新都洛邑，主持天下政务，以成就大业。但是，成王无意搬迁，只愿意在东都举行一场祭祀，并希望周公替他驻守洛邑。周公最后表示愿意服从成王的命令。在往返讨论的过程中，双方的措辞都比较客气。作为晚辈的成王对周公颂扬有加，高度评价了周公对自己的教诲。

那么，周公为什么动员成王移居东都洛邑？成王为什么愿意住在旧都镐京呢？要回答这个问题，必须着眼于当时周公与成王的权力结构。在成王时代早期，周公居于摄政地位。这样的政治格局在成王年幼时代，一般不会导致两人关系的恶化。但是，当成王成年之后，这个问题就会突显出来。在《金縢》篇中，已经记载了这样的政治猜忌。《金縢》虽然以大团圆的方式结束，周公与成王言归于好。但是，由于周公在实质上享有最高权力，成王在名义上享有最高权力，这就使得两人之间和以两人为核心的两个政治集团之间的猜忌或权力斗争很难完全避免。

周书

多士第十六

一

【原文】

　　成周既成，迁殷顽民，周公以王命诰，作《多士》。惟三月①，周公初于新邑洛，用告商王士。王若曰："尔殷遗多士，弗吊旻天②，大降丧于殷③。我有周佑命④，将⑤天明威，致王罚⑥，敕殷命终于帝⑦。肆⑧尔多士，非我小国敢弋⑨殷命。惟天不畀允罔固乱⑩，弼⑪我。我其敢求位，惟帝不畀。惟我下民秉为⑫，惟天明畏⑬。"

【注释】

　　①惟：语首助词。三月：大概是成王七年三月。②弗吊旻（mín）天：对于上天不善的人，指的是纣王。旻：秋天。旻天：这里指的是上天。③降丧：降下灾难。④佑命：奉行天命。⑤将：奉行。⑥致：通"至"，达，行。⑦终于帝：终止了他们的帝业。⑧肆：今，现在。⑨弋：取代，代替。⑩畀：给予，给。允罔固乱：善于说谎而胡乱作为的人。允：信任。罔：诬。固：凭借。⑪弼：辅助，帮助，辅佐。⑫秉：持，守。为：作为。⑬明：显明。畏：通"威"，威武。

【译文】

　　东都营建完毕以后，将殷的遗民迁往洛邑，作《多士》训诫他们。成王七年三月，周公第一次来到新都洛邑，把成王的命令向商王朝的士民宣告。王说："你们这些殷国的遗民！时运不佳，上天把丧亡的大祸降给你们殷国。我们周国帮助上天行使命令，奉着上天圣明而威严的意旨，用王者的诛罚，命令你们殷王终止帝业。现在我要告诉你们这些殷国的遗民，不是我小小的周国敢夺取殷国的大命，因为上天不会把大命给予那些善于说谎而又胡作非为的人，所以才辅助我周国。假如上帝不给我们大位，我们怎么敢妄求呢？上天是圣明而威严的，我们下民只有依照上帝的意旨行事。"

二

【原文】

"我闻曰：'上帝引逸①。'有夏不适②逸，则惟帝降格③，向于时夏④。弗克庸⑤帝，大淫，屑有辞⑥。惟时天罔念闻⑦，厥惟废元命⑧，降致⑨罚。乃命尔先祖成汤革夏，俊民甸四方⑩。"

【注释】

①引：规范，制止。逸：淫逸。②适：节制，恰当。③格：教令。④向：劝。时：代词，这。⑤庸：用，采用，指采用上天的教令。⑥淫：游。有：又。辞：通"怠"，怠慢，放纵。⑦惟时：因此。念：怀念。闻：通"问"，恤问。⑧厥：语首助词，没有实际意义。元命：大命，指国运。元：大。⑨致：通"至"，达，行。⑩俊民：杰出的人才。甸：治。

【译文】

"我听说：'上帝总是劝诫人们不要放纵自己的行为'，夏国不节制自己的行为，于是上天便降下深知天命的人，规劝夏国，希望他们能够弃恶从善。但他们不愿听从上帝的教导，更加地放纵起来，并且喋喋不休地说了一些侮慢上帝的话。因此上天不能不考虑他所听到的情况，便废除了夏的大命，降下了惩罚。于是命令你们的先祖成汤更改夏的大命，任用一些有才能的人治理四方。"

三

【原文】

"自成汤至于帝乙。罔不明德恤①祀。亦惟天丕建，保乂②有殷。殷王亦罔敢失帝③，罔不配天其泽④。在今后嗣王⑤，诞罔显于天⑥，矧曰其有听念，于先王勤家⑦诞淫厥泆⑧，罔顾于天显民祇⑨。惟时上帝不保，降若兹大丧⑩。惟天不畀不明厥德。凡四方小大邦丧，罔非有辞于罚⑪。"

【注释】

①恤：慎重，谨慎。②保乂：安治。③罔敢失帝：不敢违背上天的旨意。④其：之。泽：恩泽，恩惠。⑤后嗣王：指纣王。嗣：后代。⑥诞罔显于天：大不明于天。罔：不。显：明。⑦矧：何况，况且。勤家：为国家而辛勤劳苦。⑧厥：语中助词，无实际意义。⑨天显：即天明，即指天命。民祗：人民的痛苦。祗：通"疷"，痛苦、悲哀。⑩大丧：指亡国的灾祸。⑪辞：罪过，过失。

【译文】

"从成汤到帝乙，无不努力地施行教化，谨慎地祭祀上天，因此上天便予以大力支持，以安治殷国。殷王也不敢违背上帝的意旨行事，因此他们都能够和上天一样施给人民恩泽。在这以后的殷王，欺骗侮慢上天，更不要说为治理国家而辛勤劳动了。在先王辛勤建立的基业上，大肆奢侈腐化起来，根本不把上天圣明的教导和人民的疾苦放在眼里。因此上帝便不再保佑殷，给殷降下了丧亡的大祸。上天不会把大命给予那些不努力施行德教的人。凡是四方小国或大国的丧亡，没有不是因为有罪而招致灭亡的惩罚的。"

四

【原文】

王若曰："尔殷多士，今惟我周王丕灵承帝事①，有命曰：'割②殷，告敕于帝。'惟我事不贰适③，惟尔王家我适。予其曰：'惟尔洪无度④，我不尔动，自乃邑⑤。予亦念⑥天即于殷大戾⑦，肆不正⑧。'"王曰："猷⑨，告尔多士，予惟时其迁居西尔⑩。非我一人奉德不康宁⑪。时惟天命⑫。无违⑬。朕不敢有后⑭，无我怨。

【注释】

①丕：大。灵：善，神圣的。承：受。②割：取，灭亡。③惟：是。事：指征伐的事。适：往，到。④洪：大。度：法度。⑤乃邑：你们众多卿士的封邑。⑥念：思。⑦即：则，就。戾：罪过。⑧肆：所以，因此。正：治罪，指治殷商旧臣的罪。⑨猷：叹词，相当于"唉"。⑩其：将，把。迁居西尔：把你们迁居

到西面。西，指成周。成周原来在商的西面，所以称西。⑪奉德：秉性。孙星衍说："奉，犹秉也。"康宁：安定。⑫惟：为。⑬无：不要。⑭有：或。后：迟延，推后。

【译文】

王说："你们这些殷的遗民听着，现在我周王奉上天神圣的命令，命令说：'灭殷，向上天报告。'上天要你们服从我的统治，不许怀有二心，但你们一定要和我王家为敌。我要说：是你们无视法度，我们并没有先进攻你们，是你们在自己的都邑首先发难。我考虑上天既已降下大祸给殷，所以也就不再治你们的罪了。"王说："唉！告诉你们这些殷的遗民们，我之所以此时把你们迁到西面去，并非是我一个人不讲仁德而使你们不得安宁，实在是上天的意思啊！我无法违抗，也不敢有所迟延，千万不要因此而怨恨我。"

五

【原文】

"惟尔知，惟殷先人有册有典①，殷革夏命。今尔又曰：夏迪简在王庭②，有服在百僚③。予一人惟听用德④，肆予敢求尔于天邑商⑤。予惟率肆矜尔⑥，非予罪，时惟天命。"王曰："多士。昔朕来自奄⑦，予大降尔四国民命⑧。我乃明致天罚，移尔遐逖⑨，比事臣我宗多逊⑩。"

【注释】

①册、典：典籍。②迪：通"由"，辅。指的是辅臣。简：选择，选拔。③服：事，这里指职务、职位。百僚：百官。④听：受，接受，采纳。德：有德的人。⑤肆：所以，因此。求：招来。天邑：大邑。⑥率：全部。肆：缓，宽大。矜：怜惜，怜悯。⑦奄：国名，商末周初山东曲阜之东的一个小国。⑧降：下达。四国：指管、蔡、商、奄四国。命：命令。⑨遐逖：远方，远处，指四国，因为他们来自四国，所以才称远方。⑩事：服务。我宗：我们周族。逊：恭顺，顺从。

【译文】

"你们知道，你们殷的先人有取代历史的文献，殷取代了夏的大命。现在你们又说：'殷曾选拔夏的遗臣留在王庭，担任各种官职，为殷王服务。'我只听从有德的人，所以我不敢请求你们先王的允许而任用你们，我只能以赦免你们的罪来怜悯你们的愚昧无知。这不是我的过错，这是上帝的命令。"王说："殷的遗民们，过去我从奄国来，我曾对你们四国小民下达过命令。我是奉行上天的命令讨伐你们的，把你们从远方迁到这里，要你们顺从地为我们周国服务。"

六

【原文】

王曰："告尔殷多士，今予惟不尔杀①，予惟时命有申②。今朕作大邑于兹洛，予惟四方罔攸宾③，亦惟尔多士攸服奔走，臣我多逊④。尔乃尚⑤有尔土，尔乃尚宁干止⑥。尔克敬，天惟畀矜迹⑦。尔不克敬，尔不啻⑧不有尔土。予亦致天之罚于尔躬。今尔惟时宅尔邑⑨，继尔居⑩，尔厥有干有年⑪于兹洛。尔小子乃兴⑫，从尔迁。"王曰，又曰："时予⑬。乃或言尔攸居⑭。"

【注释】

①不尔杀：不杀你们。尔：你们。②时命有申：又向你们申述上面的命令。时：代词，这个。有：又。申：重复，多次。③惟：思，考虑，思考。宾：朝贡。④服：服务。逊：顺从，谦恭的样子。⑤尚：犹，还，尚且。⑥宁：安。干：安。止：休息。⑦畀：赐予，给予。畀矜迹：赐予你们怜悯或同情。⑧不啻：不但，不只。⑨惟：只要。时：这样。宅：居住。⑩居：事业。⑪有干：有安乐。有年：有丰年。⑫小子：指后代子孙。兴：兴盛，兴旺。⑬时予：时：依从，顺从。予：我。⑭或：通"克"，能够。攸：通"悠"，长久。

【译文】

王说："告诉你们这些殷邑的遗民，现在我不忍心杀掉你们，我只向你们申述上面的命令。现在我在这洛邑建造一座大城，是因为考虑四方诸侯无处朝贡，也是为了你们服务王事、奔走效劳的方便，你们要顺从地臣服我们。你们尚有你们的土地，你们也有安定地从事劳作和休息的生活。只要你们能够敬重我周国，上天便会给你们以怜悯；如果你们不敬重我周国，你们不但会失去你们的土地，我也要把上天的惩罚降到你们身上。现在你们要安居于你们的城邑，辛勤地耕耘，这样你们就能够在洛邑长久地进行生产并得到丰收。从你们迁徙以后，你们后代子孙就会兴旺发达起来。"王说，又说："顺从我！我能够让你们安于你们的新居。"

【评析】

《尚书正义》说："成周之邑既成，乃迁殷之顽民，令居此邑。顽民谓殷之大夫、士从武庚叛者，以其无知，谓之顽民。民性安土重迁，或有怨恨。周公以成王之命诰此众士，言其须迁之意。史叙其事，作《多士》。"这是周公训诫殷顽民的一篇训词。全文可以分为三部分：第一部分，谈前代兴亡尽由天命，周人灭商秉承了上帝的旨意；第二部分，周人让殷顽民迁徙，以及不再任用多士——殷商上层贵族，也由天命所致；第三部分，宣布对殷人的政策——虽然不再任用，如果殷人规规矩矩，"尔乃尚有尔土，尔乃尚宁干止"。这种既打又拉的统治手法，对后世政治斗争具有重要的借鉴意义。

无逸第十七

一

【原文】

周公作《无逸》。周公曰:"呜呼。君子所其无逸①。先知稼穑之艰难乃逸②,则知小人之依③。相小人④,厥父母勤劳稼穑⑤,厥子乃不知稼穑之艰难乃逸,乃谚⑥既诞⑦。否则侮厥父母,曰⑧,昔之人无闻知⑨。"

【注释】

①君子:指官长。其:副词,表祈使。逸:逸乐。②乃:而,而后。③小人:老百姓。依:痛苦,苦衷。④相:看。⑤厥:其。⑥乃:就。谚:通"喭",粗野不恭。⑦诞:《汉石经》写作"延",长久。⑧否则:于是。侮:轻侮。⑨无闻知:没有知识。

【译文】

周公摄政的第七年,成王正式亲政。周公作《无逸》告诫他。周公说:"啊!君子在位,切不可安逸享乐。先了解耕种收获的艰难,然后处在逸乐的境地,就会知道老百姓的痛苦。看那些老百姓,他们的父母勤劳地耕种收获,他们的儿子却不知道耕种收获的艰难,便安逸,便不恭。时间已经久了,于是就轻视侮慢他们的父母说:'老人们没有知识。'"

二

【原文】

周公曰:"呜呼。我闻曰:昔在殷王中宗①,严恭寅畏②,天命自度③,治民祗惧④，不敢荒宁⑤。肆中宗之享国七十有五年⑥。"其在高宗，时旧劳于外⑦，爰暨小人⑧。作其即位⑨，乃或亮阴⑩，三年不言⑪。其惟不言，言乃雍⑫。不敢荒宁，嘉靖殷邦⑬。至于小大⑭，无时或怨⑮。肆高宗之享国五十有九年。其在祖甲⑯，不义惟王，旧为小人⑰。作其即位，爰知小人之依，能保惠于庶民⑱，不敢侮鳏寡⑲。肆祖甲之享国三十有三年。"

【注释】

①中宗：一说是太戊，殷之第五世贤主。一说是祖乙，殷之第七世贤主。②严：庄正。寅：敬。严恭：指外貌庄敬。寅畏：指内心敬畏。③度：法度。天命自度：以天命为法度。④祗惧：敬畏。⑤荒宁：荒废自安。⑥肆：所以。享国：指在帝位。有：又。⑦高宗：武丁，殷代第十一世贤主。时：是。旧：久。⑧爰：于是。暨：通"塈"，惠爱。⑨作：等到。⑩或：又。亮阴：听信不言。⑪不言：不言政事。⑫雍：和。⑬嘉：善。靖：和。⑭小大：老百姓和群臣。⑮时：此人，指高宗。或：有。无时或怨：谁也没有怨恨的情绪。⑯祖甲：武丁的儿子帝甲。殷代第十二世贤主。⑰不义惟王，旧为小人：惟：为。旧：久。意为他认为代是称王不合礼法，于是逃匿到民间，长期过平民生活。⑱保：安定。惠：爱。⑲鳏寡：孤苦无依的人。

【译文】

周公说："啊！我听说：过去殷王中宗，外表庄重，敬畏鬼神，以天命作为自己的准则，治理百姓，心存敬畏，不敢荒废、安逸。所以中宗在位七十五年。高宗武丁，这个人长期在外服役，惠爱老百姓。等到他即位，便又听信冢宰沉默不言，三年不轻易说话。因为他不轻易说话，有时说出来就能使人和悦。他不敢荒废、安逸，善于安定殷国。从老百姓到群臣，没有怨恨他的。所以高宗在位五十九年。祖甲，他以为代兄称王不合情理，逃亡民间，做过很久的平民百姓。等到他即位后，就知道老百姓的痛苦，能够安定和爱护众民，对于鳏寡无依的人也不敢轻慢。所以祖甲在位三十三年。"

三

【原文】

"自时厥后①立王，生则逸，生则逸②，不知稼穑之艰难，不闻小人之劳，惟耽乐之从③。自时厥后，亦罔或克寿④，或十年，或七八年，或五六年，或四三年。"周公曰："呜呼。厥亦惟我周太王王季，克自抑畏⑤。文王卑服⑥，即康功田功⑦。徽柔懿恭⑧，怀保小民⑨，惠鲜鳏寡⑩。自朝至于日中昃，不遑暇食⑪，用咸和万民⑫。文王不敢盘于游田⑬，以庶邦惟正之供⑭。文王受命惟中身⑮，厥享国五十年⑯。"

【注释】

①时：是，这。厥：之。②立王：在位的君王。生则逸，生则逸：重复地说，意在强调它。③耽乐：过度逸乐。从：追求。④罔：无。或：有。⑤抑：谦下。畏：敬畏。⑥卑服：任卑下的事。服：事。⑦即：就，从事。康功田功：五达谓之康。田功者，谓服田力穑之事。⑧徽：和。懿：美。⑨怀保：和睦安定。⑩鲜：善。⑪遑暇：遑也是暇，二字同义。⑫咸：通"诚"，和。⑬盘：乐。游：游乐。田：打猎。⑭以：使。正：税。供：进献。⑮受命：接受天命为君。中身：中年。⑯五十年：《吕览制乐篇》和《韩诗外传三》都说文王在位五十一年。这里是举整数。

【译文】

"从这以后，在位的殷王生来就安逸享乐，不知耕种收获的艰难，不知老百姓的劳苦，只是追求过度的逸乐。从这以后，在位的殷王也没有能够长寿的。有的十年，有的七、八年，有的五、六年，有的三、四年。"周公说："啊！只有我们周家的太王、王季能够谦让敬畏。文王安于卑下的工作，从事过开通道路、耕种田地的劳役。他和蔼、仁慈、善良、恭敬，使百姓和睦、安定，爱护亲善孤苦无依的人。从早晨到中午，再到下午，他没有闲暇吃饭，要使万民生活和谐。文王不敢乐于嬉游、田猎，不敢使众国进献赋税供他享乐。文王中年受命为君，在位五十年。"

四

【原文】

周公曰："呜呼。继自今嗣王，则其无淫于观、于逸、于游、于田①，以万民惟正之供。无皇曰②：'今日耽乐。乃非民攸训，非天攸若③。'时人丕则有愆④，曰：'无若殷王受之迷乱酗于酒德哉⑤。'"周公曰："呜呼。我闻曰：'古之人犹胥训告⑥，胥保惠⑦，胥教诲，民无或胥诪张为幻⑧。'此厥不听，人乃训之，乃变乱先王之正刑⑨，至于小大⑩。民否则厥心违怨⑪，否则厥口诅祝⑫。"周公曰："呜呼。自殷王中宗，及高宗，及祖甲，及我周文王，兹四人迪哲⑬。厥或告之曰⑭：'小人怨汝詈汝⑮。'则皇自敬德⑯。厥愆⑰，曰：'朕之愆。'允若时⑱，不啻不敢含怒⑲。此厥不听，人乃或诪张为幻。曰：'小人怨汝詈汝。'则信之。则若时，不永念厥辟⑳，不宽绰厥心㉑，乱罚无罪，杀无辜。怨有同㉒，是丛于厥身㉓。"周公曰："呜呼。嗣王其监于兹㉔。"

【注释】

①淫：过度。观：观赏。②皇：通"徨"，暇。这里指宽解。③攸训：所顺。训：顺。攸若：所善。若：善。④丕则：于是。愆：过错。⑤受：纣王名。酗于酒德：酗，醉酒发怒。于：为。大意是说，以醉怒为酒德。⑥胥：互相。训告：劝导。⑦保：安。惠：爱。⑧诪（zhóu）张：欺诳。幻：诈惑。⑨正刑：政策法令。⑩小大：指小法大法。⑪否则：于是。违：恨。⑫诅祝：诅咒。⑬迪：指导。迪哲：领导得明智。⑭或：有人。⑮詈（lì）：咒骂。⑯皇：更加，《汉石经》写作"兄"，增益。⑰厥愆：是"厥或愆之"的省文。愆：指责过失。⑱允：确实。时：这样。⑲不啻：不但。⑳辟：法。㉑绰：宽，放宽。㉒怨有：即怨尤。"有"和"尤"同声通用。同：会同。㉓丛：聚集。㉔监：通"鉴"，鉴戒。

【译文】

周公说："啊！从今以后的继位君王，不可沉迷在观赏、安逸、嬉游和田猎之中，不可只是使老百姓进献赋税供他享乐。不要自我宽解说：'只是今天快乐快乐。'这样子，就不是老百姓所赞成的，也不是上天所喜爱的，这样的人就有罪过了。不要像商纣王那样迷惑昏乱，把酗酒作为酒德啊！"周公说："啊！我听说：'古时的人还能互相劝导，互相爱护，互相教诲，所以老百姓没有互相欺骗、互相诈惑的。'不依照这样，官员就会放纵自己的私人想法，就会变动先王的正法，以至于大大小小的法令形同虚设。于是老百姓内心就开始怨恨，口头就开始诅咒了。"

周公说："啊！从殷王中宗、到高宗、到祖甲、到我们的周文王，这四位君王领导得明智。有人告诉他们说：'老百姓在怨恨你、咒骂你。'他们就更加敬慎自己的行为；有人举出他们的过错，他们就说：'我的过错确实像这样。'断然不敢怀怒。如果不这样时刻警惕自己的行为，人们就会互相欺骗、互相诈惑。有人说老百姓在怨恨你、咒骂你，你就会相信，就会像这样：不多考虑国家的法度，不放宽自己的心怀，乱罚没有罪过的人，乱杀没有罪过的人。老百姓的怨恨一旦汇合起来，就会集中到你的身上。"周公说："啊！继王要鉴戒这些啊！"

【评析】

周公制礼作乐第二年，也就是周公摄政的第七年，周公把王位彻底交给了成王。《召诰》《洛诰》中周公和成王的对话，大概是在举行周公退位、成王视事的仪式上，史官记下的。在国家危难的时候，不避艰辛挺身而出，担当起王的重任。当国家转危为安，顺利发展的时候，毅然让出了王位，这种无畏无私的精神，始终被后代称颂。但是，周公并没有因退位而放手不管，成王固然对他挽留，而他也不断向成王提出告诫，最有名的是《尚书·无逸》。

《无逸》篇集中表达了禁止荒淫的思想。无逸，就是不要贪图安逸。文章开宗明义，提出："君子所其无逸。知稼穑之艰难？"这是全文的主题和论述的核心。接着列举正反两方面的事例加以论证，开头就讲，知道种地务农的辛劳，才懂得"小人"（农民）的隐情。父母辛勤务农，而他们的子弟不知道种地的艰辛，就会贪图安逸乃至妄诞，甚至侮辱他的父母说："老年人，什么也不懂。"这种不孝的话在当时是决不许讲的。

接下去周公又举有周的太王、王季的谦抑谨畏，特别提到文王穿不好的衣服，自奉节俭，参加农业劳动，能"怀保小民，惠鲜鳏寡"，从早到过午有时连饭都来不及吃，为的是团结万民。他不敢盘桓逸乐游猎，不索取分外的东西，因而享国也比较长久。这正反两方面的事例，有力地说明了荒淫放纵的危害。接着周公对成王提出了希望与要求，告诫后代，不许放纵"于观、于逸、于游、于田（田猎）"，不能宽容自己说："姑且现在享乐一下，不能像商纣那样迷乱于酒。如果不听，就会变乱先王正法，招致人民的怨恨诅咒。"有人告诉说："有小人恨你、骂你。"要说自己有错误，就要深自省察，不许含怒，不许乱杀无辜，乱罚无罪。不然，相同的怨忿集中到你一个人身上，那后果不堪设想。

周公所说的深入底层、关心民间疾苦，以无逸自警或用来教育后代是对的，但是逸与不逸往往受阶级条件和生活环境所左右，存在决定意识，在没有外界强大压力的情况下，王室成员"生则逸"，再由"逸"而失国，都是必然的。

君奭第十八

一

【原文】

　　召公为保，周公为师，相成王为左右，召公不说，周公作《君奭》。周公若曰："君奭，弗吊，天降丧于殷①，殷既坠厥命②。我有周既受，我不敢知曰：厥基永孚于休③。若天棐忱④，我亦不敢知曰：其终出于不祥。呜呼。君已曰⑤时我⑥。我亦不敢宁于上帝命⑦，弗永远念天威越我民⑧罔尤违⑨，惟人。在我后嗣子孙⑩，大弗克恭上下，遏佚前人光在家⑪，不知天命不易⑫。天难谌⑬，乃其坠命⑭，弗克经历⑮，嗣前人恭明德。在今予小子旦非克有正⑯，迪惟前人光，施于我冲子⑰。"又曰⑱："天不可信。""我道惟宁王德延⑲，天不庸释于文王受命⑳。"

【注释】

　　①奭（shì）：召公的名字，姓姬名奭。吊：善。不善于天，指纣王。②坠：丧失。③基：开始。孚：通"保"，抚育。④若：顺。棐忱：棐，辅佐。忱：诚信。谓以诚信者为辅助。⑤君：指召公。⑥时：通"恃"，依靠。我：我们。⑦宁：安于。⑧越：和。⑨尤：过失。违：违误。⑩在：考察。⑪遏：止，抑止。佚：失，消失。光：光美，光辉。⑫不易：不容易。⑬谌（chén）：信。⑭其：将要。⑮经历：长久。⑯旦：周公名。有正：有所改正。⑰迪：语首助词。施：延。冲子：童子，指后辈。⑱又曰：召公又说。⑲道：《汉石经》写作"迪"，语助词。宁王：文王。⑳庸释：废弃。

【译文】

　　召公做了太保，周公做了太师，一起辅佐成王。召公觉得周公专权，不高兴，于是周公作《君奭》，向他阐明自己的想法。周公这样说："君奭！商纣王不敬重上天，给殷国降下了大祸，殷国已经丧失了福命，我们周国已经接受了。我不敢认为王业开始的时候，会长期保持沿着美好的前程发展下去。顺从上天，任用诚信的人辅佐自己，我也不敢认为王业的结局会出现不吉祥。啊！您曾经说过：'依靠我们自己，我们不敢安然享受上帝赐给的福命，不去永远顾念上天的威严。我们的人民不会产生怨恨情绪，事在人为。如果我们后代子孙，不能够恭敬上天，顺从下民，不能承继前人的光辉，不知道天命难得，不懂得上帝难信，就会失去天命。继承前人，奉行明德，就在今天。'您的看法，我小子姬旦不能有什么改正，我想把前人的光辉传给我们的后代。您还说过：'上天不可信赖。'我只想把文王的美德加以推广，上天便不会废弃文王所接受的福命。"

二

【原文】

公曰："君奭。我闻在昔成汤既受命，时则有若伊尹①，格于皇天②。在太甲③，时则有若保衡④。在太戊⑤，时则有若伊陟臣扈⑥，格于上帝。巫咸乂王家⑦。在祖乙⑧，时则有若巫贤⑨。在武丁⑩，时则有若甘盘⑪。率惟兹有陈⑫，保乂有殷。故殷礼陟配天⑬，多历年所⑭。天惟纯佑命⑮则，商实百姓王人，罔不秉德明恤⑯。小臣屏侯甸⑰，矧咸奔走⑱。惟兹惟德称⑲，用乂厥辟⑳。故一人有事于四方，若卜筮，罔不是孚㉑。"公曰："君奭，天寿平格㉒，保乂有殷。有殷嗣㉓天灭威㉔，今汝永念，则有固命㉕，厥乱明我新造邦㉖。"

【注释】

①时：当时。若：此，这个。伊尹：成汤的大臣。②格：《史记·燕世家》写作"假"，嘉许。③太甲：成汤的孙。④保衡：伊尹。伊尹名衡，任太保之官，所以叫保衡。⑤太戊：太甲的孙。⑥伊陟（zhì）、臣扈：都是太戊的贤臣。⑦巫咸：太戊的大臣。乂：治理。⑧祖乙：名滕，殷的第七世贤王。⑨巫贤：祖乙的贤臣。⑩武丁：殷高宗。⑪甘盘：武丁的贤臣。⑫率：语首助词。有陈：有道，有道之臣。⑬殷礼陟配天：谓殷人之礼因配天而称帝。⑭所：时机。⑮纯佑：良佐，贤臣。命：教导。⑯实：本当置于"罔不"的前面，为了强调，所以提前了。

百姓：指异姓官员。王人：指同姓官员。恤：谨慎。⑰屏：《三体石经》写作"并"。侯甸：侯服、甸服的官员。⑱矧：也。奔走：指效劳。⑲惟德称：惟：以。称：举。谓以德被举出来。⑳乂：通"艾"，辅助。辟：君王。㉑一人：指国君。孚：信。㉒寿：使。长寿。平格：平康，中正和平。㉓有殷嗣：殷王世世继承下来。㉔天灭威：灭：断绝。威：罚。谓上天断绝了惩罚。㉕固命：定命。㉖厥：语首助词。乱：治理。明：光大。

【译文】

　　周公说："君奭。我听说从前成汤既已接受天命，当时就有这个伊尹得到上天的嘉许。在太甲，当时就有这个保衡。在太戊，当时就有这个伊陟和臣扈，得到上天的嘉许，又有巫咸治理王国。在祖乙，当时就有这个巫贤。在武丁，当时就有这个甘盘。这些有道的人，安定治理殷国，所以殷人的制度，君王死后，他们的神灵都配天称帝，经历了许多年代。上天用贤良教导下民，于是，殷商异姓和同姓的官员们，确实没有人不保持美德，都知道谨慎做事，君王的小臣和诸侯的官员，也都奔走效劳。这些官员是依据美德而被推举出来，辅助他们的君王，所以君王对四方施政，如同卜筮一样，没有人不相信。"周公说："君奭，上天赐给中正和平的官员，安治殷国，于是殷王世世代代传承着，上天也不降给惩罚。现在您长远地考虑这些，就表示我们周邦顺应了天命，将治理好我们这个新建立的国家。"

三

【原文】

　　公曰："君奭，在昔上帝割申劝宁王之德①，其集大命于厥躬②。惟文王尚克修和我有夏③。亦惟有若虢叔，有若闳夭，有若散宜生，有若泰颠，有若南宫括④。"又曰⑤："无能往来⑥，兹迪彝教⑦，文王蔑德降于国人⑧。亦惟纯佑秉德⑨，迪知天威。乃惟时昭文王迪见冒⑩，闻于上帝。惟时受有殷命。哉武王，惟兹四人尚迪有禄⑪。后暨武王诞将天威⑫，咸刘厥敌⑬。惟兹四人昭武王惟冒⑭，丕单称德⑮。今在予小子旦，若游大川，予往暨汝奭其济⑯。小子同未在位⑰，诞无我责⑱，收罔勖不及⑲，耇造德不降⑳，我则鸣鸟不闻㉑，矧曰其有能格㉒。"公曰："呜呼。君，肆其监于兹㉓。我受命无疆惟休，亦大惟艰。告君乃猷裕，我不以后人迷㉔。"

【注释】

①割：通"曷"，为什么。申：重复。劝：劝勉。②集：下，降下。③惟：以。尚：尊重。修和：治理和协。有夏：中国。④若：此。这些。虢叔、闳夭、散宜生、泰颠、南宫括：都是文王时的贤臣。⑤又曰：有曰，有人说。⑥往来：奔走出力。⑦兹：通"孜"，勉力。曾运乾说。彝：常。⑧蔑：无。⑨惟：以。⑩时：是，这些人。昭：通"诏"，帮助。迪见：盛大。冒：马融本写作"勖"，勉力。⑪四人：武王时，虢叔等皆死，余四人。迪：通"犹"，还。有禄：活着。古代称死为无禄，生为有禄。⑫暨：与，和。诞：大。将：奉行。⑬咸：遍。刘：杀。⑭冒：通"勖"，勉力。⑮丕：大。单：尽。称：称赞。⑯其济：谋求渡过。其：通"基"，谋。济：渡水。⑰小子：周公谦称。同未：恫昧，无知。⑱诞：语首助词。⑲收：通"纠"，纠正。不及：不够。⑳耇造德：老成有德，指召公。造：成。㉑则：法则。鸣鸟：指凤凰。㉒矧：何况。格：升，提升，嘉许。㉓肆：今。监：看。㉔告：请，请求。猷裕：教导。以：使。

【译文】

周公说："君奭。过去上帝为什么一再嘉勉文王的品德，在他身上呢？因为文王重视能够治理好我们国家的人，也因为有这个虢叔，有这个闳夭，有这个散宜生，有这个泰颠，有这个南宫括。有人说：没有这些贤臣奔走效劳，努力施行常教，文王也就没有恩德降给国人了。也因为这些贤臣保持美德，了解上天的威严，因为这些人辅助文王特别努力，被上帝知道了，因此，文王才承受了殷国的大命啊。武王的时候，文王的贤臣只有四人还活着。后来，他们和武王奉行上天的惩罚，完全消灭了他们的敌人。也因为这四人辅助武王很努力，于是天下普遍赞美武王的恩德。现在我小子姬旦好像游于大河，我和你一起前往谋求渡过。我知识不广，却身居大位，你不督责、纠正我，就没有人指出我的不足了。您这年高有德的人不指示治国的法则，连凤凰的鸣声都会听不到，怎么又能得到上天的嘉许呢？"周公说："啊！您现在应该看到这一点！我们接受的大命，有无限的喜庆，也有无穷的艰难。现在请求您，不要急于责备我，不要使后人迷惑呀！"

四

【原文】

公曰："前人敷乃心①，乃悉命汝②，作汝民极③。曰：汝明勖偶王④，在亶，乘兹大命⑤，惟文王德丕承，无疆之恤⑥。"公曰："君，告汝，朕允保奭⑦，其汝克敬以予，监于殷丧大否⑧，肆念我天威⑨。予不允惟若兹诰⑩。予惟曰：'襄我二人，汝有合哉⑪？'言曰⑫：'在时二人。'天休兹至⑬，惟时二人弗戡⑭。其汝克敬德，明我俊民⑮，在让后人于丕时⑯。"呜呼。笃棐时二人，我式克至于今日休⑰。我咸成文王功于不怠，丕冒⑱海隅出日，罔不率俾⑲。"公曰："君，予不惠若兹多诰⑳，予惟用闵于天越民㉑。"公曰："呜呼。君，惟乃知。民德亦罔不能厥初㉒，惟其终。祗若兹㉓，往敬用治㉔。"

【注释】

①前人：指武王。敷：布，表明。乃：其。②悉：详尽。③极：标准，表率。④明勖：都是努力的意思。偶：通"耦"，辅助。⑤亶：诚心。乘：承受。⑥惟：思。恤：忧患。⑦允：信任。保：太保，召公担任太保的官。⑧以：与。否（pǐ）：困穷，苦难。⑨肆：长。威：罚。⑩允：语助词。惟：只。⑪襄：除。合：合志。⑫言曰：周公代召公答复。⑬兹：通"滋"，益，更加。⑭戡：胜，胜任。⑮明：显，显用，选拔。⑯在：终。让：通"襄"，帮助。时：承受。⑰笃：信。棐：不是。式：语助词。⑱我：我辈。咸：共同。于：乎。冒：勉力。⑲海隅：海边。海边出口，指荒远的地方。俾：顺从。⑳惠：通"惟"，惟胡。㉑闵：忧虑。越：与，和。㉒德：行为。能：善。㉓若：善。兹：此。指完成文王功业。㉔往：勤劳。用：以。

【译文】

周公说："武王表明他的心意，详尽地告诉了您，要做老百姓的表率。武王说：'您要努力辅助成王，在于诚心承受这个大命，考虑继承文王的功德，这会有无穷的忧患啊！'"周公说："君奭！请求您，我所深信的太保奭。希望您能警惕地和我一起看到殷国丧亡的大祸，长久使我们不忘上天的惩罚。我如非挚诚，还会以此相告吗？我只想说：'除了我们二人，您有志同道合的人吗？'您会说：'在于我们这两个人。'上天赐予的命令越来越多，仅

周书

223

仅是我们两人不能胜任了。希望您能够敬重贤德，提拔杰出的人才，帮助我们的后人去承接它。啊！真的不是这两个人，我们还能达到今天的美好政治境地吗？我们共同来成就文王的功业吧！不懈怠地加倍努力，要使那海边日出的地方，没有人不顺从我们。"周公说："君奭啊！我不这样多多劝告了，我们要忧虑天命和民心。"周公说："啊！君奭！您知道老百姓的行为，开始时没有不好好干的，要看他的末尾。我们要搞好这件大事业，就要勤劳恭敬地去治理啊！"

【评析】

"君奭"，就是召公。"奭"是召公的名字，在名字前面加一个"君"字，算是敬称。《君奭》记载了周公面向召公的"一席谈"。由于文中只有周公所言，没有召公的回答或回应，这就意味着，《君奭》既可能是周公直接面对召公的谈话记录，但也可能是周公写给召公的一篇书信。

概括起来，周公向召公讲了以下意思：第一，周王朝虽然已经取代了商王朝，但是，我们不能以天命自居；第二，我们的子孙后辈，如果不敬畏上天、不爱惜民众，就可能痛失祖先打下来的基业；第三，现在我只想把文王的事业传递下去；第四，必须看到，商汤是在伊尹的协助下完成了天命，太甲是在保衡的协助下完成了天命，太戊是在伊陟、臣扈的协助下完成了天命，祖乙是在巫贤的协助下完成了天命，武丁是在甘盘的协助下完成了天命。可见，商王朝的长治久安，与这些大臣的辅佐是分不开的，这些大臣们也都因此而名垂青史；第五，上帝为什么把天命托付给文王呢？究其原因，既在于文王自身的德性出众，也是因为有虢叔、闳夭、散宜生、泰颠、南宫括等一批贤臣在辅佐文王。如果没有这些贤臣，文王之德无法泽被天下；第六，现在我肩负重任，迫切地需要你的帮助，只有我们两人相互支持，才能完成文王未完成的事业。

可以看出，周公的意图很明确，希望召公协助自己来承担治理天下的重任。首先，周公需要召公的协助，说明他的处境比较艰难。在谈话中，周公已经坦言这一点。武王去世之后，年轻的成王不足以担当大任，周公开始了自己的摄政生涯。不过，在作为摄政者的周公面前，可谓危机四伏：一方面，商王朝的残余势力尚未彻底根除，他们聚集在东部故地，一直在寻找反扑的机会；另一方面，蔡叔、管叔等本家宗室兄弟，对于周公主持的政权心怀不满，试图叛乱；此外，还有很多地方诸侯，对于周王室尚无归顺、臣服之意。这几个方面的矛盾相互勾连，错综复杂，加剧了政局的动荡与不安。这就是周公所面对的政治危机。要处理好这个危机，就需要一个可靠的政治助手。

然而，宗室内部年轻一代已经习惯于坐享其成，完成堕落成纨绔子弟。看来看去，只有召公堪当大任。周公相信，通过联合召公，可以达到多个方面的积极效果：可以加强执政的合法性，因为召公也是元老重臣，元老重臣的支持本身就具有象征意义；请召公主持旧都镐京的政务，自己可以全身心地投入到东部平叛的工作中去；自己虽然身在前方，但有一个巩固的大后方，才可以续写"圣君贤相"的新篇章。

周公刻意描绘这种"圣君贤臣"的美好图景，当然包含了一个现实的、功利的目标，那就是吸引、动员召公加入到这个贤臣的行列中，为姬周王室立下盖世功勋。周公试图让召公相信，成为这样的贤臣，将是召公能够获得的最高荣誉。由此可见，周公为了获得召公的支持，确实是费尽了苦心。不过，他的苦心没有白费，他确实赢得了召公的支持。

本文虽然没有记载召公的回应，但是，召公显然是答应了周公的要求，并在旧都镐京为周公当了数年的后援，协助周公解决了当时的政治危机，并成就了周公的一世英名，可见，周公对召公的劝说还是相当有效的。另一方面，周公也由此提炼出一种理想的政治体制，那就是"圣君贤臣体制"。在这种体制下，圣君只有一人，贤臣可以有数人，贤臣协助圣君承担天命。数千年来，美好政治的憧憬全系于此。换言之，周公总结出来的政治规律，在相当程度上支配了数千年来中国人对于美好政治的想象。

蔡仲之命第十九

【原文】

蔡叔既没，王命蔡仲，践诸侯位，作《蔡仲之命》。惟周公位冢宰①，正百工②，群叔流言。乃致辟管叔于商③；囚蔡叔于郭邻④，以车七乘；降霍叔于庶人，三年不齿。蔡仲克庸祗德，周公以为卿士。叔卒，乃命诸王邦之蔡⑤。王若曰："小子胡，惟尔率德改行⑥，克慎厥猷⑦，肆予命尔侯于东土⑧。往即乃封，敬哉！尔尚盖前人之愆，惟忠惟孝；尔乃迈迹自身⑨，克勤无怠，以垂宪乃后；率乃祖文王之彝训⑩，无若尔考之违王命。皇天无亲，惟德是辅；民心无常，惟惠之怀。为善不同，同归于治；为恶不同，同归于乱。尔其戒哉！慎厥初，惟厥终，终以不困；不惟厥终，终以困穷。懋乃攸绩⑪，睦乃四邻，以蕃王室⑫，以和兄弟，康济小民⑬。率自中⑭，无作聪明乱旧章；详乃视听⑮，罔以侧言改厥度⑯。则予一人汝嘉。"王曰："呜呼！小子胡，汝往哉！无荒弃朕命！"

【注释】

①冢宰：周代官名，也叫大宰，是百官之长。②正：官长，统帅。这里用作动词。③辟：法。致辟：行法，这里指杀戮。④郭邻：地名，不详何处。⑤诸：之于。邦：封。⑥率德改行：率：遵循。改行：认识他的错误，端正自己的行为。⑦猷：道。⑧肆：故。侯：诸侯。⑨乃：其。迈迹：迈步前进。⑩彝：常。⑪懋：勉。乃：你的。攸：所。绩：行。⑫蕃：通"藩"，屏障，保卫。⑬康济：康：安。济：成。⑭中：中道，不偏不倚的正道。⑮详：审察。⑯侧言：片面的话。

【译文】

蔡叔被剿灭后，成王命蔡叔的儿子蔡仲接替蔡叔的爵位，并作《蔡仲之命》训诫他。周公位居大宰、统帅百官的时候，几个弟弟针对他散布流言。周公于是到达商地，杀了管叔；囚禁了蔡叔，用七辆车把他送到郭邻；把霍叔降为庶人，三年不许录用。蔡仲能够经常重视德行，周公任用他为卿士。蔡叔死后，周公便告诉成王封蔡仲于蔡国。

成王这样说："年轻的姬胡！你遵循祖德认识你父亲的错误，端正自己的行为，能够谨守臣子之道，所以我任命你到东土去做诸侯。你前往你的封地，要敬慎呀！你当掩盖前人的罪过，思忠思孝。你要使自身迈步前进，能够勤劳不怠，用以留下模范之名给你的后代。你要遵循你祖父文王的常训，不要像你的父亲那样违背天命！

"皇天无亲无疏，只辅助有德的人；民心没有常主，只是怀念仁爱之主。做善事虽然各不相同，但都会达到安治；做恶事虽然各不相同，但都会走向动乱。你要警戒呀！谨慎对待事物的开初，也要考虑它的终局，终局因此不会困窘；不考虑它的终局，终将困穷。勉力自己做你所行的事，和睦你的四邻，以保卫周王室，以和谐兄弟之邦，而使百姓安居成业。要循用中道，不要自作聪明扰乱旧章。要审慎你的视听，不要因片面之言改变法度。这样，我就会赞美你。"

成王说："啊！年轻的姬胡。你去吧！不要废弃我的教导！"

【评析】

蔡仲，名胡，蔡叔的儿子。蔡叔，周公的弟弟。这就是说，蔡仲是周公之侄。在周公摄政期间，蔡叔、管叔等宗室兄弟在京城散布流言，诽谤周公居心不良。后来，周公东征至殷商故地，诛杀了管叔，囚禁了蔡叔。然而，蔡叔的儿子蔡仲却颇有德性，完全不同于他父亲。周公信任蔡仲，先将他任命为卿士。蔡叔死后，周公又让他出任蔡国之君。《蔡仲之命》交代了这个背景之后，主要记载了成王代表朝廷对于蔡仲的训示，这番训示虽然出于成王，但很可能是周公的意思。

成王首先肯定蔡仲能够谨守臣子之道，不像他父亲那样无德，所以才任命他出任蔡国之主。接下来，成王告诫蔡仲："皇天无亲，惟德是辅；民心无常，惟惠之怀。"这几句话，构成了《蔡仲之命》的核心。从这个角度来看，《尚书》在思想上开启了一种可以称之为"恩惠政治"的政治传统。这种恩惠政治的核心特征是施惠与拥戴。只要当政者施惠于众人，众人就拥戴当政者。

这样的恩惠政治可以从多个方面来加以解释。

首先，它可以解释"民本"思想。表面上看，"民为邦本，本固邦宁"似乎强调了民众的重要性。但是，民众的这种重要性是相对于君主而言的。君主处于主位，民众居于客位；君主具有主体性，民众具有工具性。只有得到民众的支持，君主的当政地位才能得到巩固。君主之所以要施惠于民，原因就在于"民为本"；反过来说，正是因为"民为本"，所以要施惠于民。

其次，恩惠政治的核心逻辑虽然是君主施惠于民众，但是，君主以德配天、君主敬畏上天，依然不容忽视。因为，君主与上天之间的这层关系，可以产生积极的政治效果，至少有助于提升君主的权威。在面对民众的时候，君主如果宣称自己得到了上天的支持，就相当于找到了一个神秘莫测、力大无穷的坚强后盾。

多方第二十

【原文】

惟五月丁亥，王来自奄，至于宗周①。周公曰："王若曰②：猷③，告尔四国多方惟尔殷侯尹民④。我惟大降尔命⑤，尔罔不知。洪惟图天之命⑥，弗永寅念于祀⑦。惟帝降格于夏⑧，有夏诞厥逸⑨，不肯戚言于民⑩，乃大淫昏⑪，不克终日劝于帝之迪⑫，乃尔攸闻。厥图帝之命⑬，不克开于民之丽⑭，乃大降罚⑮，崇乱有夏⑯，因甲于内乱⑰，不克灵承于旅⑱，罔丕惟进之恭⑲，洪舒于民⑳。亦惟有夏之民叨㦤日钦㉑，劓割夏邑㉒。天惟时求民主，乃大降显休命于成汤㉓，刑殄有夏㉔。

【注释】

①五月：即成王亲政二年的五月。②王若曰：周公代替成王训话。若：这样。③猷：叹词。④四国：指管、蔡、商、奄四国。惟：与，和。殷侯：众位诸侯。尹民：治民，指治民的官员。⑤降：下，下达。命：教令。⑥洪惟：语首助词。图：大。大天之命，谓夸大天命。⑦寅：敬。不永寅念于祀，谓忽视民生。⑧格：通"𢓜"，教令。⑨诞：大。⑩戚：忧。⑪淫昏：淫乐昏乱。⑫劝：勉力。迪：教导。⑬图帝之命：图：大。言夸大上帝之命。⑭开：明，明白。丽：附。民之丽：老百姓归附的道理。⑮大降罚：大事杀戮。⑯崇：充，大。⑰甲：通"狎"，习。内乱：女治，指夏桀信任妹喜。⑱灵：善。承：顺从。旅：众人。⑲丕：不。进：通"赆"，财货。恭：通供。⑳舒：古文作"荼"，苦，这里指毒害。㉑叨：贪婪。㦤：戾。钦：通"廞"，兴。㉒劓割：残害。㉓显休：光明美好。㉔刑殄：诛绝。

【译文】

五月丁亥这天，王从奄国回来，到了都城镐京。周公传达周王的命令说："啊！告诉你们四国和各地诸侯，以及治理臣民的官长们，我要专门向你们下达命令，希望你们要很好地了解命令的内容和精神。看那夏代封锁了上天的命令，常常不恭敬地对待祭祀，不把祭祀放在心上。虽然上帝给夏降下了深知天命的人，但夏王却纵欲享受，不肯用好话去慰告人民，而是日益淫逸昏乱，不能够终日勤勉地按照上帝的教导办事，这些你们都是知道的。他闭塞了上帝的命令，不能把老百姓从灾难的罗网中解救出来，上天便大大地降下了惩罚来祸乱夏国，这是因为当政者习惯于在国内为非作歹，又不听从上帝的教导，只知道残暴地搜刮民财，荼毒百姓。也因为他们无不贪财残忍，甚至竞相效仿，残害都城内的老百姓。由于这些原因，上天便为老百姓寻求好的国王，于是便降下了光荣而美好的大命给成汤，成汤遂灭掉了夏国。

二

【原文】

惟天不畀纯①，乃惟以尔多方之义民，不克永于多享②惟夏之恭，多士大不克明保享于民③，乃胥惟虐于民④，至于百为，大不克开⑤。乃惟成汤克以尔多方简⑥，代夏作民主。慎厥丽，乃劝⑦，厥民刑，用劝。以至于帝乙⑧，罔不明德慎罚，亦克用劝。要囚，殄戮多罪⑨，亦克用劝。开释无辜，亦克用劝。今至于尔辟⑩，弗克以尔多方享天之命⑪。呜呼。

【注释】

①畀：与。纯：通"屯"，众。②义民：指邦君。享：劝导。③恭：通"供"，供职。保享：保护劝导。④惟虐：为虐。⑤开：开展。⑥多方：多邦，诸侯。简：择，选择。⑦丽：施行。指施行教令。劝：勉励。⑧帝乙：纣之父。⑨要囚：幽囚，囚禁。⑩辟：君。尔辟：你们的君主，指纣王。⑪以：与，和。

【译文】

上天不把大福赐予他们，这是因为那些四方诸侯的大臣，不努力于为百姓造福，只知互相残暴地对待臣民，甚至作恶多端，无所不为，不能够解除百姓的痛苦，因此他们之中有些虽然还是贤臣，也都和那些佞臣一样失去了夏国的禄位。由于这样，所以成汤能够受到你们四方诸侯的拥戴，代替夏桀做臣民的国王。他谨慎地把人民从灾难中解救出来，是为了鼓励他们走向正道；他对那些犯罪的人使用刑罚，也是为了鼓励他们走上正道；从成汤到纣的父亲帝乙，无不努力阐明德教，谨慎地使用刑罚，也都是为了鼓励人民走上正道；仔细地考察犯人的狱辞，杀掉或严厉惩罚那些无恶不作的人，也是为了对臣民的劝勉和警戒；开脱释放那些无罪的人，也是为了鼓励臣民走上正道。现在，到了你们的国王，不能够带领你们四方诸侯永享上天赐予的大命，实在可叹啊！"

三

【原文】

王若曰："诰告尔多方，非天庸释①有夏，非天庸释有殷。乃惟尔辟以②尔多方，大淫图③天之命，屑有辞④。乃惟有夏图厥政，不集⑤于享。天降时丧，有邦间⑥之。乃惟尔商后王逸厥逸，图厥政，不蠲⑦烝，天惟降时丧。""惟圣罔念作狂⑧。惟狂克念作圣。天惟五年须⑨暇之子孙，诞⑩作民主，罔可念听。天惟求尔多方，大动以威⑪，开⑫厥顾天。惟尔多方罔堪顾之。惟我周王灵承⑬于旅，克堪用德，惟典⑭神天。天惟式⑮教我用休，简⑯畀殷命，尹尔多方。"

【注释】

①庸释：舍弃，废弃。②尔辟：你们的君主。以：和。③图：污。④屑：杂碎众多的意思。⑤集：整齐。⑥间：代替，取代。⑦蠲（juān）：清洁、清明。⑧圣：贤明的人。作狂：成为狂妄而不通达事理的人。⑨须：等待。⑩诞：延，延续，延长。⑪大动以威：上天降下灾难来显示其威严。⑫开：启示，开导。⑬灵：善。承：顺从，秉承。⑭典：善。⑮式：更改，改变。⑯简：明，表明。

【译文】

王说："告诉你们四方诸侯，并不是上天要舍弃夏王，也不是上天要舍弃殷王，而是因为你们的国王和你们四方诸侯，行为过度放肆，违背了上天的命令，还振振有词地为自己的罪行辩护，所以上天才舍弃你们。由于夏王政治黑暗而又不很好地祭祀上天，所以上天才降下这样的大祸，并让殷王代替夏国。也因为你们商王纵情无度，政治十分黑暗闭塞，祭祀的供品很不清洁，所以上天才降下这样的大灾给你们。"

"虽然本来是贤明的人，但如果不把上天的意旨常常放在心上，也可能变成狂妄而不通事理的人。虽然本来是愚昧无知的人，但如果能把上天的意旨常常放在心上，就可能变成圣明的人。上天为了使殷纣悔悟，等待了五年的时间，让他在这五年中继续做国王，但他仍然不考虑、不听从上天的教导。上天也以这样的想法来要求你们四方诸侯，并且大大地显示出它的威严，来开导你们考虑上天的命令。但是，你们四方诸侯不能考虑和完成上天的命令。"

"只有我们周国的国王，很好地秉承着上帝的旨意，能够广布德教，以德教主持上天所赐予的大命。因此，上天经过选择，把原来给殷的美好的大命转过来赐予我们，让我们根据上天的命令来治理你们四方诸侯。"

四

【原文】

"今我曷敢多诰①，我惟②大降尔四国民命。尔曷不忱裕之于尔多方③。尔曷不夹介④，乂⑤我周王，享天之命。今尔尚宅尔宅⑥、畋尔田⑦？尔曷不惠王熙天之命⑧。尔乃迪屡未静⑨，尔心未爱⑩。尔乃不大宅⑪天命，尔乃屑播天命⑫，尔乃自作不典⑬，图忱于正⑭。我惟时其教告之，我惟时其战要囚之⑮。至于再，至于三⑯。"

【注释】

①曷敢：何敢，怎么敢。诰：上对下的告诫的话。②惟：只是。③忱裕：告导，劝导，劝诫。④夹：辅助。介：善。⑤乂：通"艾"，辅助，辅佐。⑥尚：还。宅尔宅：居住在你们的地方。⑦畋（tián）：整治，治理。⑧惠：顺从，依从。熙：光大，宣扬，散播。⑨乃：竟然。迪：教导，劝说。屡：屡次，多次。⑩爱：顺，遵从。⑪宅：度，考虑，思考。⑫屑：通"悉"，皆，全，尽。播：弃，丢弃，抛弃。⑬不典：不法。⑭图：图谋。忱：攻击。正：长。⑮要囚：幽禁。⑯至于再，至于三：一而再，再而三地。

【译文】

"现在我怎敢对你们说出这许多告诫的话,我只是想用这些话来开导和教育你们四国臣民。你们四方诸侯为何不听从我的劝导?你们为何不顺从我们,帮助我周国治理天下,共享天命?现在你们仍旧居住在你们原来的地方,耕种着你们原来的土地,你们为何不顺从我们的国王,发扬光大上天的命令呢?""你们竟然不听从教导,屡次发动暴乱,你们的心那么不顺从,你们不考虑上天的命令,完全把上天的命令丢在一边。这是你们自己不遵守法度,反而投机取巧,妄图取信于我们的执政者。因此我必须好好地教导你们,还要用武力来幽囚你们,详细考察你们的供词。你们一而再、再而三地发动叛乱,我也就一而再、再而三地讨伐你们。"

五

【原文】

"乃有不用我降尔命,我乃其大罚殛之。非我有周秉德不康宁,乃惟尔自速①辜。"王曰:"呜呼。猷,告尔有方多士暨殷多士②。今尔奔走,臣我监五祀③,越惟有胥伯小大多正④,尔罔不克臬⑤。自作不和,尔惟和哉。尔室不睦,尔惟和哉。尔邑克明⑥,尔惟克勤乃事。尔尚不忌⑦于凶德,亦则以穆穆⑧在乃位,克阅⑨于乃邑谋介。""尔乃自时洛邑⑩,尚永力畋尔田,天惟畀矜⑪尔,我有周惟其大介⑫赉尔。迪简在王庭⑬,尚尔事⑭,有服在大僚⑮。"

【注释】

①速:招惹,招致。②猷(yóu):告诉。暨:和,与。③监:侯国,这里指的是卫康叔。五祀:五年。④胥:徭役。伯:通"赋",赋税。正:通"政",政事,政务。⑤臬:法,守法,遵守法规。⑥明:清明。⑦忌:教,打算。⑧穆穆:恭敬严肃的样子。⑨克:能够。阅:容。⑩乃:若。自:在。时:这,这个。⑪矜:怜悯,同情。⑫大介:大而好。介:善。⑬迪:进。简:选择,提拔。⑭尚尔事:封赏你们以职务。⑮服:事。僚:官员,官职。

【译文】

"如果你们敢违背我下达的命令,我就要大大地惩罚你们。这不是我们周邦不按德教的原则给你们以和平安宁的生活，这实在是你们自己招来的祸害。"王说："唉！告诉你们四方诸侯和殷的诸位官长，现在你们臣服我周国并为我周国奔走效劳已经五年了。我们向你们征用力役，征收田赋，数量的大小和多寡，都完全合乎正常的标准，你们不要违背法规。如果你们之间不团结，那你们应该和好起来；如果你们的家庭不和睦，那你们的家庭也应该和睦起来！如果你们能够勤于职守，做臣民的表率，那么，你们邑内的臣民也就会勤勉地做事；如果你们不打坏主意，那么，你们就能够和睦而恭敬地在你们的位置上相安无事。这样，你们一邑的人就都能够和睦愉快地相处。如果你们能够在这个时候服从我们周国，能够永远辛勤地种好你们的田地，上天就会怜悯你们，我们周国也会因此大大地赏赐你们，并把你们提拔到朝廷中来，给你们以职务，让你们担任重要的官职。"

六

【原文】

王曰："呜呼。多士，尔不克劝①忱我命，尔亦则惟不克享②，凡民惟曰不享。尔乃惟逸惟颇③，大远王命，则惟尔多方探天之威④，我则致⑤天之罚，离逖⑥尔土。"王曰："我不惟多诰，我惟祗告尔命⑦。"又曰："时惟尔初⑧，不克敬于和⑨，则无我怨。"

【注释】

①克：能够。劝：勉力。②惟：就。享：享受禄位。③逸：放荡，放纵。颇：邪恶，不正。④探：试，试探。威：威严。⑤致：达，行，施行。⑥逖（tì）：幽远。⑦惟：思。祗：敬重。命：命令。⑧时：善。惟：谋划。初：开始。⑨克：能够。于：连词，跟，与，和。

【译文】

王说："唉！诸位官长啊，如果你们不能够努力听从我的命令，那么你们就没有资格共享上天，你们的臣民也就没有资格共享上天了。如果你们一味贪图享受，一味胡作非为，大大地远离王命，妄图亲身试探上天的威严，我就要把上天的惩罚用在你们身上，把你们远远地分开，并夺回你们的土地。"王说："我向你们讲了这许多话，是在恭敬地把上天的命令告诉你们。"又说："我们是想着从开始就跟你们和睦相处，假如你们不能尊重上面的命令，不能同我们和睦相处，我便要把上天的惩罚降给你们，你们不要对我有什么怨恨。"

【评析】

"方"是商周时代对王畿之外邦国的称呼。"多方"就是众多方国的意思。这是一篇周公代替成王训诫方国的诰词。周公归政成王后，淮夷和奄国又发动叛乱，成王亲自出征。召公为保，周公为师，讨伐淮夷，灭了奄国。成王自奄回到镐京，各国诸侯都来朝见，周公代替成王训话，史官记录这篇诰辞，名叫《多方》。诰词全文可以分为三部分：第一部分，训诫多方贵族。夏朝灭亡、商汤兴起，由天命更由人事，前者既不敬天又残害人民，而后者则明德慎罚，勤勉政事，所以有兴亡替代的事情发生；第二部分，严厉谴责多方贵族不安于天命，屡次叛乱；第三部分，训诫多方贵族怎样安于天命才能免于被惩罚。这也是周初诸诰中一篇重要的诰词。

立政第二十一

一

【原文】

　　周公作《立政》。周公若曰，拜手稽首①，告嗣天子王矣。用咸戒于王，曰②王左右常伯③、常任④、准人⑤、缀衣⑥、虎贲⑦。周公曰："呜呼。休兹知恤，鲜哉⑧。古之人迪惟有夏⑨，乃有室大竞⑩，吁俊，尊上帝迪⑪，知忱恂于九德之行⑫。乃敢告教厥后曰⑬：拜手稽首后矣⑭。曰：宅乃事⑮，宅乃牧⑯，宅乃准⑰，兹惟后矣。谋面⑱用丕训德⑲，则乃宅人⑳，兹乃三宅无义民㉑。"

【注释】

　　①拜手稽首：古代最恭敬的拜跪礼。②咸：箴，劝告。③左右：教导。常伯：治民的官，就是下文的"牧"和"牧人"。④常任：治事的官，就是下文的"事"和"任人"。⑤准人：执法的官，就是下文的准。⑥缀衣：掌管国王衣服的官。⑦虎贲（bēn）：守卫王宫的武官。⑧休：美好。兹：则，连词。恤：忧。鲜：读上声，少。⑨迪惟：语气助词。⑩乃：其，他们的。有室：指卿大夫。竞：强。⑪吁：呼吁。俊：通"骏"，长。迪：教导。⑫忱恂：诚信。九德：九种德行。⑬后：指诸侯。⑭拜手稽首：古代君对臣也可以行这种大礼。⑮宅：度量，考察。事：就是常任。⑯牧：就是常伯。⑰准：就是准人。⑱谋面：以貌取人。⑲丕训：不顺，不依从。⑳则：若。乃：如此，这样。宅人：考虑人。㉑三宅：就是宅事、宅牧、宅准。义：贤。

【译文】

　　周公东征以后，天下已经日趋安定，周公迫切地想健全官僚制度，以求长治久安，于是作《立政》告诫成王。周公这样说："跪拜叩头，报告继承天子的王。"周公因而劝诫成王说："王要教导常伯、常任、准人、缀衣和虎贲。"周公说："啊！美好的时候就知道忧虑的人，很少啊！古代的人只有夏代的君王，他们的卿大夫很强，夏王还呼吁他们长久地尊重上帝的教导，使他们知道诚实地相信九德的准则。夏代君王经常教导他们的诸侯道：'跪拜叩头了，诸侯们！'夏王说：'考察你们的常任、常伯、准人，这样才称得上君主。以貌取人，不依循德行，假若这样考察人，你们的常任、常伯和准人就没有贤人了。'"

二

【原文】

"桀德①，惟乃弗作往任②，是为暴德③，罔后④。亦越成汤陟⑤，丕厘上帝之耿命⑥，乃用三有宅⑦，克即宅⑧，曰三有俊⑨，克即俊。严惟丕式⑩，克用三宅三俊。其在商邑⑪，用协于厥邑⑫；其在四方，用丕式见德⑬。呜呼。其在受德⑭，暋为羞刑暴德之人⑮，同于厥邦。乃惟庶习逸德之人⑯，同于厥政。帝钦罚之⑰，乃伻我有夏⑱式商受命⑲，奄甸万姓⑳。"

【注释】

①德：升于帝位。②作：用。往任：往日任人的法则。③是：于是。惟：只。暴德：凶德。④罔后：无后，指亡国。⑤越：及，到了。陟：升，升帝位。⑥厘：受福，引申为受。耿：明。⑦乃：其。三有宅：三宅。有：助词。三宅：指上文的事、牧、准。⑧克即宅：即，就。⑨曰：与。三有俊：当为三宅之属官。⑩严惟：敬念。丕式：大法。指上帝用人的大法。⑪商邑：指商都。⑫协：和洽。⑬见：同"现"，显。⑭受：纣王名。德：升，升于帝位。⑮暋（mín）：强。羞刑：为法律所羞辱的人，指触犯法律的罪人。刑：法。⑯庶：众多。习：指近习，即左右亲幸。⑰钦：重要的。⑱伻：使。有夏：周人自称为夏。⑲式（dài）：代替。⑳奄：安抚。甸：治理。万姓：万民。

【译文】

"夏桀即位后，他不用往日任用官员的法则，于是只用些暴虐的人，终于无后。到了成汤登上帝位，大受上帝的明命，他选用事、牧、准三宅的官，都能就三宅的职位，选用三宅的属官，也能就其属官之位。他敬念上帝选用官员的大法，能够很好地任用各级官员，他在商都用这些官员和协都城的臣民，他在天下四方，用这种大法显扬他的圣德。啊！商王纣登上帝位，强行把罪人和暴虐的人聚集在他的国家里，竟然用众多亲幸和失德的人，共同治理政事。上帝于是重重地惩罚他，使我们周王代替商纣王接受上天的大命，安抚治理天下的老百姓。"

三

【原文】

"亦越文王、武王克知三有宅心①，灼见三有俊心②，以敬事上帝，立民长伯③。立政④：任人、准夫、牧，作三事⑤。虎贲、缀衣、趣马⑥、小尹⑦、左右携仆⑧、百司庶府⑨、大都小伯⑩、艺人⑪、表臣百司⑫、太史⑬、尹伯⑭、庶常吉士⑮、司徒、司马、司空⑯、亚旅⑰。夷微卢烝⑱。三亳阪尹⑲。文王惟克厥宅心⑳，乃克立兹常事司牧人㉑，以克俊有德㉒。文王罔攸兼于庶言㉓。庶狱庶慎㉔，惟有司之牧夫是训用违㉕。庶狱庶慎，文王罔敢知于兹㉖。亦越武王率惟敉功㉗，不敢替厥义德㉘，率惟谋从容德㉙，以并受此丕丕基㉚。"

【注释】

①克知三有宅心：能知事、牧、准三宅的心。②灼：明。③长伯：官长。④立政：建立官长。⑤作：为。⑥趣马：负责养马的官。⑦小尹：趣马的属官。⑧左右携仆：君王的近侍官员。⑨百司庶府：司和府都是官名。⑩大都小伯：大都小都的官长。⑪艺人：征收赋税的官。⑫表臣百司：外臣百官。⑬太史：史官之长。⑭尹伯：官长，各官之长。⑮常：祥。吉：善。⑯司徒、司马、司空：就是三卿。⑰亚旅：大夫。⑱夷：东方的国家。微：南方的国家。卢：西方的国家。烝：君长。⑲三亳：南亳、西亳、北亳，都是殷商的故都。阪：夏的故都。尹：官长。⑳惟克厥宅心：就是"惟克知厥宅心"，承上文而省。㉑牧人：指上述各官员。㉒以：而。俊：俊彦。㉓兼：兼包。庶言：教令。㉔庶狱：各种狱讼案件。庶慎：各种敕戒的事。㉕之：和。用违：用与不用，用否。㉖敢：表敬副词。㉗率惟：语气助词。敉：终，完成。功：事业。指文王的事业。㉘替：废弃。义德：善德。㉙容德：宽容的美德。㉚并：同，共同。指文王武王共同。丕丕：大而又大。基：事业。

【译文】

"到了文王、武王,他们能够知道三宅的思想,还能清楚地看到三宅部属的思想,用敬奉上帝的诚心,为老百姓建立官长。设立的官职是:任人、准夫、牧作为三事,有虎贲、缀衣、趣马、小尹、左右携仆以及百司庶府,有大小邦国的君主、艺人、外臣百官;有太史、尹伯,他们都是祥善之人。诸侯国的官员有司徒、司马、司空、亚旅,夷、微、卢各国设有君主,还设立了商和夏的旧都管理官员。文王因能够度知三宅的思想,就能设立这些官员,而且是俊彦有德的。文王不兼管各种教令。各种狱讼案件和各种禁戒,用和不用只顺从主管官员,文王不敢过问这些。到了武王,完成了文王的事业,不敢丢弃文王的善德,谋求顺从文王宽容的美德,因此,文王和武王共同接受了这伟大的王业。"

四

【原文】

"呜呼。孺子王矣①,继自今我其立政。立事②、准人、牧夫,我其克灼知厥若③。丕乃俾乱④,相我受民⑤,和我庶狱庶慎⑥。时则勿有间之⑦,自一话一言⑧。我则末惟成德之彦⑨,以乂我受民。呜呼。予旦已受人之徽言,咸告孺子王矣⑩。继自今文子文孙⑪,其勿误于庶狱庶慎,惟正是乂之⑫。自古商人亦越我周文王立政,立事、牧夫、准人则克宅之,克由绎之⑬,兹乃俾乂⑭。国则罔有⑮立政,用憸人⑯,不训于德⑰,是罔显在厥世⑱。继自今立政,其勿以憸人,其惟吉士,用劢相我国家⑲。今文子文孙、孺子王矣。其勿误于庶狱,惟有司之牧夫⑳。其克诘尔戎兵,以陟禹之迹㉑,方行天下㉒,至于海表㉓,罔有不服。以觐文王之耿光㉔,以扬武王之大烈㉕。呜呼。继自今后王立政,其惟克用常人㉖。"周公若曰:"太史,司寇苏公式敬尔由狱㉗,以长我王国㉘。兹式有慎㉙,以列用中罚㉚。"

【注释】

①孺子:指成王。②事:就是常任。③若:善。④丕:语气助词。俾:使。乱:治理。⑤相:治理。受民:接受上天和祖先所赐予的民众。⑥和:平治。

⑦时：这些事。间：代替。⑧自：虽然。⑨末：终。惟：谋，谋于。彦：俊彦，美士。成德之彦：盛德的人。⑩旦：周公名。已受：《汉石经》写作"已前"，从前。徽言：美言。⑪文子文孙：善子善孙，贤子贤孙。⑫正：长官，指治狱的官。⑬由绎：疑即"诱掖"，同音通用。⑭俾：使。乂：治理。⑮罔有：罔尤，无过。"尤"和"有"同声通用。罔尤，卜辞作"亡尤"，是殷周时代的常语。⑯憸人：贪利奸佞的人。⑰训：顺。⑱是：于是。在：终。⑲劢（mài）：勉力。相：治理。⑳惟有司之牧夫：就是"惟有司和牧夫是乂"，因语急而省略。之：和，连词。㉑诘：治理。戎兵：指军队。陟禹之迹：禹平水土，足迹遍于天下。步禹之迹，是指统一天下。㉒方行：遍行。㉓海表：海外。㉔觐：见，指显扬。耿：明。㉕扬：续。烈：业。㉖常人：吉士。"常"与"祥"通，祥，善。㉗司寇：官名，掌管刑罚。苏公：苏忿生，周武王司寇。式：法。这里用作动词，规定，法定。尔：语气助词。由：用。㉘长：延长。㉙有：又。㉚列：今"例"字。以例用中罚，依据条例使用中罚。

【译文】

"啊！您现在已是君王了。从今以后，我们要这样设立官员。设立事、准人、牧夫，我们要能明白了解他们的优点，才能让他们治理政事，管理臣民，处理各种狱讼和各种禁戒的事务。这些事务，我们不可代替他们去做。即使是一话一言，也不能代为发布。我们也要忠于贤德的人，来治理我们的老百姓。啊！我姬旦把前人的美言全部告诉君王了。从今以后，继承的贤子贤孙，千万不要在各种狱讼和各种禁戒上耽误时间，这些事只让主管官员去治理。从古时的商代先王到我们的周文王设立官员，设立事、牧夫、准人，就是能够考察他们，能够扶持他们，这样才让他们治理，国事就没有失误。假如设立官员，任用贪利奸佞的人，不依循于德行，于是君王终世都会没有光彩。从今以后设立官员，千万不可任用贪利奸佞的小人，应当任用善良贤能的人，用来努力治理我们的国家。现在，先王贤明的子孙，您已做君王了！您不要在各种狱讼案件上耽误时间，只让主管官员和牧夫去治理，您要能够治理好军队，步着大禹的足迹，遍行天下，直至海外，没有人不服从。以此显扬文王圣德的光辉，继续武王伟大的功业。啊！从今以后，继位君王设立官员，必须任用善良的人。"周公这样说："太史！司寇苏公规定要认真地处理狱讼案件，使我们的王国长治久安。现在规定慎之又慎，依据常例，使用中罚。"

【评析】

王引之说："政与正同，正，长也。立政，谓建立长官也。篇内所言皆官人之道，故以立政名篇。"周公东征以后，天下已经日趋安定，周王朝的迫切任务就是健全官员制度，以求长治久安。本篇是周公晚年对成王的诰词，主要内容是阐述设官理政的法则。在诰词中，周公说明了夏、商两代的设官经验，告诫成王必须奉行文王武王设官理政的常法，任用贤人，不干涉狱讼案件，集中精力，加强军事力量，学习大禹统一中国。这些政策安定了国家，促进了周王朝的发展。本篇是研究"成康之治"和周初官制的重要史料。

本篇在讨论慎于选官用人的同时，极为难得地提出了司法刑狱由管理司法的机构独立处理的思想，周公希望成王仿效其祖父文王的榜样，不干扰大臣的司法刑狱，这与《康诰》中周公要求卫侯康叔专擅刑杀正好相反。这反映了周朝中央官制和诸侯方国制度的特色。而随着王朝制度的健全，周朝的司法制度也正是采取执政大臣和诸侯分别处理中央和方国的司法模式，而隶属于执政大臣和诸侯之下的三有司机构（司土、司马、司空）构成具体的执法机构。以今天我们所见的铜器铭文为例：一方面，有类似毛公鼎所见的以"讯讼"作为册命封赐给执政大臣的记录；另一方面又有类似五祀卫鼎、永盂所见的执政大臣统领三有司理讼，并让三有司具体执法的记录。这种已成体系的司法制度，与本篇所见的司法建设的思想，应该说是非常一致的。这也就是说，本篇对于周朝的政治制度和司法制度有着很大的影响。

周官第二十二

一

【原文】

　　成王既黜殷命，灭淮夷，还归在丰，作《周官》。惟周王抚万邦，巡侯、甸①，四征弗庭②，绥厥兆民；六服群辟，罔不承德③。归于宗周④，董正治官⑤。王曰："若昔大猷⑥，制治于未乱，保邦于未危。"曰："唐虞稽古，建官惟百。内有百揆四岳⑦，外有州牧、侯伯。庶政惟和，万国咸宁。夏商官倍，亦克用乂。明王立政⑧，不惟其官，惟其人。今予小子，祗勤于德，夙夜不逮。仰惟前代时若⑨，训迪厥官⑩。立太师、太傅、太保⑪，兹惟三公。论道经邦，燮理阴阳⑫。官不必备，惟其人。少师、少傅、少保，曰三孤。贰公弘化⑬，寅亮天地⑭，弼予一人⑮。冢宰掌邦治⑯，统百官，均四海⑰。司徒掌邦教，敷五典⑱，扰兆民⑲。宗伯掌邦礼，治神人，和上下。司马掌邦政，统六师，平邦国⑳。司寇掌邦禁，诘奸慝㉑，刑暴乱。司空掌邦土，居四民，时地利㉒。六卿分职，各率其属，以倡九牧，阜成兆民㉓。"

【注释】

　　①侯、甸：侯服、甸服的诸侯国，这里泛指各诸侯国。②弗庭：庭：通"廷"，朝廷。这里用作动词，朝见的意思。弗庭：不来朝见，指背叛的诸侯。③六服：周代把王都周围的土地分为侯、甸、男、采、卫、蛮六种服役地带。④宗周：指丰邑。⑤董：督。此谓督导。正：治理。⑥若：顺从。昔：往日。猷：道，法。⑦百揆：官名，总理百官之职。四岳：尧舜时四方部落首领。⑧立政：设立官长。⑨时：是。若：顺从。⑩训：说明。迪：设立。⑪太师、太傅、太保：三种辅助天子的大官。⑫燮(xiè)：和。阴阳：世间一切正反现象，古代叫阴阳。⑬贰：副职，协助。⑭寅：敬。亮：明。⑮弼：辅助。⑯冢宰：冢：大。

宰：治。冢宰：又叫大宰，百官的首长。⑰均：调节。⑱五典：即父义、母慈、兄友、弟恭、子孝五种常法，又叫五常、五教。⑲扰：平安。⑳平：治理，平服。㉑诘：治。奸慝（tè）：邪恶不正的人。㉒时：依时。时地利：依时节以兴地利。㉓阜成：阜：大。成：定。阜成：大力安定。

【译文】

成王剪灭武庚、淮夷叛乱以后，回到丰镐，命周公制礼作乐，史官作《周官》记述该事。周成王安抚万国，巡视侯服、甸服等诸侯，四方征讨不来朝见的诸侯，以安定天下的老百姓。六服的诸侯，无人不奉承他的德教。成王回到王都丰邑，又督导整顿治事的官员。成王说："顺从往日的大法，要在未出现动乱的时候制定治理的办法，在未出现危机的时候安定国家。尧舜稽考古代制度，建立官职一百。内有百揆和四岳，外有州牧和侯伯。各种政策都适合，天下万国都安宁。夏代和商代，官数增加一倍，也能用来治理国家。明王设立官员，不考虑他的官员之多，而考虑要得到贤人。现在我小子恭敬勤奋施行德政，起早睡晚都恐有所不及。仰思顺从前代，建立我们的官制。设立太师、太傅、大保，这是三公。他们讲明治道，治理国家，调和阴阳。三公的官不必齐备，要考虑用适当的人。设立少师、少傅、少保，叫作三孤。他们协助三公弘扬教化，敬明天地的事，辅助我一人。冢宰主管国家的治理，统帅百官，调剂四海。司徒主管国家的教育，传布五常的教训，使万民和顺。宗伯主管国家的典礼，治理神和人的感通，调和上下尊卑的关系。司马主管国家的军政，统率六师，平服邦国。司寇主管国家的法禁，治理好恶的人，刑杀暴乱之徒。司空主管国家的土地，安置士农工商，依时发展地利。六卿分管职事，各自统率他的属官，以倡导九州之牧，大力安定兆民。"

二

【原文】

"六年，五服一朝①。又六年，王乃时巡，考制度于四岳②。诸侯各朝于方岳，大明黜陟③。"王曰："呜呼！凡我有官君子，钦乃攸司，慎乃出令。令出惟行，弗惟反。以公灭私，民其允怀。学古入官，议事以制，政乃不迷。其尔典常作之师④，无以利口乱厥官⑤。蓄疑败谋，怠忽荒政。不学墙面⑥，苍事惟烦。戒尔卿士⑦，功崇惟志，业广惟勤。惟克果断，乃罔后艰。位不期骄⑧，禄不期侈。恭俭惟德，无载尔伪。作德，心逸日休；作伪，心劳日拙。居宠思危，罔不惟畏，弗畏入畏⑨。推贤让能，庶官乃和，不和政庞⑩。举能其官⑪，惟尔之能；称匪其人，惟尔不任。"王曰："呜呼！三事暨大夫⑫，敬尔有官，乱尔有政，以佑乃辟，永康兆民，万邦惟无斁⑬。"

【注释】

①五服：侯服、甸服、男服、采服、卫服。②四岳：东岳、西岳、南岳、北岳。③黜：降。陟：升。④其尔句：《孔传》说："其汝为政，当以旧典常故事为师法。"⑤利口：巧言，辩言。⑥不学墙面：不学如面向墙，无所睹见。⑦卿士：执政大臣。⑧位不期骄：期：当。此言居官位不当骄傲。⑨弗畏入畏：不畏就会进入可畏的困境。⑩庞（máng）：通"厖"，杂乱。⑪举能其官：推举能力相当的官员。⑫三事：指任人、准夫、牧三位高级官员。⑬斁（yì）：厌弃。

【译文】

"六年，五服诸侯来朝见一次。又隔六年，王便依时巡视，到四岳校正制度。诸侯各在所属的方岳来朝见，王对诸侯普遍讲明升降赏罚。"成王说："啊！凡我的各级官长，要认真对待你们所管理的工作，慎重对待你们发布的命令。命令发出了就要执行，不要违抗。用公正消除私情，人民将会信任归服。先学古代治法再入仕途，议论政事依据法制，政事就不会错误。你们要用周家常法作为法则，不要以巧言干扰你的官员。蓄疑不决，必定败坏计谋，怠情忽略，必定废弃政事。不学习，就好像面向墙站着，无所睹见，临事就会烦乱。告诉你们各位卿士：功高由于有志，业大由于勤劳。能够果敢决断，就没有后来的艰难。居官不当骄傲，享禄不当奢侈，恭和俭是美德啊！不要行使诈伪，行德就心逸而日美，作伪就心劳而日拙。处于尊宠要想到危辱，无事不当敬畏，不知敬畏，就会进入可畏的境地。推举贤明而让能者，众官就会和谐；众官不和，政事就复杂了。推举能者就任官职，是你们的贤能；所举不是贤能之人，是你们不能胜任官职。"成王说："啊！任人、准夫、牧三位首长和大夫们：认真对待你们的官职，治理你们的政事，辅助你们的君主，使广大百姓长远安宁，天下万国就不会厌弃我们了。"

【评析】

《周礼》是儒家经典，相传为周公所著。《周礼》原名《周官》。在西汉的景帝、武帝之际，河间献王刘德从民间征得一批古书，其中一部名为《周官》。原书有天官、地官、春官、夏官、秋官、冬官等六个分篇，因此称为《周官》。据传，该篇即周公制礼完毕后，对王公大臣以及各方诸侯的训诫。

《周礼》所涉及之内容极为丰富。大至天下九州，天文历象，小至沟洫道路，草木虫鱼。凡邦国建制，政法文教，礼乐兵刑，赋税度支，膳食衣饰，寝庙车马，农商医卜，工艺制作，各种名物、典章、制度，无所不包，堪称为上古文化史之宝库。

《周礼》规定，全国的最高土地所有权属于王。千里王畿为王直辖之地，王畿内的土地有由王直接占有的王田，有分封给王直属的公、卿、大夫、士的采邑，而以王田为数最多。王畿外的土地，天子则分封给诸侯，其占有情况，与王畿类似。这就形成了经济上的土地等级占有，在此基础上形成了政治上的等级从属关系。

《周礼》的中心思想，是组织人民，充实府库，以求达到统一天下的目的。在贵族占有土地的制度下，天子、诸侯要其臣民缴纳贡赋。贡是人民和诸侯对天子的献纳，包括生产实物和各种珍品。《大宰》"以九职任万民"，将全体人民，分配从事九种职业。《闾师》根据人们的不同职业，分别规定其应向统治者贡纳的物品，这就是贡的主要内容。赋包括兵役、各种徭役和田税，是土地占有者贵族对直接生产者的课征。《周礼》规定地税税率为："园廛二十而一，近郊十一，远郊二十而三，甸、稍、县、都皆无过十二，唯其漆林之征二十而五。"距王城近的负担劳役多，故地税轻；距王城远的负担劳役少，故地税重，体现了负担公平的原则。

《周礼》规定，一定的财政收入用于一定的用途。财政支出以节用为原则，各地都应有结余财物，以备他用。掌管全国财政的最高机关为大府，下设各自独立的会计和出纳机构。出纳机构有：王府，为王的私库；内府，是掌管货贿的国库，供颁赐等公用、"大用"；外府是掌管百物的国库，供一般支出。掌管会计的最高机构为司会，其属官有：职内，专管岁入会计；职岁，专管岁出会计；职币，专管结余。这套财政管理制度比较完备，特别是关于实行会计与出纳分立和王的私库与国家公库分立的制度。

《周礼》将耕地都按方块田形制进行规划。其具体规划办法有井田制和沟洫制两种。基本单位都是一百亩，成正方形。井田制，九夫一井，不同于孟子所说的八夫一井。井以上一律是四进位，为邑、丘、甸、县、都，一直都成正方形。

　　《周礼》作者虽重视农业，但并不忽视商业的作用，对于不同情况的商品交换，规定了不同的市："大市，日昃而市，百族为主；朝市，朝时而市，商贾为主；夕市，夕时而市，贩夫贩妇为主。"三市各自有其处所，不相杂乱。管理市场的官员有：司市、胥师、肆长、胥、司稽、司暴等等。严格规定可以入市的货物，凡"伪饰之禁"所列的十二种情况是不准入市的。

　　《周礼》对历代封建王朝的经济思想和经济政策产生过深远的影响，王莽改制以《周礼》为主要依据，宋代李觏的《周礼致太平论》、王安石新政，以及太平天国的《天朝田亩制度》，都从《周礼》中吸取过一些思想。

君陈第二十三

【原文】

　　周公既没，命君陈分正东郊成周，作《君陈》。王若曰："君陈，惟尔令德孝恭。惟孝友于兄弟，克施有政①。命汝尹兹东郊②，敬哉！昔周公师保万民，民怀其德，往慎乃司，兹③率厥常，懋昭周公之训④，惟民其乂。我闻曰：'至治馨香⑤，感于神明。黍稷非馨，明德惟馨⑥尔。'尚式时周公之猷训⑦，惟日孜孜，无敢逸豫。凡人未见圣，若不克见；既见圣，亦不克由圣。尔其戒哉！尔惟风，下民惟草。图厥政，莫或不艰⑧。有废有兴，出入自尔师虞⑨，庶言同则绎⑩。尔有嘉谋嘉猷⑪，则入告尔后于内，尔乃顺之于外，曰：'斯谋斯猷，惟我后之德。'呜呼！臣人咸若时，惟良显哉！"王曰："君陈，尔惟弘周公丕训，无依势作威，无倚法以削，宽而有制，从容以和。殷民在辟⑫，予曰辟，尔惟勿辟；予曰宥，尔惟勿宥，惟厥中。有弗若于汝政，弗化于汝训，辟以止辟⑬，乃辟。狃于奸宄，败常乱俗，三细不宥⑭。尔无忿疾于顽⑮，无求备于一夫。必有忍，其乃有济⑯；有容，德乃大。简厥修⑰，亦简其或不修。进厥良，以率其或不良。惟民生厚⑱，因物有迁。违上所命，从厥攸好。尔克敬典在德⑲，时乃罔不变，允升于大猷⑳。惟予一人膺受多福，其尔之休，终有辞于永世㉑。"

【注释】

　　①施：转移。②东郊：指王都洛邑的东郊，即成周。③兹：语末助词，哉。④懋：勉力。⑤馨：远闻的香气。⑥至治四句：即周公的训示。⑦式：用，行。⑧莫：不要。或：有。不艰：不以为难。⑨出入：反复的意思。师：众人。虞：度，商度。⑩绎：陈，这里作施行解。⑪嘉猷：嘉言。⑫辟：刑法，处罚。⑬辟以止辟：惩罚一人可以止息后犯者。⑭三细：三：指奸宄、败常、乱俗三种罪行。三细：是说三种罪行中的细罪。⑮顽：愚钝。⑯济：成。⑰简：鉴别。修：善良。

⑱生：通"性"。⑲敬典在德：典：常法。在：省察。敬典：重视常法。在德：省察己德。人民顺从君主的喜好，所以君主应当省察自己的德行。⑳允：信，真的。大猷：大顺。㉑辞：言辞，指赞扬。

【译文】

周公过世以后，成王命周公的二儿子君陈继承周公的爵位，治理东郊成周，作《君陈》训诫他。成王这样说："君陈！你有孝顺恭敬的美德。因为你孝顺父母，又友爱兄弟，就能够移来从政了。我命令你治理东郊成周，你要敬慎呀！从前周公做万民的师保，人民怀念他的美德。你前往，要慎重对待你的职务呀！遵循周公的常道，勉力宣扬周公的教导，人民就会安定。我听说：'至治之世的馨香，感动神明，黍稷的香气，不是远闻的香气，明德才是远闻的香气。'你要履行这一周公的教训，日日孜孜不倦，不要安逸享乐！凡人未见到圣道，好像不能见到一样；已经见到圣道的，又不能遵行圣人的教导。你要戒惧呀！你是风，百姓是草，草随风而动啊！谋划殷民的政事，不要认为不难。有废除，有兴办，要反复同众人商讨，大家意见相同，才能施行。你有好谋好言，就要进入宫内告诉你的君主，你在外面要顺从君主，并且说：'这样的好谋，这样的好言，是我们君主的美德。'啊！臣下都像这样，就良好啊！"成王说："君陈！你当宏扬周公的大训！不要倚势造作威恶，不要倚法侵害人民。要宽大而有法制，从容而又和谐。殷民有陷入刑法的，我说处罚，你不要处罚，我说赦免，你也不要赦免，要考虑刑法的适中。有人不顺从你的政事，不接受你的教训，处罚他如果可以制止别人犯法，才可以处罚。惯于做奸宄犯法的事，破坏常法，败坏风俗，这三项中的小罪，也不宽宥。你不要忿恨愚钝无知的人，不要向一人求全责备。人君一定要有所忍耐，事才能有成；有所宽容，德才算是大。鉴别善良的，也鉴别有不善良的。进用那些贤良的人，来勉励那些有所不良的人。民性敦厚，又依外物而有改移，往往违背上级的教命，顺从上级的喜好。你能够敬重常法和省察自己的德行，这些人就不会不变。真的升到非常顺从的境地，我将享受大福，你的美名，终会有人永远赞扬。"

【评析】

周公东征，平定武庚叛乱以后，把殷商的遗民迁徙到周王都的东郊成周，亲自监管教化。这一措施，对于稳定当时的政局，巩固周王朝的统治，发挥了积极作用。周公死后，周成王发布策书，命令君陈继任周公的职务，勉励君陈继续执行周公制订的治殷常法，施行德政，彻底改造殷民。史官记录了成王的策书，即成本篇，并以君陈作为篇名。

君陈，周公的小儿子，伯禽的弟弟。周公在世之日，东部的殷商遗民一直都由周公主管。周公去世之后，成王就把这个任务交给了君陈，以便子承父业。这篇经文，就是成王对君陈的训示，他旨在告诉君陈，如何在殷遗民聚居区执政临民。

成王先提出了一个总的原则。他的原话是："至治馨香，感于神明；黍稷非馨，明德惟馨。"至治之世的馨香，天上的神明都可以感知；黍稷之类的食品也有香气，但它在明德的馨香面前，就称不上香气了。成王把这个理论的发明权归属于周公，并要求君陈一定要认真遵循。接下来，成王阐述了自己关于君民关系的理论："尔惟风，下民惟草。"成王的意思是，君主是风，民众是草，草随风动，风往哪边吹，草就往哪边倒，让他做出表率。

顾命第二十四

一

【原文】

　　成王将崩，命召公、毕公率诸侯相康王，作《顾命》。惟四月哉生魄，王不怿①。甲子，王乃洮颒水②。相被冕服③，凭④玉几。乃同⑤召太保奭⑥、芮伯、彤伯、毕公、卫侯、毛公、师氏⑦、虎臣⑧、百尹⑨、御事⑩。王曰："呜呼。疾大渐⑪，惟几⑫，病日臻。既弥留⑬，恐不获誓言嗣⑭，兹予审训命汝⑮。昔君文王武王宣重光⑯，奠丽陈教⑰，则肄肄不违⑱，用克达殷集大命⑲。"

【注释】

　　①哉生魄：月亮开始发光。哉：始。魄：通"霸"，月光。始生魄，指阴历每月的二日或三日。王：指成王。不怿：即不高兴、不喜悦，在这里指生病。怿：喜悦，高兴。②洮（táo）：洗头发。颒（huì）：洗脸。③相：侍从官员。郑玄说："谓太仆。"被：穿、戴。冕：王冠。服：朝服。④凭：靠着。⑤同：古代会见众诸侯就叫"同"。⑥太保奭（shì）：指的是召公。召公名奭，官为太保。当时召公和芮伯、彤伯、毕公、卫侯、毛公为六卿。召公、毕公、毛公以三公兼卿职。⑦芮伯、彤伯、毕公、卫侯、毛公：他们和召公一起被称为六卿。召公、毕公、毛公以三公兼卿职。师氏：管理军队的官员。⑧虎臣：守卫王宫的官员。⑨百尹：百官的首领。⑩御事：办事人员。御：治。⑪渐：进，更加。⑫几：征兆。⑬病：病亡。日：日益。弥留：即将离开人世。弥：终。⑭誓言：指的是遗言。誓：约。⑮审：审慎地。汝：代词，你们。⑯宣：显扬，明。重光：重明。⑰奠：定。丽：施行，颁布。教：教令。⑱肄肄（yì）：谨慎的意思。肄：谨慎或者恭谨的样子。⑲达：通"挞"，挞伐，引申为讨伐，征伐。集大命：即指建立周王朝。集：成就。

【译文】

　　成王即将驾崩之前，命召公、毕公率诸侯辅佐康王，史官记述这件事，作《顾命》。四月初，成王的身体很不舒服。甲子这一天，王便沐发洗脸，太仆为王穿上礼服，王靠在玉几上坐着，同时把太保召公奭、芮伯、彤伯、毕公、卫侯、毛公、师氏、虎臣、百官之长和负责具体事务的大臣们全部召来。王说："唉！我的疾病更加厉害了，已经出现病危的征兆。在这临终时刻，恐怕你们得不到我的遗言去约束嗣王，所以我才非常审慎地向你们传达命令。过去，文王和武王光照天下，制定了法律，颁布了教令，便怀着谨慎的心情而不敢违背，因此才能够讨伐消灭殷国，成就我们周国的大命。"

二

【原文】

　　"在后之侗①，敬迓②天威，嗣③守文武大训，无敢昏逾④。今天降疾，殆弗兴弗悟⑤。尔尚明时朕言⑥，用敬保元子钊，弘济于艰难⑦。柔远能迩⑧，安劝⑨小大庶邦。思夫人自乱于威仪⑩，尔无以钊冒贡于非几兹⑪。"既受命，还⑫，出缀衣于庭⑬。越翼日乙丑⑭，王崩⑮。

【注释】

　　①在后之侗：成王的谦称。侗：未成年的人。②迓（yà）：通"御"，奉行，推行。③嗣：继续，延续。④昏：昏乱。逾：变更，变化。⑤殆：近乎，几乎。兴：起。悟：通"寤"，这里指说话。⑥明：勉，努力。时：察。⑦元子：太子。钊：康王名。弘：大。济：渡。⑧柔：安定，安抚。能：和睦。迩：近。⑨劝：教导，引导。⑩夫人：众人。乱：变乱。威仪：礼法。⑪以：使，让。冒：冒犯。几：法。⑫还：群臣受命退出。⑬缀衣：指冕服。庭：朝廷。⑭越：到，达。翼日：明天，就是乙丑日。⑮崩：古代天子的死讳称为崩。

【译文】

　　"武王死后，当时我还是年幼无知的稚子，但我能够恭敬地对待上天的威严，严格地遵守文王和武王的教导，不敢妄自非为，逾越法纪。现在上天降下了灾祸，使我染上大病，几乎不能起床说话。你们应当努力遵照我的遗言，以爱戴尊敬的心情去保卫我的大儿子姬钊，度过这艰难困苦的时期，以友好的态度去对待远处和近处的臣民，教导那些众多的大小诸侯，让他们也很好地治理臣民。我想，一般来说，人能够自治不发出变乱是因为他有一定的威严和法度，你们不要使嗣王姬钊冒犯法礼啊！"大臣们接受命令回来之后，国王已经不能上朝理政，便把国王的礼服拿出来放在朝廷之上以供大臣们瞻拜。第二天，国王便逝世了。

三

【原文】

太保命仲桓、南宫毛俾爰齐侯吕伋①，以二干戈②、虎贲百人逆子钊于南门之外③。延入翼室④，恤宅宗⑤。丁卯，命作册度⑥。越七日癸酉，伯相命士须材⑦。

【注释】

①仲桓、南宫毛：都是人名。俾：从。爰：与。齐侯吕伋：太公吕尚的儿子丁公。②以：用，率领。干戈：指的是兵器。③虎贲：武士。逆：迎接。④延：请。翼室：侧室。⑤恤宅：忧居。宅：居。宗：主丧。⑥作册：负责文书任务的官员。度：制定丧事的礼仪。⑦伯相：指辅相王室的二伯召公、毕公。须：布。材：指陈列的各种用于丧礼的器物。

【译文】

太保命令仲桓和南宫毛随从齐侯吕伋，二人分别拿着干戈，率领着勇士一百人，在南门以外迎接太子姬钊。把太子姬钊请入侧室，太子便怀着悲痛住在这里主持丧务。丁卯这天，命令太史们讨论并拟定处理丧务方面的礼节。又过了七天，召公、毕公便命令下级官员分别负责下述各种器物。

四

【原文】

狄设黼扆缀衣①。牖间南向②，敷重篾席③，黼纯④，华玉⑤仍几⑥。西序⑦

东向，敷重厎席⑧，缀⑨纯，文贝⑩仍几。东序⑪西向，敷重丰席⑫，画纯⑬，雕玉仍几。西夹南向⑭，敷重笋席⑮，玄纷纯⑯，漆仍几。

【注释】

①狄：主持迁庙的官员。黼扆（fǔ yǐ）：装饰着斧形花纹的屏风。②牖（yǒu）间：门和窗之间。牖：窗户。③敷：布、铺设。篾席：竹席。④黼纯：黑白相间的花边。黼：黑白相间。纯：边。⑤华玉：五彩的玉。⑥仍：依然。几：几案。⑦序：堂上的东西两面的墙叫序，在西边的就叫西序。⑧厎席：用细密的竹篾制成的席子。厎：致，细致。⑨缀：装饰。⑩文贝：饰有花纹的贝。⑪东序：堂的东墙。⑫丰席：用蒲草编的席子。丰：蒲草。⑬画纯：绘有云朵的花边。⑭夹：大堂两侧的小室。⑮笋席：青竹皮编织的席。笋：青竹皮。⑯玄：黑色。纷：带子。

【译文】

守祭人在门窗之间陈设画着斧纹的屏风，并把先王遗留下的礼服放在这里。门窗以南，铺着厚厚的竹席，斧纹的边缘都用黑色白色的丝织品缝制起来，放着用美玉装饰的几案。在西墙以东，放着厚厚的用细竹篾制成的竹席，竹席的上面缀有画饰，还放有用花贝装饰的几案。在东墙以西，铺着厚厚的莞席，席的上边画着云气的形状，放有用刻玉装饰的几案。在西房西堂的南面，铺着厚厚的青竹皮纺织成的席，以黑色的丝线装饰着它的边缘，此间放着一张漆几。

五

【原文】

越玉五重①，陈宝②。赤刀③、大训④、弘璧⑤、琬琰⑥在西序。大玉⑦、夷玉⑧、天球⑨、河图⑩在东序。胤之舞衣⑪，大贝、鼖鼓⑫在西房。兑之戈、和之弓、垂之竹矢⑬在东房。大辂⑭在宾阶面，缀辂⑮在阼阶面。先辂在左塾⑯之前，次辂⑰在右塾之前。

【注释】

①越：越地，地名。玉五重：五种玉器。②陈宝：这里指宝刀。陈：旧。

③赤刀：据说是武王伐纣时用的刀。④大训：记载先王遗训的典籍。⑤弘璧：大璧。弘，大。⑥琬：上端是圆形的玉圭。琰：上端是尖顶的玉圭。⑦大玉：大块的美玉。⑧夷玉：东北出产的美玉。⑨天：大。球：圆形的玉。⑩河图：河道为主的地图。⑪胤：地名。⑫鼖（fén）：大鼓。⑬兑、垂：都是作器者的名号。⑭大辂：就是用玉装饰的车子。辂：国君乘坐的车子。⑮缀辂：用金子装饰的车子。⑯先辂：即象辂，用象牙装饰的车子。塾：门侧的堂屋叫作塾。⑰次辂：包有皮革的车子。

【译文】

越地的大空器也陈列出来了，同时陈列了五种玉器，此外把旧宝刀，武王伐纣时用的刀，先王的遗训，以及大的玉璧、玉圭放在西墙向东的席前。把从华山和东方贡来的美玉以及浑天仪和地图放在东墙向西的席前。把胤地出产的舞衣、大贝、大鼓放在房屋西面，把兑制的戈、和制的弓、垂制成的竹箭，放在房屋的东面。王的大车在迎宾台阶的前面，缀车在东阶的前面，象车放在门侧左边堂屋的前面，包有皮革的车放在门侧右边堂屋的前面。

六

【原文】

二人雀弁①，执惠②，立于毕门③之内。四人綦④弁，执戈上刃⑤，夹两阶戺⑥。一人冕⑦，执刘⑧，立于东堂。一人冕，执钺⑨，立于西堂。一人冕，执戣⑩，立于东垂。一人冕，执瞿⑪，立于西垂⑫。一人冕，执锐⑬，立于侧阶⑭。

【注释】

①雀弁：赤黑色的礼帽。弁：帽子。②惠：三棱形的矛。③毕门：正室的门。④綦（qí）：青黑色。⑤上刃：刃朝向前方。⑥戺：立。⑦冕：礼帽。⑧刘：类似于斧的兵器。⑨钺：兵器名称，大斧。⑩戣（kuí）：三锋的矛。⑪瞿：也是三锋的矛。⑫垂：堂的旁边。⑬锐：与矛相似的武器。⑭侧阶：在堂的北面。

【译文】

二人戴着赤黑色的礼帽，执着矛立在庙门的里边。四人戴着青黑色的礼帽，拿着戟，相向地站立在门庭两旁的台阶上。一人戴着礼帽，拿着大斧，站立在东堂之前。又一人戴着礼帽，拿着大斧，站立在西堂之前。一人戴着礼帽，拿着三尖矛，站立在东堂前面。又一人戴着礼帽，拿着三尖矛，站立在西堂前面。又一人戴着礼帽，拿着锐，站立在北面的台阶上。

七

【原文】

王麻冕黼裳①，由宾阶隮②。卿士邦君麻冕蚁裳③，入即位④。太保、太史、太宗皆麻冕彤裳⑤。太保承介圭⑥，上宗奉同瑁⑦，由阼阶隮⑧。太史秉书⑨，由宾阶隮，御⑩王册命。曰："皇后凭玉几⑪，道扬⑫末命，命汝嗣训⑬，临君⑭周邦，率循大卞⑮，燮和⑯天下，用答扬文武之光训⑰。"王再拜，兴⑱，答曰："眇眇予末小子⑲，其能而乱四方，以敬忌天威⑳！"

【注释】

①王：周康王。麻冕：用麻制成的礼帽。黼裳：绣有斧形花纹的礼服。②隮（jī）：升上。康王当时没有即位，太保代成王居主位，康王居宾位，所以康王由宾阶升上。③蚁裳：黑色的礼服。蚁：黑色。④即位：就位。⑤太宗：大宗伯。彤裳：红色的礼服。⑥承：捧着，举着。介圭：大圭。⑦上宗：即太宗。同：酒杯。瑁：一种进献给天子的信物。介圭和瑁都是天子的信物，所以献给康王。⑧阼阶：东阶，与宾阶相对的是主阶。因为太保当时代替成王，太宗是太保的助手，所以都从主阶升上。⑨秉：拿着，持。书：写有王顾命的简册。⑩御：进，迎。⑪皇：大。后：君王，在这里指成王。⑫道扬：宣讲。扬：道。末命：临终之命，就是"顾命"。⑬嗣：继承。训：指文王武王的训教。⑭临：治理。君：用作动词，带领的意思。⑮率循：遵循。卞：法。⑯燮（xiè）：和。⑰答：对，报。扬：发扬。光：明。⑱兴：起。⑲眇眇：形容微小的样子。末：细，这里是康王自谦的用词。⑳其：岂，怎么。而：安。乱：治理，管理。

【译文】

王戴着麻制的礼帽，穿着有斧形花纹的礼服，从宾客所走的台阶登上。重要官员和诸侯国君也都戴着麻制的礼帽，穿着黑色礼服，分别站在相应的位置上。太保、太史、太宗也都戴着麻制礼帽，穿着红色礼服。太保捧着大圭，太宗捧着酒杯和天子所执的瑁，从东阶登上。太史拿着册书，从西阶走上，迎接国王而授予成王的遗命说："继位的国王啊！你依着玉几，听我传达先王临终时的命令。你现在依照先王遗言，继承王位，统治周国，遵循着国家的大法，治理天下，以报答文王、武王并发扬文王、武王的光荣传统和遗训。"王行了两次礼，然后站起来，回答说："我这微不足道的年轻人，怎能像先王那样敬畏天命，把四方治理好呢？"

八

【原文】

乃受同瑁①，王三宿②，三祭③，三咤④。上宗曰："飨⑤。"太保受同⑥，降，盥⑦，以异同秉璋以酢⑧，授宗人同⑨，拜，王答拜⑩。太保受同，祭哜宅⑪，授宗人同，拜。王答拜。太保降⑫，收⑬。诸侯出庙门俟⑭。

【注释】

①乃受同瑁：康王接受了太保献给自己的同和瑁。②宿：动词，即慢慢地走向前。③祭：祭酒，把酒洒在地上。④咤：放下酒爵。⑤飨：饮。⑥太保受同：太保接受了酒杯。⑦盥：洗手。⑧璋：大臣所用的用于盛酒的酒器。酢（cù）：回敬的酒。古代礼节，主人献酒，宾客酢酒回敬主人，主人给尊者献酒，不敢受尊者的回敬，就酢酒自酢。这时是册命以后，康王已经即位，所以太保采用臣子之礼。⑨授宗人同：太保把酒杯交给宗人。宗人：大宗伯的助手。⑩拜：太保拜。⑪哜（jì）：尝。宅：退。⑫太保降：太保从堂上下来。⑬收：收束，意思是说礼仪结束。⑭俟：等待。

【译文】

于是王便接受了同和瑁，慢慢地向前行进三次，祭酒三次，向后退行三次。接着司仪说："王啊！请你把酒喝下吧！"太保代王接过酒杯，历阶而下，然后洗了洗手，用璋瓒这种酒杯，自酢了一杯酒，又授予助祭人一杯酒，助祭人行礼拜谢，王回礼答谢。太保从助祭人那里接过这杯酒，先祭后尝，便退了下来，把这杯酒还给助祭人。助祭人行礼拜谢，王回礼答谢。太保等从西阶走下，行礼完毕。大家从行礼的地方走出来，诸侯国君走出庙门后，恭候国王。

【评析】

　　成王将崩，命召公、毕公率诸侯辅佐康王，于是作《顾命》。中国古代王位的传承最早实行的是"禅让制"，但是，自夏朝以来实行的都是"家天下""世袭制"，父死子继或兄终弟继。"家天下"讲究传嫡不传贤，在父死子幼时必将遭遇尴尬：年幼的小皇帝无法行使皇权。如何破解这一难题，中国古代的政治家们创造了一种化解尴尬的方法：顾命制。"顾命"取其临终遗命之意，后代因此称帝王临终前的遗诏为顾命。所谓"顾命制"，指的是帝王临终前选取若干顾命大臣辅佐幼主的政治制度。

　　武王临终之时，其子成王十三岁，父死子继制度遭遇了第一次尴尬。武王为了保证成王年幼时朝政不乱，年长后还能够顺利继位，命其弟周公姬旦辅佐成王。周公摄政，引起了诸多亲贵的猜疑，他们担心周公摄政不利于成王，但是，周公最终不负武王重托，稳定了政局，并在辅政七年之后，成王年满二十岁时顺利地将权力交还成王。因此，周公成为中国历史上第一位顾命大臣。顾命大臣的选择一般须具有两个条件：一是亲，二是贵。要么是皇亲，要么是重臣。周公姬旦刚好兼顾二者，他既是成王的叔叔，又是朝中的重臣。

　　这一次，成王临终，又遇上康王年幼，于是效法周公顾命的先例，嘱托召公和毕公。本篇《顾命》可以分为三个层次：第一层，记述群臣接受顾命。成王要求群臣协助嗣王治理好国家，"敬迓天威"，"无敢昏逾"；第二层，记述康王庄严隆重的即位仪式；第三层，记述召公和群臣对新天子的劝诫以及康王的答词。

　　《顾命》是研究周初制度的重要文献。

康王之诰第二十五

一

【原文】

　　成王崩，康王既尸天子，遂诰诸侯，作《康王之诰》。王出在应门之内①，太保率西方诸侯入应门左②，毕公率东方诸侯入应门右③，皆布乘黄朱④。宾称奉圭兼币⑤曰："一二臣卫，敢执壤奠⑥。"皆再拜稽首。王义嗣⑦德答拜⑧。太保暨芮伯咸进⑨相揖⑩，皆再拜稽首⑪曰："敢敬告天子，皇天改大邦殷之命，惟周文武诞受羑若⑫，克恤西土⑬。惟新陟王毕协赏罚⑭，戡定厥功⑮，用敷遗后人休⑯。今王敬之哉。张皇六师⑰，无坏我高祖寡命⑱。"

【注释】

　　①出：出庙门。应门之内：宗庙在应门之内，朝位也在门内，康王在此准备接见群臣。②太保：召公。当时为西伯，是西方诸侯之长，所以他率领着西方诸侯。③毕公：当时为东伯，是东方诸侯之长，所以他率领着东方诸侯。④布乘：《白虎通》写作"黼黻"，诸侯的礼服。黄朱：按黄朱指带。诸侯礼服上的蔽膝叫带，带是朱黄色。这是用颜色代指事物。⑤宾：通"傧"。接待诸侯和赞礼的官员。称：呼，传呼。奉：献。圭：命圭。币：贡物。⑥臣卫：蕃卫的臣仆，诸侯自谦之词。敢：表敬副词。壤：土产。奠：献。⑦义嗣：礼辞，依礼辞谢，不坚决拒绝。"辞"和"嗣"古通用。⑧德答拜：王礼辞之后，又升位答拜。德：升。⑨咸：一同。⑩相揖：太保和芮伯互相作揖。⑪再拜稽首：二人向王再拜叩头。⑫诞：大。羑若：嘉休。羑：引申为善。若：也是善。⑬恤：安。⑭陟：终，逝世。新终王，指成王。毕：尽，完全。协：和。适：协赏罚：使赏罚适宜。⑮戡：克，能够。⑯敷：普遍。⑰张皇：张大，加强。六师：六军。⑱无：通"毋"，不要。坏：败坏。高祖：周文王。寡命：大命。

· 258 ·

【译文】

康王即位以后，作《康王之诰》诏告诸侯。王走出祖庙，来到应门内。太保召公率领西方的诸侯进入应门左侧，毕公率领东方的诸侯进入应门的右侧，他们都穿着绣有花纹的朱黄色的礼服。赞礼的官员传呼进献命圭和贡物，诸侯走上前，说："众位王室的护卫向王奉献土产。"诸侯都再拜叩头。王依礼辞谢，然后升位答拜。太保召公和芮伯同走向前，互相作揖后，同向王再拜叩头。他们说："恭敬地禀告天子，伟大的天帝更改了大国殷的命运，我们周国的文王、武王大受福祥，能够安定西方。新逝世的成王，赏罚完全合宜，能够成就文武的功业，因此把幸福普遍地留给我们后人。现在王要敬慎啊！要加强王朝的六军，不要败坏我们高祖的大命！"

二

【原文】

　　王若曰："庶邦侯甸男卫①，惟予一人钊报诰②，昔君文武丕平③富不务咎④，厎至齐⑤，信用昭明于天下。则亦有熊罴之士、不二心之臣，保乂王家⑥，用端命于上帝⑦。皇天用训厥道⑧，付畀四方⑨。乃命建侯树屏⑩，在我后之人⑪。今予一二伯父尚胥暨顾⑫，绥尔先公之臣服于先王⑬。虽尔身在外，乃心罔不在王室。用奉恤厥若⑭，无遗鞠子羞⑮。"群公既皆听命⑯，相揖，趋出。王释冕⑰，反⑱，丧服⑲。

【注释】

　　①侯甸男卫：指侯甸男卫的诸侯。②报：犹复。③昔君文武丕平：《墨子·兼爱下》："古有文武，为政均分，尝贤伐暴，勿有亲戚兄弟之所阿。"这是丕平的最好解释。④富不务咎：富：仁厚。咎：刑罚。对人民仁厚而不务刑罚。⑤厎：致。至：行，施行。齐：中正之道。⑥保乂：安治。⑦端：始，才。命：被命。⑧训：顺。⑨付畀：给予，赐予。⑩建侯：分封诸侯。树屏：树立屏蔽，即树立保卫力量。⑪在：眷顾。⑫伯父：天子称同姓诸侯叫伯父。尚：庶几。胥：互相。暨：爱。顾：顾念。⑬绥：通"緌"，继承。⑭奉：助。恤：收。若：善。⑮鞠子：稚子，康王自称。⑯群公：指三公和诸侯群臣。⑰释：解去，脱下。释冕：谓脱下吉服。⑱反：同"返"，返回守丧的路寝旁室。⑲丧服：穿上丧服。

【译文】

王这样说:"侯甸男卫的各位诸侯!现在我姬钊答复你们的教导。先君文王武王很公平,仁厚而不滥施刑罚,致力实行中信,因而光辉普照天下。还有像熊罴一样的勇武的将士,忠贞不渝的大臣,安定治理我们的国家,因此,才被上帝加以任命。上天顺从先王的治理之道,把天下交给先王。先王于是命令分封诸侯,树立蕃卫,眷顾我们后代子孙。现在,我们几位伯父希望你们互相爱护顾念,继续如你们的祖先臣服于先王。虽然你们身在朝廷之外,你们的心不可不在王室,要辅助我得到吉祥,不要把羞辱留给我!"众位大臣都听完了命令,互相作揖,快步走出。康王脱去吉服,返回居丧的侧室,穿上丧服。

【评析】

诰,诰命。康王之诰,是康王即位时的诰命。本篇主要记载周康王即位后的第一篇诰词。《史记·周本纪》:"成王既崩,太子钊遂立,是为康王。康王即位,遍告诸侯宣告以文、武之业以申之,作《康诰》。"这篇诰词阐明了尚德慎刑、敬天爱民的道理,具体规定了施刑的准则和刑律的条目,强调用德政教化殷民,巩固周王朝的统治。它反映了周公的统治思想和司法制度,是一篇重要文献。全篇分六段:第一段记作诰的时间地点和有关人物;第二段阐明文王武王使用明德慎罚的政策而得了天下;第三段告诫康叔要尽心讲求治道,爱护殷民;第四段告诫康叔用刑的准则和刑律,要他谨慎用刑;第五段告诫康叔要用德政感化殷民;第六段告诫康叔要听从教命。

毕命第二十六

一

【原文】

　　康王命作册毕，分居里，成周郊，作《毕命》。惟十有二年，六月庚午，朏①。越三日壬申，王朝步自宗周②，至于丰。以成周之众，命毕公保釐东郊③。王若曰："呜呼！父师④，惟文王、武王敷大德于天下，用克受殷命。惟周公左右先王，绥定厥家。毖殷顽民⑤，迁于洛邑，密迩王室，式化厥训⑥。既历三纪⑦，世变风移，四方无虞⑧，予一人以宁。道有升降，政由俗革，不臧厥臧⑨，民罔攸劝。惟公懋德，克勤小物，弼亮四世⑩，正色率下，罔不祗师言。嘉绩多于先王⑪，予小子垂拱仰成⑫。"

【注释】

　　①朏（fěi）：新月初放光明。②宗周：指镐京。③保：安。釐：治理。④父师：官名，指毕公。当时毕公居太师之官。⑤毖：告诫。⑥化：感化。训：教训。⑦纪：十二年为一纪。⑧虞：忧虑。⑨臧：善。一为动词，一为名词。⑩弼亮：辅佐。弼亮四世：毕公辅佐文、武、成、康，四世为公卿。⑪多：重视。多于先王：被先王所重视。⑫垂拱：垂衣拱手。

【译文】

　　周康王十二年，册命四朝元老毕公继续治理成周，史官为记叙这件事，写了《毕命》。康王十二年六月庚午日，月亮新放光明。到第三天壬申日，康王早晨从镐京行到丰邑，把成周的民众，交给太师毕公，命令其安治于东郊。康王这样说："啊！父师。文王武王行大德于天下，因此能够承受殷的王命，代理殷王。周公辅助先王安定国家，告诫殷商顽民，迁徙到洛邑，使他们接近王室，因而他们被周公的教训感化了。自从迁徙以来，已经过了三纪。人世变化，风俗转移，今四方没有忧患，我因此感到安宁。治道有起有落，政教也随着风俗改革。若不善用贤能，人民将无所劝勉仰慕。我公盛德，不但能勤小事，而且辅助过四代君王，严正地率领下属，臣下没有人不敬重师训。你的美好功绩被先王所重视，我小子只有垂衣拱手坐享其成罢了。"

二

【原文】

王曰："呜呼！父师，今予祇命公以周公之事，往哉！旌别淑慝①，表厥宅里，彰善瘅恶②，树之风声。弗率训典，殊厥井疆③，俾克畏慕④。申画郊圻⑤，慎固封守，以康四海。政贵有恒，辞尚体要⑥，不惟好异。商俗靡靡⑦，利口惟贤，余风未殄，公其念哉！我闻曰：'世禄之家，鲜克由礼。'以荡陵德，实悖天道。敝化奢丽⑧，万世同流。兹殷庶士，席宠惟旧⑨，怙侈灭义⑩，服美于人。骄淫矜侉⑪，将由恶终。虽收放心，闲之惟艰。资富能训⑫，惟以永年。惟德惟义，时乃大训。不由古训，于何其训？"王曰："呜呼！父师，邦之安危，惟兹殷士。不刚不柔，厥德允修。惟周公克慎厥始，惟君陈克和厥中，惟公克成厥终。三后协心，同底于道⑬，道洽政治⑭，泽润生民，四夷左衽⑮，罔不咸赖，予小子永膺多福。公其惟时成周⑯，建无穷之基，亦有无穷之闻。子孙训其成式，惟乂⑰。呜呼！罔曰弗克，惟既厥心⑱；罔曰民寡，惟慎厥事。钦若先王成烈⑲，以休于前政⑳！"

【注释】

①旌：识别。淑慝（tè）：善恶。②瘅（dàn）：憎恨。③殊其井疆：区别其井田居界。④畏慕：畏惧为恶之祸，美慕为善之福。⑤郊：邑之外。圻：国之中。⑥体要：体现精要。⑦靡靡：奢侈华丽。⑧敝化：腐败的风俗。⑨席宠：席：居。宠：尊宠的位置。旧：久。⑩怙侈：怙：凭仗。侈：大，指强大。⑪侉（kuā）：通"夸"，夸大。⑫资：资财。训：通"顺"。⑬底：至，归于。道：通导，教导。⑭洽：普遍。⑮左衽：衽，衣襟。我国古代有些民族的衣服，前襟向左掩，与中原人民前襟向右掩不同，所以用左衽来指代某些少数民族。⑯时：善，治好。⑰训：顺。式：法。成式：现成的办法。乂：安，安定。⑱既：尽。⑲若：善，治好。成烈：盛业。⑳以：使。休：美。以休于前政，使它比前人的

政绩更美。

【译文】

康王说:"啊!父师。现在我把周公的重任敬托给公,我公前往吧!我公到那里,当识别善和恶,标志善人所居之里,表彰善良,疾恨邪恶,树立好的风气。有不遵循教训和常法的,就变更他的井居田界,使他能够畏惧和敬慕。又要重新画出郊野的境界,认真加固那里的封疆守备,以安定四海之内。为政贵在有常,言辞应当体现精要,不宜喜欢奇谈怪论。商地旧俗喜好侈靡,以巧辩为贤,余风至今没有断绝,我公要考虑呀!我听说:'世代享有禄位的人家,很少能够遵守礼法。'他们以放荡之心,轻蔑有德的人,实在是悖乱天道。腐败的风俗奢侈华丽,万世相同。如今殷商众士,处在宠位已经很久,凭仗强大,忽视德义,穿着华美过人。他们骄恣过度,矜能自夸,将会以恶自终。今天虽然收敛了放恣之心,但防范它死灰复燃依旧很困难。资财富足而能接受教训,可以长久。行德行义,这是天下的大训。若不用古训教导,他们何时会顺从呢?"

康王说:"啊!父师。我国的安危,就在于这些殷商众士。不刚不柔,那样的教化就最好。起初,周公能够谨慎对待;中间,君陈能够使他们和谐;最后,我公当能成功。三君合心,共同归向于教导,教导普遍了,政事治理了,就能润泽到生民。四方各族的人民,都会受到福利,我小子也会久享大福。我公当治理好成周,建立无穷的基业,也会有无穷的美名。后世子孙顺从我公的成功之法,天下就安定了。啊!不要说不能,当尽自己的心;不要说百姓少,当慎行政事。认真治理好先王的大业,使它比前人的政绩更好吧!"

【评析】

殷民东迁,经过周公、君陈的治理教化,多数已经服从周王朝的统治。治理好殷民始终是周王朝的首要任务。周康王即位后第十二年,册命四朝元老毕公继续治理成周。史官为记叙这件事,写了《毕命》。通观全文,多以四字成句,与前后诸篇颇多不类。然其文中所述对殷民改造一事,甚为可观。

大概在周王室看来,殷民稳定了才能保证政权的稳定,因此康王说:"邦之安危,惟兹殷士。"并派重臣毕公"保厘东郊"。其实,自周公将殷民迁徙至洛邑,经过三纪,已经取得世变风移的效果。但由于"商俗靡靡,利口惟贤，余风未殄"，而且"敝化奢丽，万世同流"，殷人中还有"席宠惟旧，怙侈灭义，服美于人，骄淫矜夸"的现象，"虽收放心，闲之惟艰"，因此康王提醒毕公要重点关注，采取"不刚不柔"的策略达到"厥德允修"的目的。

　　具体的措施是"旌别淑慝，表厥宅里，彰善瘅恶，树之风声"，对于"弗率训典"的，则"殊厥井疆，俾克畏慕"，同时，"申画郊圻，慎固封守"。显然，周王室希望通过"惟周公克慎厥始，惟君陈克和厥中，惟公克成厥终"三位重臣齐心协力的努力，能够"同底于道，道洽政治，泽润生民"。从这里似乎可以看出，通过旌表而对民众进行教化，大概始于康王。周人开创的这种做法，一直延续到了现在，如文明家庭、光荣之家等等。

君牙第二十七

【原文】

穆王命君牙为周大司徒，作《君牙》。王若曰："呜呼！君牙，惟乃祖乃父，世笃忠贞①，服劳王家，厥有成绩，纪于太常②。惟予小子嗣守文、武、成、康遗绪③，亦惟先王之臣，克左右乱四方④。心之忧危，若蹈虎尾，涉于春冰⑤。今命尔予翼，作股肱心膂⑥，缵乃旧服⑦。无忝祖考，弘敷五典⑧，式和民则⑨。尔身克正，罔敢弗正，民心罔中⑩，惟尔之中⑪。夏暑雨，小民惟曰怨咨⑫；冬祁寒⑬，小民亦惟曰怨咨。厥惟艰哉！思其艰以图其易⑭，民乃宁。呜呼！丕显哉，文王谟⑮！丕承哉，武王烈⑯！启佑我后人，咸以正罔缺。尔惟敬明乃训⑰，用奉若于先王。对扬文、武之光命⑱，追配于前人⑲。"王若曰："君牙，乃惟由先正旧典时式⑳，民之治乱在兹。率乃祖考之攸行，昭乃辟之有乂㉑。"

【注释】

①笃：纯厚。贞：正。②太常：旗名。古代有大功的要写在太常旗上。③绪：业。④亦：也。惟：思。左右：辅助。乱：治理。⑤涉：走着。⑥膂（lǚ）：脊骨。⑦缵：继承。旧服：旧日的行事，指忠正勤劳等。服：事。⑧五典：即五常，指父义、母慈、兄友、弟恭、子孝五种常教。⑨式：用。则：法则。⑩中：中正之道，标准。⑪惟：思念。⑫惟：只是。曰：语中助词。怨咨：怨恨嗟叹。⑬祁：大。⑭易：治理，这里指治理的方法。思其艰以图其易，考虑他们的艰难之处，而谋求治理的方法。⑮谟：同"谋"，谋划。⑯烈：业，大业。⑰乃训：你的教训，指司徒主管五典的教化。⑱对：答。扬：颂扬。⑲配：匹配，相等。这里是并美的意思。⑳时式：善法。㉑昭：光大、显扬。乃辟：你的君主，穆王自指。有：助词。乂：治。有乂：治功。

【译文】

穆王命君牙为大司徒，作《君牙》训诫他。穆王这样说："啊！君牙，你的祖父和你的父亲，世世纯厚忠正。服劳于王家，很有成绩，记录在画有日月的旗子上。我小子继守文、武、成、康的遗业，也想先王的臣子能够辅助我治理四方。任大才弱，我心里的忧虑危惧，就像踩着虎尾和走在春天的冰上。现在我命令你辅助我，做我的心腹重臣。要继续你旧日的行事，不要累及你的祖考！普遍传布五常的教育，使用和谐人民的准则。你自身能正，人民不敢不正。民心没有标准，只考虑你的标准。夏天大热大雨，小民只是怨恨嗟叹；冬天大寒，小民也只是怨恨嗟叹。治民艰难呀！你要想到他们的艰难，因而谋求那些治理的办法，人民才会安宁。啊！光明呀！我们文王的谋略；相承呀！我们武王的功业。它可以启示佑助我们后人，使我们都依从正道而无邪缺。你当不懈地宣扬你的教训，以此恭顺于先王。你当报答颂扬文王、武王光明的教导，追求并美于前人。"穆王这样说："君牙！你当奉行先正的旧典善法，人民治乱的关键，就在这里。你当遵循你祖父的做法，光大你君主的治道。"

【评析】

据传，本篇是梅氏伪古文尚书之一。君牙，人名，《礼记·缁衣》引作"君雅"，周穆王的大司徒。本篇是周穆王任命君牙为大司徒的册书。册书论述了敷典、正身、思艰、安民的治国大法，对于我们研究西周的政治制度和古代思想史有一定价值。本篇分三段：第一段穆王请求君牙协助自己排忧解难；第二段穆王告诫君牙宣扬五常之教，重视民艰，追效前贤；第三段穆王勉励君牙奉行先正的法式，治理人民。

冏命第二十八

【原文】

穆王命伯冏，为周太仆正，作《冏命》。王若曰："伯冏，惟予弗克于德①，嗣先人宅丕后②，怵惕惟厉③。中夜以兴，思免厥愆④。昔在文、武聪明齐圣⑤，小大之臣，咸怀忠良，其侍御仆从，罔匪正人。以旦夕承弼厥辟⑥，出入起居，罔有不钦；发号施令，罔有不臧⑦。下民祗若⑧，万邦咸休⑨。""惟予一人无良，实赖左右前后有位之士，匡其不及⑩，绳愆纠谬⑪，格其非心⑫，俾克绍先烈⑬。今予命汝作大正⑭，正于群仆侍御之臣⑮，懋乃后德⑯，交修不逮⑰。慎简乃僚，无以巧言令色，便辟侧媚⑱，其惟吉士⑲。仆臣正，厥后克正；仆臣谀，厥后自圣。后德惟臣，不德惟臣。尔无昵于憸人⑳，充耳目之官，迪上以非先王之典㉑。非人其吉，惟货其吉㉒，若时㉓，瘝厥官㉔。惟尔大弗克祗厥辟，惟予汝辜。"王曰："呜呼，钦哉！永弼乃后于彝宪。"

【注释】

①克：胜。这里指优胜。②丕后：大君。宅丕后，居大君之位。③怵（chù）惕：戒惧。厉：危险。④愆：过失。⑤齐：通达。圣：圣明。⑥弼：辅佐。辟：君。⑦臧：善。善行。⑧祗若：敬顺。⑨休：喜。欢喜。⑩匡：拨乱反正。⑪绳：正，纠正。愆：过失。⑫格：正，端正。非心：邪僻不正的心。⑬绍：继承。⑭大正：即太仆正，主管君主车马的长官。⑮正：长。引申为领导。⑯懋：劝勉。⑰交：共同。修：治理。逮：及。⑱便辟侧媚：阿谀奉承。⑲其惟吉士：其：要，表祈使语气。惟：是。⑳昵：亲近。憸（xiān）人：小人。㉑迪：引导。非：违背。㉒非人其吉，惟货其吉：其：通"綦（qí）"，极，最。这两句大意是：不以贤人之贤而为善，只以货财之多而为善。形容贪官的行为。㉓若时：若是，像这样。㉔瘝（guān）：病。引申为败坏。

【译文】

穆王命伯冏为太仆，作《冏命》训诫他。穆王这样说："伯冏！我没有美好的德行。继承先人处在大君的位置，戒惧会有危险，甚至半夜起来，想法子避免过失。从前在文王、武王的时候，他们聪明、通达、圣明，小臣大臣都怀着忠良之心。他们的侍御近臣，没有人不是正人，他们早晚侍奉辅佐他们的君主，所以君主出入起居，没有不敬慎的事，发号施令，也没有不好的。百姓敬重顺从君主的命令，天下万国也都喜欢。我没有好的德行，实在要依赖左右前后的官员，以匡正我的不到之处。纠正过错，端正我不正确的思想，使我能够继承先王的功业。今天我任命你做太仆长，领导群仆、侍御的臣子。你们要勉励你们的君主增修德行，共同医治我做得不好的地方。你要慎重选择你的部属，不要任用巧言令色、阿谀奉承的人，都要用贤良正士。仆侍近臣都正，他们的君主才能正；仆侍近臣谄媚，他们的君主就会自以为圣明。君主有德，由于臣下；君主失德，也由于臣下。你不要亲近小人，充当我的视听之官，不要引导君上违背先王之法。如果不以贤人之观而为善，只以货财之多而为善，这样就会败坏我们的官职，你就是不能敬重你的君主，我将惩罚你。"穆王说："啊！要认真呀！要长久用常法辅助你的君主。"

【评析】

冏，就是伯冏，人名，周穆王时任太仆正。本篇是周穆王命伯冏担任太仆正的册书。穆王认识到侍从仆役对国君影响很大，他说："后德惟臣，不德惟臣。"勉励伯冏注重选用贤臣，远离小人。这些认识是正确的，有进步意义。本篇是研究周穆王时期吏治思想的重要资料。

吕刑第二十九

一

【原文】

　　吕命穆王训夏赎刑，作《吕刑》。惟吕命①，王享国百年②，耄③。荒度作刑④，以诘四方⑤。王曰："若古有训⑥，蚩尤惟始作乱⑦，延及于平民，罔不寇贼⑧，鸱义奸宄⑨，夺攘矫虔⑩。苗民弗用灵⑪，制以刑⑫，惟作五虐之刑曰法。杀戮无辜，爰始淫为劓刵椓黥⑬。越兹丽刑并制⑭，罔差有辞⑮。民兴胥渐⑯，泯泯棼棼⑰，罔中于信⑱，以覆诅盟⑲。虐威庶戮⑳，方告无辜于上㉑。上帝监民，罔有馨香德㉒，刑发闻惟腥㉓。"

【注释】

　　①吕命：吕侯被命为卿。②享国：指在位。百年：虚数，是说很久。③耄（mào）：老。八十、九十岁称耄。④荒：大。度：谋。⑤诘：禁戒。⑥若：语首助词。⑦蚩尤：东方九黎族的首领，与黄帝战于涿鹿，失败被杀。⑧寇：抄掠。贼：残害。⑨鸱（chī）义：奸邪不正。奸宄：内外作乱。⑩攘：窃取。矫虔：诈骗强取。⑪灵：通"令"，政令。⑫制：制服。⑬爰：语首助词。淫：大。劓：割鼻子。刵：断脚胫。椓（zhuó）：割去生殖器。黥（qíng）：即墨刑，用刀刻面而染以黑色。⑭越兹：于是。丽：施行。并：废弃。制：制度法令。⑮差：差减，减免。有辞：有辞辩解者，指无罪。⑯民：指苗民。兴：兴起。胥：互相。渐：欺诈。王引之说。⑰泯泯棼棼（fén）：纷乱的样子。⑱于：与，和。⑲覆：败，背。诅盟：誓约。⑳虐威：受虐刑的人。庶戮：众被侮辱者。㉑方：通"旁"，普遍。㉒馨香：散发很远的香气。㉓发：散发。

【译文】

　　穆王命吕侯参照前朝的刑法，作《吕刑》，用以端正世风。吕侯被命为卿时，穆王在位很久了，年纪大了，还在广泛谋求制定刑法，以禁戒天下。王说："古代有遗训，蚩尤开始作乱，扩大到平民百姓。他们无不寇掠贼害，凶狠歹毒，内外作乱，争夺窃盗，诈骗强取。苗民不遵守政令，就用刑罚来制服，制定了五种酷刑以为法律。杀害无罪的人，开始放肆使用劓、刵、椓、黥等刑罚。于是，施行杀戮，抛弃法制，不减免无罪的人。苗民互相欺诈，纷纷乱乱，没有忠信，以致背叛誓约。受了虐刑和一些被侮辱的人都向上帝申告自己无罪，上帝考察苗民，看到蚩尤没有实行德政，还滥用刑罚。"

二

【原文】

　　皇帝哀矜庶戮之不辜①，报虐以威②，遏绝苗民③，无世在下④。乃命重黎⑤绝地天通⑥，罔有降格⑦。群后之逮在下⑧，明明棐常⑨，鳏寡无盖⑩。皇帝清问下民，鳏寡有辞于苗⑪。德威惟畏，德明惟明⑫。乃命三后⑬恤功于民⑭。伯夷降典⑮，折民惟刑⑯。禹平水土，主名山川⑰。稷降播种⑱，农殖嘉谷⑲。三后成功，惟殷于民⑳。士制百姓于刑之中㉑，以教祗德。"穆穆在上㉒，明明在下㉓，灼于四方㉔，罔不惟德之勤。故乃明于刑之中，率乂于民棐彝㉕。典狱，非讫于威㉖，惟讫于富㉗。敬忌，罔有择言在身㉘。惟克天德㉙，自作元命㉚，配享在下。"

【注释】

　　①皇帝：指颛顼高阳氏。不辜：无罪。②报虐以威：用刑罚审判暴虐的人。报：审判。③遏绝：制止，消灭。④无世在下：没有后代在人间。世：嗣。⑤重、黎：都是人名。颛顼时，重主管天神，黎主管臣民。⑥绝地天通：断绝地民和天神的感通，当是禁止巫术等。⑦格：通假字，升。⑧群后：指高辛和尧、舜。逮：及，相继。⑨明明：显用明德的人。棐常：辅助常道。⑩盖：壅蔽。⑪皇帝：指尧帝。清问：明白听到。问：闻。辞：指怨言。⑫德威惟畏，德明惟明：此二句泛说尧的德行。⑬三后：三位长官，指伯夷、禹、稷。⑭恤：慎重。功：事，这里是"服务"的意思。⑮伯夷：尧帝的大臣。降：下，颁布。典：法典。⑯折民：制民。⑰主名山川：主管名山大川。⑱稷：后稷，尧舜时的农官。⑲农：勉，努力。殖：种植。⑳殷：富，富足。㉑士：士师。制：制御。百姓：百官，于：以。中：平。㉒穆穆：恭敬。㉓明明：勉力。㉔灼：光，照耀。㉕率：语首助

词，无实意。㉖典：主管。讫：终。㉗富：仁厚。㉘择：通"败"，择言：即指坏话。㉙克：肩任，肩负。天德：上天仁爱的美德。㉚元：善。

【译文】

颛顼帝哀怜众多被害的人没有罪过，用威罚处置施行虐刑的人，制止和消灭行虐的苗民，使他们没有后嗣留在世间。他又命令重和黎，禁止地民和天神相互感通，神和民再不能天上地面相互往来了。高辛、尧、舜相继即位，都任用贤德的人，看到了民神杂糅之风的危害，舍弃酷刑，扶持常道，于是孤苦之人也不再受害。"尧帝清楚地听到下民和孤寡对苗民的怨言。于是提拔贤人，贤人所惩罚的，人都畏服，贤人所尊重的，人都尊重。命令三位大臣慎重地为民服务。伯夷颁布法典，用刑律制服人民；大禹平治水土，负责名山大川；后稷教民播种，努力种植庄稼。三后成功了，老百姓就富足了。士师又用公正的刑罚制御百官，教导臣民敬重德行。尧皇帝恭敬在上，三位大臣努力治事在下，光照四方，没有人不勤行德政，所以能勉力于刑罪的公平，治理老百姓以扶持常道。主管刑罚的官，不是终于作威，而是终于仁厚。又敬、又戒，自身不说坏话。他们肩负上天仁爱的美德，以自己的善行求得长寿之福，所以在下面配天命享有禄位。"

三

【原文】

王曰："嗟。四方司政典狱①，非尔惟作天牧②，今尔何监③？非时伯夷播刑之迪④，其今尔何惩⑤？惟时苗民匪察于狱之丽⑥，罔择吉人，观于五刑之中⑦，惟时庶威夺货⑧，断制五刑以乱无辜，上帝不蠲⑨，降咎于苗⑩。苗民无辞于罚⑪，乃绝厥世。"王曰："呜呼。念之哉。伯父、伯兄、仲叔、季弟、幼子、童孙，皆听朕言，庶有格命⑫。今尔罔不由慰曰勤⑬，尔罔或戒不勤。天齐于民⑭，俾我一日⑮，非终惟终⑯在人。尔尚敬逆天命⑰，以奉我一人⑱。虽畏勿畏，虽休勿休⑲。惟敬五刑，以成三德⑳。一人有庆㉑，兆民赖之㉒，其宁惟永㉓。

【注释】

①司政典狱：指诸侯。②惟：为。牧：治民，指治民的官。③监：视。④播：施行。迪：道。⑤惩：惩戒。⑥匪：不。丽：施行。⑦观：察，指监察。⑧庶威：庶，侈。张大。⑨鳏（juān）：通"捐"，指赦罪。⑩咎：灾祸。⑪无辞于罚：对于上帝的惩罚，无话可说。⑫格：通假字，嘉。格命：就是嘉命。⑬由：通"繇"，喜悦。⑭齐：整顿。⑮俾：职，引申为任用。⑯终：成。⑰逆：迎接，接受。⑱奉：助。⑲休：休息。王先谦说。⑳三德：当指敬顺、公正和勤劳。㉑庆：善。㉒赖：利。㉓其宁：国家的安宁。惟：乃，就。

【译文】

王说："啊！四方的诸侯们，你们不是做上天的治民官吗？现在，你们重视什么呢？难道不是这伯夷施行刑罚的道理吗？现在你们要用什么作为惩戒呢？就是苗民不详察狱事的施行，不任用善良的人，不监察五刑的公正，就是任用虚张威势、掠夺财物的人，裁决五刑，乱罚无罪，上帝不加赦免，降灾给苗民，苗民对上帝的惩罚无话可说，于是断绝了他们的后嗣。"王说："啊！你们要记住这个教训啊！伯父、伯兄、仲叔、季弟以及年幼的子孙们，都听从我的话，或许会享有长寿之福。如今你们没有人不喜欢我夸赞你们勤劳，你们没有人能制止他人不勤劳。上帝治理下民，暂时任用我们，不成与成，完全在人。你们可要恭敬地接受天命，来辅助我！即使遇到可怕的事，也不要害怕；虽然可以休息，但也不要休息；希望慎用五刑，养成这三种德行。一人办了好事，万民都受益，国家的安宁就会长久了。

四

【原文】

王曰："吁。来，有邦有士①，告尔祥刑②，在今尔安百姓，何择非人，何敬非刑，何度③非及④。两造具备⑤，师听五辞⑥。五辞简孚⑦，正于五刑⑧。五刑不简，正于五罚⑨。五罚不服，正于五过⑩。五过之疵⑪，惟官，惟反，惟内，惟货，惟来⑫。其罪惟均⑬，其审克之⑭。五刑之疑有赦⑮，五罚之疑有赦，其审克之。简孚有众⑯，惟貌有稽⑰。无简不听，具严天威。墨辟疑赦⑱，其罚百锾⑲，阅实其罪⑳。劓辟疑赦，其罚惟倍㉑，阅实其罪。剕辟疑赦㉒，其罚倍差㉓，阅实其罪。宫辟疑赦㉔，其罚六百锾，阅实其罪。大辟疑赦㉕，其罚千锾，阅实其罪。

【注释】

①吁：叹词。有邦：指诸侯。有士：有采地的大臣。②祥刑：祥：善。祥刑：善用刑法。③度：谋划。④及：《史记》写作"宜"，得宜。⑤两造：一作"两遭"，就是两曹、两辈，指原告和被告。⑥师：士师，就是法官。听：平治、审理。五辞：入于五刑的讼辞。⑦简：核实。孚：诚信。⑧正：治、处理。于：以。五刑：墨、劓、剕、宫、大辟五种刑罚。⑨正于五罚：用五等罚金来处治。⑩五过：五种过失。⑪疵：弊病。⑫官：畏官势。反：报恩怨。内：谄媚内亲。货：索取货贿。来：一作"求"，受人请求。⑬其罪惟均：与犯人同罪。⑭克：通"核"，实。《汉书·刑法志》引作"核"。⑮疑：疑案。⑯简孚有众：核验于大众。⑰貌：治。稽：同。惟貌有稽：指审理案件要有共同办案的人。⑱墨：就是黥。辟：罪。疑赦：可疑就从轻。⑲锾：（huán）古代重量单位，一锾为古制六两。⑳阅实：检阅核实其所犯之罪，使与罚名相当，然后收取其赎金。㉑倍：百锾的一倍，即二百锾。㉒剕（fèi）：斩趾，即斩削人的脚。㉓倍差：一倍半，即五百锾。㉔宫：宫刑，就是椓刑。㉕大辟：死刑。

【译文】

王说："啊！来吧！诸侯国君和各位大臣，我告诉你们要善用刑法。如今你们安定百姓，要选择什么呢，不是吉人吗？要慎重什么呢，不正是刑罚吗？要考虑什么呢，不就是判断适宜吗？原告和被告都来齐了，法官就审查五刑的讼辞。如果讼辞核实可信，就用五刑来处理。如果用五刑处理不可行，就用五罚来处理；如果用五罚处理也不可行，就用五过来处理。五过的弊端是：法官畏权势，报恩怨，谄媚内亲，索取贿赂，受人请求。发现上述弊端，法官的罪就与罪犯相同，你们必须详细考察啊！根据五刑定罪的疑案有赦免的，根据五罚定罪的疑案有赦免的，要详细考察啊！要从众人中核实验证，审理案件也要有共同办案的人。没有核实查证就不能治罪，应当共同敬畏上天的威严。判处墨刑感到可疑，可以从轻处治，罚金一百锾，要核实其罪行。判处劓刑感到可疑，可以从轻处治，罚金二百锾，要核实其罪行。判处剕刑感到可疑，可以从轻处治，罚金五百锾，要核实其罪行。判处宫刑感到可疑，可以从轻处治，罚金六百锾，要核实其罪行。判处死刑感到可疑，可以从轻处治，罚金一千锾，要核实其罪行。

五

【原文】

"墨罚之属千①，劓罚之属千，剕罚之属五百，宫罚之属三百，大辟之罚其属二百。五刑之属三千。上下比罪②，勿僭乱辞③，勿用不行④，惟察惟法，其审克之。上刑适轻⑤，下服。下刑适重，上服⑥。轻重诸罚有权⑦。刑罚世轻世重⑧，惟齐非齐⑨，有伦有要⑩。罚惩非死，人极于病⑪。非佞折狱⑫，惟良折狱，罔非在中。察辞于差⑬，非从惟从。哀敬折狱⑭，明启刑书胥占⑮，咸庶中正⑯。其刑其罚，其审克之。狱成而孚。输而孚⑰。其刑上备⑱，有并两刑⑲。"

【注释】

①属：指刑罚的条目。②比：比照，比例。③僭（jiàn）：差错。辞：供辞。④不行：已废除的法律。⑤适：宜。⑥服：治，处置。下服：减一等处理。上服：加一等处理。⑦权：变，就是灵活性。⑧刑罚世轻世重：刑罚根据时世决定轻重。⑨齐：同。惟齐非齐，同与不同。⑩伦：条理。要：纲要。⑪极：痛苦。⑫佞：佞人，善于巧言的人。⑬差：指供词的矛盾。⑭敬：《尚书·大传》引作"矜"，怜悯。⑮启：打开。胥：相。占：量度。⑯庶：读为"度"，法度。度中正，以中正为法度。⑰输：变更。⑱备：慎重。上备：以慎重为上。⑲有并两刑：两罪只罚一种，不责其余。

【译文】

"墨罚的条目有一千，劓罚的条目有一千，剕罚的条目有五百，宫罚的条目有三百，死罪的刑罚，其条目有二百。五种刑罚的条目共有三千。要上下比较其罪行，不要错乱供辞，不要采取已经废除的法律，应当明察，应当依法，要核实啊！上刑宜于减轻，就减一等处治，下刑宜于加重，就加一等处治。各种刑罚的轻重允许有些灵活性。刑罚时轻时重，相同或不相同，都有它的条理和纲要。刑罚虽不置人死地，但受刑罚的人会感到比得了重病还痛苦。不是巧辩的人审理案件，而是善良的人审理案件，就没有不公正合理的。从矛盾处考察供词，不服从的犯人也会服从。应当怀着哀怜的心情判决诉讼案件，明白地检查刑书，互相斟酌，都要以公正为标准。当刑当罚，要详细察实啊！要做到案件判定了，人们信服；改变判决，人们也信服。刑罚贵在慎重，有时也可以把两种罪行合并考虑，只罚一种。"

六

【原文】

王曰："呜呼，敬之哉，官伯族姓①，朕言多惧，朕敬于刑，有德惟刑。今天相民②，作配在下③，明清于单辞④，民之乱⑤，罔不中听狱之两辞⑥，无或私家于狱之两辞⑦。狱货非宝⑧，惟府辜功⑨，报以庶尤⑩。永畏惟罚⑪，非天不中⑫，惟人在命⑬。天罚不极⑭，庶民罔有令政在于天下⑮。"王曰："呜呼。嗣孙，今往何监，非德。于民之中⑯，尚明听之哉。哲人惟刑⑰。无疆之辞⑱，属于五极⑲，咸中有庆⑳，受王嘉师㉑，监于兹祥刑㉒。"

【注释】

①官伯：司政典狱。族姓：同姓大臣。②相：扶助。③配：天之配匹，就是天牧。④明清：明察。单辞：一面之词。⑤乱：治。⑥中听：公平审理。两辞：原告和被告两方面的诉辞。⑦私家：私自谋利。曾运乾说。⑧狱货：诉讼中得了货财。⑨府：取。辜：罪。功：事。⑩报：判决。尤：《说文》写作"訧"，罪过。⑪畏：敬畏。⑫中：公平。⑬在：终。⑭极：至。⑮令政：善政。⑯中：狱讼之成，即讼案的判决书。⑰哲：通"折"，制度。⑱辞：讼辞。⑲属：合。五极：就是五刑。极：诛。⑳中：公平。㉑师：众，民众。㉒监：明察。

【译文】

王说："啊，谨慎啊！诸侯国君以及同姓官员们，对我的话要多多戒惧，我重视刑罚，有德于老百姓的也是刑罚。如今上天扶助老百姓，你们是在下面配给上天做事。应当明察一面之词，对于治理老百姓，无不在于公正地审理双方的诉讼词，不要对诉讼双方的诉词贪图私利啊！狱讼接受贿赂不是好事，那是获罪的事，我将以众人犯罪来论处这些人。永远可畏的是上天的惩罚，不是天道不公平，只是人们自己在终结天命。如果上天的惩罚不加到他们身上，众民就不知有美好的政治在天下了。"王说："啊！子孙们，从今以后，我监察什么呢？难道不是行德吗？对于老百姓案情的判决，要明察啊！治理老百姓要运用刑罚,使无穷无尽的讼辞合于五刑,都能公正适当,就会有福庆。你们接受治理我的好百姓,可要明察这种祥刑啊!"

【评析】

《吕刑》是甫侯在任周穆王司寇时,受命而作的一部"刑书"。它可能是西周立国百年内第二次大的立法。《吕刑》主要记述了当时的法律原则和详尽的赎刑及一般司法制度。周初和夏商大体一致,其时,人们认为在礼之外,再没有什么法律规范。"刑"仅仅是刑罚而没有法律的内容,它必须同礼的规范相结合,即用它来制裁违礼者,才能构成法律的规范。春秋以前,"法"并无法律的含义,而是常循之法式,也即习惯,从而也可以说是礼。

西周中期,奴隶主统治者就根据社会危害性的大小,把各种违礼行为大致分为"正于五刑""正于五罚""正于五过"的不同处分方式,这就把礼的规范与刑罚方法相对固定地结合在一起,在礼法的分化道路上迈出了最初的一步。随着将某种违礼行为与刑罚手段的固定结合,构成最初"法"的规范,遂在礼中产生了法的萌芽,这就是"刑书"最早的内容。

周初统治者继承了夏商以来的法律内容,随着宗法制度的确立,提出了一系列新的刑法原则。首先是提出了"赎刑"的原则。《吕刑》中对赎刑详于说明,强调赎是一种易刑宽宥方式,赎因罪而定其标准,"使入财而免其罪"。但并非因疑而致赎,其次是确认了二罪俱发,轻重有权的原则,所谓"上刑适轻,下服;下刑适重,上服",并且在司法经验的积累中,提出了刑罚根据形势变更而相应轻重的所谓"刑罚世轻世重"原则。第三是强调任用法官的两条基本原则:"唯良(心术端正)折狱"与"哲人(明晓法律)惟刑",制定针对法官的"五过之疵",并且禁止以罚金为手段聚敛财富。

此外,《吕刑》还论述了古代五刑的来源:"蚩尤惟始作乱,……苗民弗用灵,制以刑,惟作五虐之刑曰法。"这是说古代以"虞"为部落图腾的蚩尤部,在管制苗民过程中发明了"五虐之刑",并称为法。从刑罚手段上讲,通说以为,周承袭夏商"五刑"体例,所谓"刑名从商"。但还有一种说法,指西周的五刑是说死刑有五种:腰斩、烧死、肢解、五马分尸、悬缢,此外尚有鞭、扑、流、赎等刑罚,并将传统五刑(墨、劓、剕、宫、大辟)与前述鞭、扑、流、赎四刑相加,称为西周的"九刑"。

此外,《尚书·酒诰》中还增加了"杀君""群饮"(非为禁止饮酒,实为防止聚众可能此发的造反）、"不悌""不睦""不敬祖"等许多新的罪名。西周时适用于士大夫的所谓"常刑"，也许与《吕刑》不无关系。直到春秋时，有的诸侯国还经常用"周有常刑"来责问其他的执政者。例如，《左传·昭公三十年》载，鲁国季平子驱逐鲁昭公，晋国荀跞便警告说："寡君使跞谓吾子，何故出君？有君不事，周有常刑，子其图之。"这些记载对后世传统法律的发展，均产生了深远的影响。至于《吕刑》中所说的"五刑之属三千"，则大约是后人的揣测附会之词，不足深信。

　　传统观点认为，《吕刑》是西周的成文法，也是阐述中国古代法学理论的重要史料。但《吕刑》还不是一部法典，而是中国古老的具有刑法性质的文献。对《吕刑》的制定年代问题，有学者认为从《史记·周本纪》中记述的《吕刑》及今文《尚书·吕刑》篇来看，《吕刑》的制定年代一如《尚书·吕刑》所载，应该是可信的。

文侯之命第三十

一

【原文】

　　平王锡晋文侯秬鬯、圭瓒，作《文侯之命》。王若曰[1]："父义和[2]，丕显文武，克慎明德[3]，昭升于上[4]，敷闻在下[5]。惟时上帝，集厥命于文王[6]。亦惟先正克左右昭事厥辟[7]，越小大谋猷罔不率从[8]，肆先祖怀在位[9]。呜呼。闵予小子嗣[10]，造天丕愆[11]，殄资泽于下民[12]，侵戎，我国家纯[13]。即我御事[14]，罔或耆寿俊在厥服[15]，予则罔克[16]。曰[17]：'惟祖惟父，其伊恤朕躬[18]。'呜呼。有绩予一人，永绥在位[19]。"父义和，汝克绍乃显祖[20]，汝肇刑文武[21]，用会绍乃辟[22]，追孝于前文人[23]。汝多，修[24]扞我于艰[25]，若汝，予嘉。"

【注释】

　　[1]秬鬯（jù chàng）：古时祭祀用的一种香酒。秬：黑黍子，古人视为嘉谷。圭瓒（zàn）：古代祭祀用的一种像勺子的玉器。王：周平王。若：这样。[2]父：西周时王室对同姓诸侯中尊长的称呼，周和晋同姓，所以平王称晋文侯为父。义和：文侯的字。[3]明：勉，努力。[4]昭：明，指光辉。上：上天。[5]敷：布。闻：名声。下：下土。[6]惟时：于是。集：下，降。文王：《史记·晋世家》写作"文武"，即文王和武王。[7]先正：即老臣，公卿大夫。左右：佐佑，辅佐。昭：指导。辟：君。[8]越：于。猷：谋。率从：遵从。[9]肆：所以。怀：安。[10]闵：不幸。嗣：继承。[11]造：遭受。愆：惩罚，指幽王被杀。[12]殄：绝。资：财，指福利。泽：德泽。[13]侵戎：侵伐。纯：众多。[14]即：今。御事：治事大臣。[15]或：有。耆寿：老成人。俊：读为"骏"，长久。孙诒让说。服：位。[16]克：胜，胜任。[17]曰：平王说。以下九字是平王曾经呼告的话。[18]惟祖惟父：祖辈父辈诸侯。伊：语气助词。恤：忧虑。[19]绩：成，促成。绥：安。[20]绍：继承。显祖：指唐叔，晋国的始封君主。[21]肇：勉力。刑：制御。文武：文武百

· 278 ·

官。㉒会：会合诸侯。绍：继续，延续。辟：君。㉓孝：好。文人：有文德的人。前文人，指文王、武王。㉔修：长，引申为休美。㉕扞（hàn）："捍"的古字，保卫。扞我于艰：指救周驱逐犬戎。

【译文】

平王赐给晋文侯祭祀用的香酒和玉器，作《文侯之命》勉励他。王这样说："族父义和啊！伟大光明的文王和武王，能够慎重行德，德辉升到上天，名声传播在下土，于是上帝降下福命给文王、武王。也因为先前的公卿大夫能够辅佐、指导他们的君主，对于君主的大小谋略无不遵从，所以先祖能够安然在位。啊！不幸我这年轻人继承王位，遭到了上天的大责罚。没有福利德泽施给老百姓，侵犯我国家的人很多。现在我的治事大臣，没有老成人长期在职，我便不能胜任了。我呼吁：'祖辈和父辈的诸侯国君，要替我担忧啊！'啊！果然有促成我长久安居王位的人了。族父义和啊！您能够继承您的显祖唐叔，您努力制御文武百官，用会合诸侯的方式帮助了您的君主，追怀效法文王和武王。您很好，在困难的时候保卫了我，像您这样，我要嘉奖您！"

二

【原文】

王曰："父义和，其归视尔师①，宁尔邦。用赉尔秬鬯一②，彤弓一卣③，彤矢百，卢弓一④，卢矢百，马四匹。父往哉。柔远能迩⑤，惠康小民⑥，无荒宁⑦，简恤尔都⑧，用成尔显德。"

【注释】

①视：治理。师：众。②赉：赏赐。秬鬯：秬和郁草合酿的香酒。③彤：赤色。卣（yǒu）：酒器。④卢：黑色。⑤柔：安抚。能：亲善。迩：近邻。⑥惠：爱。康：安。⑦荒宁：荒废和安逸。⑧简：大。恤：安。都：国都，指代晋国。

【译文】

王说："族父义和啊！要回去治理您的臣民，安定您的国家。现在我赐给您黑黍香酒一卣、红色的弓一张、红色的箭一百支、黑色的弓一张、黑色的箭一百支、四匹马。您回去吧！安抚远方，亲善近邻，爱护安定老百姓，不要

·279·

荒废政事，贪图安逸。大力安定您的国家，以成就您显著的德行。"

【评析】

　　文候，指晋文侯，名仇，字义和。本篇是周平王表彰晋文侯功绩的册书。周幽王荒淫无道，宠爱褒姒，褒姒生子伯服。幽王废申后和太子宜臼，立褒姒为后，立伯服为太子。申后的父亲申侯联合犬戎攻杀幽王。诸侯拥立宜臼为王，就是周平王。晋文侯、郑武公等捕佐周平王平定戎乱，东迁洛邑。平王表彰晋文侯的功绩，赐给车马弓矢，作《文侯之命》。

　　关于此篇的成篇时代，历来素有争论。《书序》认为是平王赐命晋文侯。但是，《史记·晋世家》和刘向《新序·善谋》却认为是春秋时周襄王赐命晋文公的命词。其实，周平王赐命晋文侯和周襄王赐命晋文公这两件事在史籍中都有提到。《左传·隐公六年》记"周桓公言于王曰：'我周之东迁，晋郑焉依。'"《国语·郑语》也记有"晋文侯于是乎定天子，古平王赐命焉。"而《左传·僖公二十八年》记载晋文公重耳城濮之战之后的周襄王赐命礼时则说"用平礼也"，即指晋文公接受赐命使用的礼仪是按照当年平王赐命晋文侯的礼仪的规制进行的。周代王室称诸侯为侯或为公，是有制度的。公往往是针对年长的，或者有公的爵位的诸侯的称呼。诸侯如果不是达到这样的资格，一般都只称侯。本篇名为"文侯之命"而不是"文公之命"，应该是指平王东迁时，勤王的晋文侯接受的册命。

　　自从平王东迁以后，周王室的威信和势力一落千丈。王室开始越来越仰仗诸侯的庇护，因而自此以后的王朝王室册命已经越来越没有此前西周王朝册命的威严，而越来越显现出王室对于诸侯的巴结。表现这种巴结的一个很明显的征徵，就是册命开始流于礼仪化，开始考究如何使册命不至于失去礼仪的尊严，也就是如何不失去为王的尊严。

　　此外，东迁使周王室失去了宗周的王畿，使得此后的册命不再具有授民授疆土的阔绰，从前的受命诸侯开始成为真正的实力存在，而表现在册命礼典上，就是王室只能在册命中赏赐一点象征礼仪的赏赐物品。比如本篇，就只能在赐命晋文侯时，除了简单地叮咛他"归视尔师，宁尔邦"之外，就是赏赐"秬鬯一卣"，以及"弓矢"和"马匹"而已。本篇文字体例与习见的周代册命文献一致，因其只记录下平王册命的内容，故也可以视为诰命体文献，是可信的真文献。

费誓第三十一

一

【原文】

鲁侯伯禽宅曲阜，徐、夷并兴，东郊不开。作《费誓》。公曰①："嗟。人无哗②，听命。徂兹，淮夷、徐戎并兴③。善敹乃甲胄④，敿乃干⑤，无敢不吊⑥。备乃弓矢，锻乃戈矛⑦，砺乃锋刃⑧，无敢不善。今惟淫舍牿牛马⑨，杜乃擭⑩，敜乃阱⑪，无敢伤牿⑫。牿之伤，汝则有常刑⑬。马牛其风⑭，臣妾逋逃⑮，勿敢越逐⑯，祗复之⑰，我商赉汝⑱。乃越逐，不复⑲，汝则有常刑。无敢寇攘⑳，踰垣墙，窃马牛，诱臣妾，汝则有常刑。"

【注释】

①公：指鲁侯伯禽，周公的儿子。②人：众军士和费地的百姓。③徂：读为"且"，今日。淮夷：淮水之夷。徐戎：徐水之戎。兴：起。④敹（liáo）：缝缀。甲：军衣。胄：头盔。⑤敿（jiǎo）：系连。干：盾牌。⑥吊：善。⑦锻：锻炼。⑧砺：磨。⑨淫：大。舍：放。牿（gù）：牛马的畜棚。⑩杜：闭。擭（huò）：装着机关的捕兽器。⑪敜（niè）：填塞。阱：陷阱。⑫伤牿（gù）：指伤牛马。承上文牿牛马而言，这是一种借代方法。⑬有：得到。⑭风：走失。⑮臣妾：奴仆。古代男仆叫臣，女仆叫妾。逋：逃跑。⑯越逐：离开部队去追逐。越：逾。⑰祗：敬。复：还，指归还原主。⑱商：赏。赉：赐予。⑲乃：如果。⑳寇：劫取。攘：偷取。

【译文】

徐夷东夷勃兴，屡屡作乱，鲁侯伯禽坐镇曲阜，准备兴兵讨伐。临行作前动员令，即《费誓》。鲁公伯禽说："好了！大家不要喧哗，听我的命令。

现今淮夷、徐戎同时起来作乱。好好缝缀你们的军服头盔，系连你们的盾牌，不许敷衍了事！准备你们的弓箭，锻造你们的戈矛，磨利你们的大刀，不许敷衍了事！现在要大放圈中的牛马，掩藏你们捕兽的工具，填塞你们捕兽的陷阱，不要伤害牛马。伤害了牛马，你们就要受到常刑。牛马走失了，男女奴仆逃跑了，不许离开队伍去追赶。得到了的，要恭敬送还原主，我会赏赐你们。如果你们擅自离开队伍去追赶，或者不归还原主，你们就要受到惩罚。不许抢夺掠取，跨过围墙，偷窃马牛，骗取别人的男女奴仆，这样，你们都要受到惩罚。"

二

【原文】

"甲戌，我惟征徐戎。峙乃糗粮①，无敢不逮②，汝则有大刑③。鲁人三郊三遂④，峙乃桢榦⑤。甲戌，我惟筑⑥，无敢不供。汝则有无馀刑⑦，非杀。鲁人三郊三遂，峙乃刍茭⑧，无敢不多⑨，汝则有大刑⑩。"

【注释】

①峙：具备，准备。糗（qiǔ）：炒熟的米麦。糗粮：干粮。②逮：及，到。③大刑：死刑。"汝则有大刑"的前面，省去了"不逮"二字。④郊：近郊。遂：远郊。三郊三遂：古代诸侯出兵先在国都附近征兵，兵员不足则在全国范围内征兵。⑤桢榦：筑墙的工具。桢用在墙的两端，榦用在墙的两旁。⑥筑：修筑营垒。⑦馀：释放。无馀刑：终身监禁而不释放。⑧刍：生草。茭：干草。⑨多：《史记·鲁世家》写作"及"。⑩大刑：最重的惩罚。

【译文】

"甲戌这天，我们征伐徐戎。准备好你们的干粮，不许不到；不到，你们就要处以死刑！我们鲁国三郊三遂的人，要准备好你们的筑墙工具。甲戌这天，我们要修筑营垒，不许不供给；如果不供给，你们将受到终身监禁的刑罚，只是不杀头。我们鲁国三郊三遂的人，要准备你们的生草料和干草料，不许不够；如果不够，你们就要处以死刑！"

【评析】

《费誓》是一篇很有价值的历史文献。当时居住在淮河流域的"淮夷"和"徐戎"等少数民族的部落和国家群起叛乱。于是，封在今山东曲阜一带的鲁国国君，就组织军队前往征伐。《费誓》就是鲁公在军队出征行至费（今山东费县）时对全体战士的训话。在这篇讲话中，鲁公命令战士：缝缀好你们的盔甲，准备好你们的弓箭，锻炼好你们的戈矛，磨砺好你们的锋刃。由此可以知道当时的武器装备情况。

鲁公又对战士们说："马牛走失，奴隶逃亡的，不要去追逐。如果偷窃马牛，拐骗臣妾的就要受到惩罚。"这里又透露了当时的奴隶逃亡情况。其中还提到鲁人在"三郊三遂"内大量的征兵。"郊"是离国都较近的区域，"遂"是郊以外的边远地区。由此又可知当时诸侯国的行政区划情况。总之，《费誓》中保存了许多军事、政治、社会的珍贵史料。但是，这篇文献究竟是何时作的？发令的鲁公又是谁呢？历来却有几种不同的说法。

最早的一种意见认为，《费誓》作于西周成王时，讲话的鲁公就是初封鲁国的周公之子伯禽。《史记·鲁世家》说："伯禽即位之后，管叔、蔡叔等反。……淮夷、徐戎亦并兴反"，于是伯禽率师征伐，作《费誓》。后汉至魏晋间人编写的《书序》，唐孔颖达纂修的《尚书正义》，都持此说。然而这种说法是有问题的。据《史记·周本纪》载：成王初年，周公"摄政当国"，管叔、蔡叔与武庚、淮夷叛乱。"周公奉成王命，伐诛武庚、管叔，放蔡叔；召公为保，周公为师，东伐淮夷，残奄。"可知东伐管叔、蔡叔、平定淮夷之役，是在成王年少，周公代行王政时。而周公之子伯禽封鲁，是在周公摄政七年，还政成王之后。

《尚书·洛诰》记："周公诞保文、武受命（即摄政）惟七年"，于是"王命周公后"即成王命封周公的后代。这样，伯禽封鲁时，管叔、蔡叔、淮夷的反叛早已平定。伯禽怎么能在鲁国，作为鲁公去征伐它们呢？鉴于上述与历史记载的矛盾，《后汉书·东夷传》上说：周康王之后，徐夷僭号，乃率九夷以伐宗周，西至黄河边上。穆王畏惧它的势力强大，乃分东方诸侯，命徐偃王主之。根据这条材料，清人孙星衍认为，鲁公征徐戎，在穆王时。所以编《尚书》者把这篇放在记康王事的《顾命》之后，而在记穆王事的《吕刑》之前（《尚书今古文注疏》）。但是这种说法，显然论据不足。《东夷传》仅说

周书

·283·

周穆王令徐偃王主管东方诸侯，它既没有提及鲁国征徐戎的事，更没有说出征徐戎的鲁公是谁。

《费誓》作于春秋时代鲁僖公的说法，虽然佐证较多，但疑点仍然不少，还不能作为定论。伯禽封鲁之后，淮夷、徐戎是否可能又起反叛，而鲁公伯禽再次进行征讨？周穆王时是否有鲁公伐淮夷、徐戎的记载？如果伐淮夷、作《费誓》的是春秋时的鲁僖公，那么作为鲁国记春秋史实的《左传》，为什么没有详载其事？这些问题，都需作进一步探讨。

秦誓第三十二

一

【原文】

秦穆公伐郑，晋襄公帅师败诸崤，还归，作《秦誓》。公曰："嗟。我士①，听无哗②，予誓告汝群言之首③。""古人有言曰：民讫自若④是多盘⑤。责人斯无难，惟受责俾⑥如流，是惟艰哉。我心之忧，日月逾迈⑦，若弗云来⑧。惟古之谋人⑨，则曰未就予忌⑩。惟今之谋人，姑⑪将以为亲。虽则云然⑫，尚猷询兹黄发⑬，则罔所愆⑭。番番⑮良士，旅力既愆⑯，我尚有⑰之。仡仡勇夫⑱，射御不违⑲，我尚不欲⑳。"

【注释】

①公：指秦穆公。士：官员。②听：肃静。哗：喧哗。③首：首要，要点。④讫：尽，结束、完毕。自若：自以为是。若：顺。⑤是：因此。盘：安乐。⑥俾：依从，顺从。⑦逾迈：时间流逝。逾：过去。迈：行。⑧若：乃。云来：回转。⑨古：往日，先前的。谋人：谋臣。⑩未就予忌：未顺从我的意志。就：接近。忌：教。⑪姑：姑且，将。⑫云然：这样说。然：这样。⑬猷：谋。黄发：指的是老年人。⑭愆：过失，错误。⑮番番：就是"皤皤"，白发苍苍的样子。⑯旅：通"膂"，力气、精力。愆：亏损，衰败。⑰有：就是说心里有。⑱仡仡（yì yì）：勇武健壮的样子。⑲射：射箭。御：驾车。违：失误。⑳欲：喜欢，愿望。

【译文】

秦穆公命西乞术、白乙丙、孟明视率部伐郑，不成。归途中，晋襄公崤山设伏，大败秦师，虏获三人。后三人侥幸逃脱，秦穆公着孝服到郊外迎接三人,作《秦誓》慰问他们。秦穆公说:"唉!我的臣属们,你们用心听着,不要喧哗!我要向你们发出誓言。古人有句话说:'人们总是自以为是而大意失算。'责备别人是没有什么困难的,如果受别人责备,而能够像流水那样顺从,这就困难了。我的心啊!真是忧虑重重,时间一天一天地过去而不再回来,虽然想改正错误,但恐怕时间不允许了。只有那些先前遵从古训的谋臣,才肯提一些不是一味顺从我的意见,对于这样的人,大家却都讨厌他。现在的人只知一味屈从我的意见,我却暂时受到迷惑。虽然这样说,但事实证明对于军国大计还是应请教年老而有经验的人,才不会犯错误。那白发苍苍的善良老人,虽然身体衰弱,体力不足,我却应该亲近他。那身强力壮的勇士,虽然箭无虚发,驾车技术十分高强,但仅有这些,却不能够满足我的愿望。"

二

【原文】

惟截截善谝言①,俾君子易辞②,我皇多有之③。昧昧我思之④,如有一介臣⑤,断断⑥猗无他技,其心休休⑦焉,其如有容⑧。人之有技,若己有之。人之彦圣⑨,其心好之,不啻若自其口出⑩。是⑪能容之,以保我子孙黎民,亦职⑫有利哉。人之有技,冒疾以恶之⑬。人之彦圣,而违之俾不达⑭。是不能容,以不能保我子孙黎民⑮,亦曰殆哉⑯。邦之杌陧⑰,曰由一人⑱。邦之荣怀⑲,亦尚一人之庆⑳。

【注释】

①截截:浅薄,无远见的样子。谝(pián):花言巧语。②俾:使。易辞:产生疑惑,改变主见。③皇:大。有:亲近。④昧昧:暗暗,幽幽的样子。思:思量,思考。⑤介:个,某位。⑥断断:诚实专一的样子。⑦休休:美好的样子。⑧其:乃。如:能。容:容纳。⑨彦:美士,贤良的臣子。圣:明。⑩不啻:不但,不只。自:从。⑪是:这样。⑫职:定。⑬冒疾:就是妒忌的意思。以:而。⑭违:违背,违逆。俾:使。达:通,顺利。⑮黎民:百姓。⑯殆:危险。⑰杌陧(wù niè):摇晃。杌:树木无枝丫。陧:危险。⑱曰:相当于"是"。由:因为,由于。⑲荣怀:繁荣和安宁。怀:安定。⑳尚:大概。庆:善。

【译文】

　　那缺乏深谋远虑的浅薄的花言巧语使君子轻忽怠惰，导致失败，这样的人我怎能随便地亲近他们呢？我暗暗地思量，如果有这样一位忠臣，忠实诚恳而没有别的本领，他的品德高尚，心地宽厚，能够容人容物。人家有了本事，就好像他自己有本事一样，别人品德高尚，本领高强，不但口中常常加以称道，而且从内心喜欢他。这种宽宏大量的人，是可以保住我的子孙和臣民的幸福的，一定可以为我的子孙臣民造福的啊！人家有了本领，便妒忌他，讨厌他；人家有了好的品德，便故意压制他，使他的美德不为君主所了解。这种心胸狭窄的人，是不能够使我子孙臣民获得幸福的，这样的人，实在危险啊！国家的危难，是因为君主用人不当；国家的安宁，则大概因为君主用人得当。

【评析】

　　《秦誓》是《尚书》中的最后一篇。它是秦穆公誓众之辞。文章虽短，却很明确表达了秦穆公所要传达的意思。秦穆公感情真挚地反省了自己的一些过失，总结了一些人生的处世之道，在警戒自己的同时，也告诫了后代的子孙。《秦誓》背后有一段故事：春秋中叶，秦晋争霸的关键时期，晋文公去世了。这时，杞子从郑国派人送信回国，说："郑人将北门的钥匙交给了我，如果悄悄地派军队来，郑国就能得到。"秦穆公问了蹇叔和百里奚，他们都表示不可行，但秦穆公没听进去，坚决派孟明视、西乞术、白乙丙三位大将率军出征，结果吃了败仗，导致三人被俘。秦穆公意识到了自己的错误，不但原谅了三位将士的失败，还重用了他们。三位将士不忘国耻，奋发图强，总结失败的经验教训，越挫越勇。几番较量，终于战胜敌国，取得了最终的胜利。这件事对秦穆公的影响很大，他也从中学到了许多的经验，也受到了教训，为以后的治国起到了很好的导向作用。

　　《秦誓》短小精悍，通篇用了对比描写手法，是先秦文学创作的进一步发展。其特点有：

　　一、文中对比清晰。开始就用一个小对比"责人斯无难，惟受责俾如流，是惟艰哉"。说的是责备别人不难，但能虚心接受别人对自己的责备，却是不容易的。通过责备与被责备的对比，突出了虚心接受责备的不易。并且一句话点出了全文的重点，起到总领全文的作用。

二、语言流畅自然。通过自己对不同人态度的对比，作出了反省。"惟古之谋人，则曰未就予忌；惟今之谋人，姑将以为亲。"秦穆公由于不听逆耳忠言，结果吃了败仗，以表悔过之情。这句与前面关于责备那句，起到了承上启下的作用。

三、感情真挚。"番番良士，旅力既愆，我尚有之。仡仡勇夫，射御不违，我尚不欲。惟截截善谝言，俾君子易辞，我皇多有之！"对比加排比，在忏悔之余，也表达了秦穆公对"番番良士""仡仡勇夫""截截善谝言"三种人的区别和取舍，流露出了真实的感情。而后的"其心休休焉，其如有容""人之有技，冒疾以恶之""人之彦圣，而违之"三种人的对比，也是感情强烈地强调了忠臣对国家的重要性。能欣赏别人的好，不心怀妒忌，宽以待人。"邦之杌陧，曰由一人；邦之荣怀，亦尚一人之庆。"秦穆公总结了治国的关键在于用人之道，用对人，国家便可以繁荣昌盛；用人不当，国家便有可能毁于一旦。

另外《秦誓》在表达思想感情上也有可圈可点之处：

一、明君圣主，勇于承担责任，反省自己。秦穆公由于一时的意气用事，不听老臣的劝阻，结果输了战争，三将被俘。如果秦穆公在这时候还是大发雷霆，觉得是因为将士战术不精，战士士气不够，而责备他人，甚至将三将治罪的话，那么也许就不会有后来的最终胜利了。从这点来看，秦穆公是一个明君圣主。他勇于承认自己的错误，懂得反省自己，不会错怪他人，把责任往别人身上推。正是因为他有如此的胸怀，才感动了三将。他们克服种种困难，投入百分之百的热情和精力，誓死为秦国效力。而秦穆公在《秦誓》中更是无处不流露出了他因不听忠言而酿成苦果的悔意。可见，自责，可感动人心，更能励志。不像有些昏君，命令战士打仗只许胜，不许败，功归自己，过责他人。这样的君主心胸狭隘，本身就是小人，如何能成大事？本身就是蠢材，如何能成明主？到头来，成功是侥幸，失败成必然！

二、秦穆公的自信。从《秦誓》的字里行间，可以看出秦穆公无处不在的自信。虽然秦穆公一直在追悔当年的错误，不断地反省自身，但是秦穆公还有一种难能可贵的品质，那就是他能用人不疑。纵观历史，良将能臣数不尽，但用人不疑的能有几人？而秦穆公做到了。他敢用败将，有则改之，无则加勉，并且在三番四次的战斗不见胜利成效的情况下，在所有人都认为他们并不能完成任务的时候，他还能坚信不疑。这需要何等的远见和胸襟啊！别说是事关军国大事了，就是一些生活上的小事，恐怕能做到如此自信的人也是为数不多的。这样的人必能够成就大事！

三、儒家中"义"的思想。《秦誓》写于秦朝早期，这时候正是儒学盛行的时候，所以秦穆公也是受了儒家思想熏陶的人，他的《秦誓》中也贯穿了"义"的思想。而这里的"义"主要是忠义，最后一段就已经概括了这一概念。即国家有危险，是因为用人不当；国家安宁，是因为有贤臣啊！可见秦穆公还是比较倾向于以义治天下的。一个国家如果陷于不仁不义，那么国必亡；只有在忠义两全的时候，国家才能安定，人民才能安居乐业。

秦穆公的《秦誓》体现了一个君主的博大胸襟和非凡远见。自责之词写得相当传神，表达了愧悔、沉痛的感情。他的追悔与自责放在任何一个时代都是难能可贵的。秦国后来之所以能够统一六国，是与秦穆公这样一个具有远见卓识的国君分不开的。他能够认真检讨自己的过失，进一步整顿内政，及时改变战略方向，最终成为春秋霸主之一。

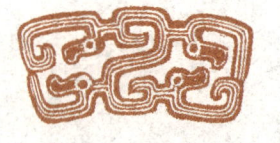

中华传统文化核心读本书目

【处世经典】

《论语全集》
享有"半部《论语》治天下"美誉的儒家圣典
传世悠久的中国人修身养性安身立命的智慧箴言

《大学全集》
阐述诚意正心修身的儒家道德名篇
构建齐家治国平天下体系的重要典籍

《中庸全集》
倡导诚敬忠恕之道修养心性的平民哲学
讲求至仁至善经世致用的儒家经典

《孟子全集》
论理雄辩气势充沛的语录体哲学巨著
深刻影响中华民族精神与性格的儒家经典

《礼记精粹》
首倡中庸之道与修齐治平的儒家经典
研究中国古代社会情况、典章制度的必读之书

《道德经全集》
中国历史上最伟大的哲学名著,被誉为"万经之王"
影响中国思想文化史数千年的道家经典

中华传统文化核心读本书目

《菜根谭全集》
旷古稀世的中国人修身养性的奇珍宝训
集儒释道三家智慧安顿身心的处世哲学

《曾国藩家书精粹》
风靡华夏近两百年的教子圣典
影响数代国人身心的处世之道

《挺经全集》
曾国藩生前的一部"压案之作"
总结为人为官成功秘诀的处世哲学

《孝经全集》
倡导以"孝"立身治国的伦理名篇
世人奉为准则的中华孝文化经典

【 成功谋略 】

《孙子兵法全集》
中国现存最早的兵书,享有"兵学圣典"之誉
浓缩大战略、大智慧,是全球公认的成功宝典

《三十六计全集》
历代军事家政治家企业家潜心研读之作
中华智圣的谋略经典,风靡全球的制胜宝鉴

中华传统文化核心读本书目

《鬼谷子全集》
风靡华夏两千多年的谋略学巨著
成大事谋大略者必读的旷世奇书

《韩非子精粹》
法术势相结合的先秦法家集大成之作
蕴涵君主道德修养与政治策略的帝王宝典

《管子精粹》
融合先秦时期诸家思想的恢弘之作
解密政治家齐家治国平天下的大经大法

《贞观政要全集》
彰显大唐盛世政通人和的政论性史书
阐述治国安民知人善任的管理学经典

《尚书全集》
中国现存最早的政治文献汇编类史书
帝王将相视为经时济世的哲学经典

《周易全集》
八八六十四卦,上测天下测地中测人事
睥睨三千余年,被后世尊为"群经之首"

中华传统文化核心读本书目

《素书全集》
阐发修身处世治国统军之法的神秘谋略奇书
以道家为宗集儒法兵思想于一体的智慧圣典

《智囊精粹》
比通鉴有生活，比通鉴有血肉，堪称平民版通鉴
修身可借鉴，齐家可借鉴，古今智慧尽收此囊中

【文史精华】

《左传全集》
中国现存的第一部叙事详细的编年体史书
在"春秋三传"中影响最大，被誉为"文史双巨著"

《史记·本纪精粹》
中国第一部贯通古今、网罗百代的纪传体通史
享有"史家之绝唱，无韵之离骚"赞誉的史学典范

《庄子全集》
道家圣典，兼具思想性与启发性的哲学宝库
汪洋恣肆的传世奇书，中国寓言文学的鼻祖

《容斋随笔精粹》
宋代最具学术价值的三大笔记体著作之一
历史学家公认的研究宋代历史必读之书

中华传统文化核心读本书目

《世说新语精粹》
记言则玄远冷隽，记行则高简瑰奇
名士的教科书，志人小说的代表作

《古文观止精粹》
囊括古文精华，代表我国古代散文的最高水准
与《唐诗三百首》并称中国传统文学通俗读物之双璧

《诗经全集》
中国第一部具有浓郁现实主义风格的诗歌总集
被称为"纯文学之祖"，开启中国数千年来文学之先河

《山海经全集》
内容怪诞包罗万象，位列上古三大奇书之首
山怪水怪物怪，实为先秦神话地理开山之作

《黄帝内经精粹》
中国现存最早、地位最高的中医理论巨著
讲求天人合一、辨证论治的"医之始祖"

《百喻经全集》
古印度原生民间故事之中国本土化版本
大乘法中少数平民化大众化的佛教经典